NCS 직업기초능력 문제해결능력 교재 21세기 인공지능시대의 일반교양도서

문제 해결 능력

강미희 고현 홍남희 공저

정민사

머 리 말

최근 정부는 학벌과 스펙중심의 사회를 초월한 능력중심사회로의 전환을 표방하고 국가직무능력표준(NCS)을 개발하여 대학교육의 교양과목과 전공과목에 도입 및 적용하고 활용토록 권장하고 있다. 또한 전공과목 및 교양과목에도 현장성을 강화하는 한편 국가자격체계 혁신에도 박차를 가하고 있다. 이는 지금까지 대학교육의 폐단 즉 알기만 하는 교육, 학력 및 스펙중심의 입사원서, 이론중심교육, 지나친 학문중심교육, 취업준비를 위한 사교육 팽배, 학력에 따른 연봉 차별, 인기학과 중심의 입시과열, 스펙을 쌓기 위한 장기간의 학습연장, 높은 입직연령, 학력 및 스펙 중심의 사회인식 등을 개선하고자 하는 정부의 강한 의지의 표출이다.

NCS(국가직무능력표준)는 장차 미래의 한국사회를 실력 및 능력중심사회로 탈바꿈하기 위한 방안으로 산업체에서 요구하고 필요로 하는 산업현장중심의 맞춤형, 효율성 높은 교육을 통해 할 줄 아는 교육, 실력 및 현장을 중시하는 직무능력중심교육, 직무능력중심의 채용 및 승진문화, 신뢰받는 공교육, 조기입직 등의 촉진을 꾀하자는 것이다.

그럼 '국가직무능력표준(NCS: National Competency Standards)이란 무엇인가?' 이것은 산업현장에서 직무를 수행하기 위해 요구되는 능력을 국가가 산업부문별, 수준별로 체계화한 것으로 전공능력과 직업기초능력 2가지로 구분된다. 이는 곧 정부가 NCS의 전공능력과 직업기초능력을 직무능력 중심의 NCS 학습모듈로 구성하고 NCS 교과목을 도출하여 교육기관, 산업계, 훈련기관이 공동으로 협력 및 연계하여 NCS 교육과정을 운영토록 요구하는 것으로 NCS 교육과정 운영 전반을 관리하겠다는 의미이다.

문제해결능력은 NCS 직업기초능력에 해당하는 10개의 직무영역 중의 하나로 모든 산업 및 직업에서 기업체의 특성, 성별, 직급 등에 관계없이 직무를 성공적으로 수행하기 위해서 필요한 능력으로 직장인 또는 산업체에서 일하는 사람이라면 누구에게나 공통적으로 요구되는 능력이다.

정부에 의해 2014년 특성화 전문대학 육성사업에 선정된 대학은 NCS에 기초하여 전공과목과 교양과목에 대해 NCS 학습모듈(교수학습지침서)을 개발하고 이에 근거하여 교과목 및 표준교재를 구성하여 교육과정을 운영해야 한다. 교과목의 표준교재는 NCS의 능력단위(능력), 능력단위요소(하위능력)에 따른 각각의 학습모듈 목표(일반목표), 수행준거(세부목표), 지식·기술·태도(상황)를 중심으로 내용을 구성해야 할 뿐 아니라 학습목표 달성에 효과적인 형식으로 개선되어야 할 필요성이 제기된다.

지금까지의 교재는 이론 및 학문중심적으로 내용을 체계화하고 집대성하여 단지 아는 것 중심으로 만들어진 것이었다면 이제는 기존의 판에 박힌 틀의 형식을 벗어나 NCS의 취지에 맞고 NCS 학습모듈에 부합하는 직무능력 중심의 정선된 내용과 이를 담아 낼 새로운 형식의 새 틀로 된 교재를 필요로 한다.

이러한 고민 끝에 결실로 나온 책이 바로 '문제해결능력'이다. 이 '문제해결능력' 교재는 국가직무능력표준(NCS)에서 정한 '직업기초능력'의 '문제해결능력' 향상을 위하여 개발하였다. NCS 직업기초능력의 하나이자 NCS 교양과목 교재명 '문제해결능력'은 직장생활에서 업무상 문제상황이 발생하였을 경우, 창의적, 논리적, 비판적 사고를 통해 이를 올바르게 인식하고 적절히 해결하는 능력을 말한다. 따라서 교재 '문제해결능력'은 사고력(창의적, 논리적, 비판적 사고)의 향상 및 개발을 통해 직무 및 업무상 직면하는 문제상황에서 문제유형에 따른 단계별 문제처리과정(문제 인식, 대안 선택, 대안 적용, 대안 평가)을 적용하여 문제를 해결할 수 있는 능력을 기를 수 있도록 짜여졌다.

이 책을 집필하기 전부터 "어떤 내용과 형식의 '문제해결능력' 교재를 만들어야 효과적으로 목표에 도달하고 학습자들이 쉽게 이해하고 흥미를 느낄 수 있을까?" 하는 질문을 자꾸 던져 보았다. 그리고 이에 대한 해답을 찾기 위해 다양한 가능성을 폭넓게 탐색하는 가운데 교재는 만들어졌다. 무엇보다도 저술에 있어서 주안점은 NCS 학습모듈에 충실한 내용의 적합한 표준교재가 되도록 하는 것이었다. 아울러 학생들이 책을 좋아하여 자꾸 펼쳐보고 싶은 마음이 들도록 글과 삽화, 표지 등을 심미감과 정서적인 끌림, 새롭고 신선한 느낌이 나도록 하는데 신경을 많이 썼다.

그리고 학생들 스스로 자발적이고 능동적인 학습자가 되어 자기주도적 학습이 이루어질 수 있도록 내용을 담는 그릇인 형식에도 힘을 기울였다. 즉 학습자가 교수자의 도움이 없어도 이해하기 쉽도록 내용을 단계별로 상세하게 기술하여 안내하였다. '문제해결능력' 교재는 NCS에 기반한 학습모듈에 의해 만들어진 만큼 기존의 교재와 비교하여 몇 가지 다른 특징이 있다. 이를 구체적으로 살펴보면 다음과 같다.

첫째, 한국산업인력공단에서 개발한 NCS에 기반한 직업기초능력 프로그램의 일환으로 개발된 '문제해결능력 교수자용 매뉴얼'을 바탕으로 수정 및 보완하였다. 즉 책자를 분석하여 내용이 미흡한 부분은 충분히 보완하고 학습자가 이해하기 어려운 사례 및 현실성이 없거나 거리가 먼 내용은 삭제하는 대신에 최신 사례 및 개념을 명확히 이해할 수 있는 보다 구체적이고 현실적으로 적합한 사례를 제시하고 상세하게 기술하였다.

교수자가 더 이상 별도의 자료를 마련해서 학생들에게 배부하지 않아도 될 정도로 사고력, 문제해결능력, 문제처리능력과 관련된 많은 정보와 내용이 들어 있다. 다만, 교수자는 내용별로 분량이 많기 때문에 수업시간에 이를 모두 다루기보다는 학생들의 흥미, 핵심내용 등을 잘 고려하여 각 주별 분량을 융통성 있게 선택하여 적절하게 조절할 필요가 있다. 그리고 수업에서 다루지 못한 나머지 부분은 학습자들이 개별 및 팀별 과제로 부여하거나 혹은 심화학습, 자율학습으로 활용하는 것도 좋은 방법이 될 수 있다.

둘째, 형식에 있어서도 기존의 교재들과는 다르게 ① 책 제본이 스프링으로 되어 있다. 이는 워크시트를 작성하기에 편리하도록 학습자의 입장을 고려해서 나온 아이디어이다. 실제로 교재의 각 장은 내용에 따라 학습한 내용을 실제로 적용해 볼 수 있도록 워크북(Workbook)에서 볼 수 있는 워크시트(Worksheet)가 사이사이에 끼워져 있다. ② 각 장이 일정한 형식 체계를 갖추고 있다. 즉 '학습활동', '학습평가', 'Tip'이 필요에 따라 제시되어 있다. 이는 교수활동 및 학습활동 양 측면을 고려하여 도움을 줄 수 있도록 한 데서 나온 발상이다. ③ 필요한 경우, 내용에 직결되는 '사례'를 제시하여 추상적인 내용을 구체적이고 세부적으로 이해하기 쉽고 생생하게 느낄 수 있도록 구성했다. ④ 각 장마다 '학습평가', '정답'을 마련하여 학습한 핵심내용이나 목표를 총괄적으로 확인하고 오류를 바로 수정할 수 있도록 하였다. 이는 학습한 내용이 누락되지 않고 즉시 편리하게 확인하여 재정리할 수 있도록 하기 위함이다. ⑤ 맨 앞장과 맨 뒷장 양면이 모두 표지로 꾸며져 있다는 것과 각 페이지 표시가 지면의 양 쪽수의 바깥쪽 윗부분에 위치해 있다는 점이다. 이는 학습자가 책명과 쪽수를 언제든 편리하게 쉽게 찾을 수 있도록 도와주기 위함이다.

셋째, 교재명, 교재내용의 선정 및 조직 등 전반적인 구성은 기존의 교재들처럼 저자 개인의 견해나 식견을 바탕으로 구성하는 것과는 달리 NCS에 기반한 학습모듈에 기초하여 도출된 교과목의 대단원(학습주제), 중단원(학습활동)을 중심으로 해서 교재내용을 구성하였다는 점이 다르다.

이와 같이 NCS 학습모듈에 기초하여 학습내용을 구체화시켜 재구성한 '문제해결능력' 교재는 모두 13장으로 이루어졌다. 사고력은 1장~7장까지가 해당하며 이 중에서 창의적 사고는 1장~3장, 논리적 사고는 4장~5장, 비판적 사고는 6장~7장까지 기술하였다. 문제처리능력은 8장~13장까지 다루었으며 문제해결능력은 8장~10장, 문제처리능력은 11장~13장까지 실었다.

'문제해결능력' 교재는 이미 2015학년도 1학기에 '문제해결능력' 교양과목 시간에 복사본을 수업에 사용하였다. 그 이유는 수업에 사용한 결과를 검토해서 미흡한 점을 보완하여 보다 질 좋은 교재로 출판하고픈 욕심이 생겼기 때문이다. 다행히 복사본을 교재로 사용한 학생들은 긍정적인 반응을 보였다. 즉 "정리가 잘 되어있고 쓸 데 없는 내용이 없다", "이 책은 시간이 지나도 절대 버리지 않을 것 같다", "조별 친구들과 내 자신의 의견이나 생각을 교재에 쓸 수 있어서 좋다", "교재가 창의성이 있다", "문제와 해결방안, 사례가 함께 있어서 우리가 생각해보지 못했던 것들을 교재를 통해서 알 수 있었다", "스프링으로 되어서 워크시트를 작성하기에 편하다", "창의적으로 생각할 수 있게 하고 몰랐던 새로운 방식으로 문제해결을 할 수 있게 되어서 좋았던 것 같다", "사례가 많고 자세해서 좋다", "공부법이 다른 것이 좋다", "내가 직접 내 생각을 쓰는 공간이 있어서 좋다", "설명이나 그림이 잘 된 것 같다", "학습평가가 있어서 배운 것을 정리해 볼 수 있어서 좋다", "일단 책 보기가 좋고 워크북 형식이라서 좋다", 개선점으로는 "기록지가 보다 크고 사진이나 도형도 좀 더 크고 뚜렷했으면 좋겠다", "복사본이어서 종이가루가 날려서 좋지 않다. 책으로 출판하면 좋겠다" 등이 있었다.

아직 미흡하고 부족한 점이 많지만 앞으로 교수님들의 교수활동 경험에서 얻은 좋은 의견 및 쓴 소리를 계속 경청하고 반영해서 보다 질 좋은 '문제해결능력' 교재로 향상시켜 나갈 것을 기대해본다.

이 '문제해결능력' 교재는 21세기 현대사회를 살아가는 사람들과 AI(Artificial Intelligence)시대를 살아가야 할 미래사회 사람들에게 창의적 사고를 향상시키고 직장생활 혹은 업무상 직면할 수 있는 다양한 문제를 해결하는 데 유용하게 활용할 수 있을 것이다. 따라서 NCS 직업기초능력의 '문제해결능력'을 교양과목으로 수강하는 대학생들뿐만 아니라 유치원 및 어린이집교사, 초·중등교사, 학부모들에게도 권하고 싶다. 그리고 일상생활의 문제를 해결하고 삶의 질을 향상시키기 위한 개인의 21세기 기초역량강화 차원에서도 필요한 21세기 일반교양도서의 하나로써 일반인들에게도 추천하고 싶다.

끝으로 바쁜 중에도 NCS와 관련된 정확한 정보와 지식에 대한 이해에 많은 도움을 주시고 작성한 내용을 검토해 주신 한국능률협회(KmA) 박주일 교수실장님께 진심으로 정중한 감사를 표합니다.

이 책이 나올 수 있도록 기회를 만들어 주시고 격려를 해주신 우리 대학 박경우 교무처장님께 감사를 드립니다.

흔쾌히 새로운 형태의 책 출판에 모험을 무릅쓰고 동의 및 배려해주신 출판사 정민사의 박철용 회장님, 박세원 대표님을 비롯한 직원분들께도 감사를 드립니다.

2017년 2월

신창동 교수연구실에서

- 저자 일동 -

목 차

01 Chapter
창의적 사고란 무엇인가?

1. 창의적 사고의 필요성

1) 21세기 미래사회와 창의적 사고

창의적 사고는 다양한 문제 상황에 직면하여 문제를 해결하는 과정에서 기존의 방식으로는 해결하지 못하거나 해결하기 어려운 문제를 처리하는데 매우 필요한 요소이다. 즉 창의적 사고의 특징인 새로움과 유용한 아이디어를 활용하여 문제를 적절하게 개선하거나 해결함으로써 원하는 것을 얻거나 이루고자 하는 목표에 도달할 수 있다. 창의적 사고는 물건을 아주 싸게 사는 방법과 같은 아주 간단하고 사소한 개인적인 문제를 해결하는 것에서부터 무인자동차(자율주행차)를 생산해 내는 것과 같은 기업의 조직 및 집단 더 나아가서는 국가 및 세계적인 차원의 문제를 해결하는 큰 성과를 내는데도 매우 필요하고 요구되는 중요한 사고이다.

더구나 21세기 미래사회는 갈수록 사회 및 경제구조의 변화속도가 빨라지고 학문간 융합으로 새로운 학문의 출현과 함께 고도의 인지능력을 필요로 하는 새로운 형태의 직업이 생겨나고 새로운 직업의 수도 늘어나고 세분화 되면서 직업의 체계가 새롭게 재편될 것으로 전망된다. 그리고 개인이나 기업, 국가는 21세기의 시대적인 변화를 따라 잡고 변화를 주도할 수 있어야 비로소 가치와 권위를 가질 수 있으며 조직은 힘과 우위를 확보하여 경쟁력을 가질 수 있다.

오늘날 21세기 현대사회를 살아가는 직장인들은 의식적 무의식적으로 창의적 사고를 통해 다양한 문제를 해결하도록 요구받고 있다. 이는 21세기가 20세기와는 차원이 다른 지식기반사회, 정보기술사회로 인터넷 초고속망을 통해 개인 및 전세계로 지식과 정보가 공유되고 확산 및 재구성되면서 끊임없이 상생 발전하여 단기간에 엄청난 변화의 큰 흐름을 가져오기 때문이다. 이제 우리는 원하면 언제든지 인터넷에 접속해서 매일 새로운 지식, 새로운 인간관계, 새로운 직업, 새로운 기술, 새로운 기계 및 생활도구, 새로운 문화를 접할 수 있다. 대신에 우리는 이러한 창출이 단기간에 끝없이 이루어지는 초고속 시대를 감당할 만한 개인적인 능력을 갖추지 않으면 생활자체가 불편한 시대에 살고 있다. 그리고 생소하고 낯설며 기존과는 상이한 이질적인 환경에 적응하는데 있어서 창의적 사고를 갖은 사람은 훨씬 쉽게 문제를 해결하고 신속함과 편리함을 누릴 수 있을 것이다. 반면에 창의적 사고를 발휘하는데 익숙치 못한 사람들은 이질적인 새로운 환경에 적응하는데 어려움을 겪고 상당한 시간이 소요될 뿐 아니라 많은 스트레스를 받게 될 것이다.

이제 21세기를 살아가는 개인, 기업, 국가에게 있어서 창의적 사고는 경쟁력을 확보하고 삶의 질을 향상시키는 발전의 원동력과 같은 필수요소가 되어가고 있다. 교육, 경제, 정치 분야에서도 예외가 아니며 창의적 사고는 사회적인 큰 화두로 부상하고 있다. 따라서 왜, 21세기에 모두가 한 목소리로 창의적 사고를 필요로 하는지 심층적으로 이해할 필요가 있다. 이를 통해 여러분들은 창의적 사고의 필요성을 절실히 깨닫고 창의적 사고에 대한 긍정적인 마인드와 적극적인 태도를 취할 수 있을 것이다. 21세기 미래사회에서 창의적 사고의 필요성을 4가지 측면 즉, 경제 구조, 과학기술, 생활인으로서 중요한 개인의 핵심역량, 교육목표 분류체계라는 큰 맥락과 연관지어 보다 구체적으로 살펴보고자 한다.

첫째, 경제구조 측면과 연관 지어 살펴보고자 한다. 앞으로 21세기 미래사회의 선진국은 갈수록 비정형화되고 비반복적인 일의 비중 즉, 창의적인 일이 차지하는 비중이 훨씬 더 많아지고 높아진다. 반면에 정형화되고 반복적인 비창의적인 일의 비중은 훨씬 더 낮고 적은 비중을 차지한다. 그러므로 선진국일수록 창의적인 사고가 필요하고 창의적인 능력이 필수로 요구된다.

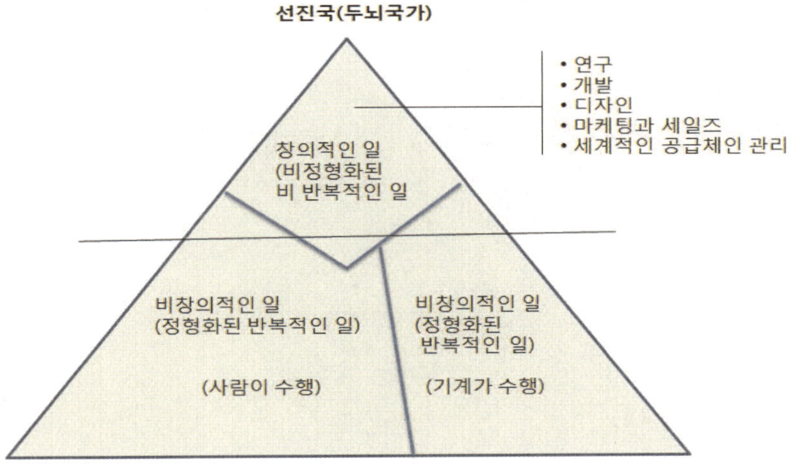

[그림 1-1] 개발도상국과 선진국에서 하고 있는 일의 비교

출처: National Center on Education and the Economy(2007)

트릴링과 파델(Trilling & Fadel, 2010)은 개발도상국에서 하고 있는 일과 선진국에서 하고 있는 일을 비교한 연구를 하였다. 그는 “21세기 핵심 역량, 이 시대

가 요구하는 핵심 스킬(*21st century skills: learning for life in our times*, 2010)" 에서 대부분의 개발도상국은 사람이나 기계가 정형화된 일을 반복적으로 하고 있지만 선진국에서는 사람이 비정형화된 일을 비반복적으로 하고 있는 것으로 나타났다고 발표했다. 여기서 언급된 정형화된 반복적인 일이 의미하는 것은 비창의적인 일이고 비정형화된 비반복적인 일이 의미하는 것은 창의적인 일로 해석할 수 있다. 물론 개발도상국에서도 창의적인 일을 하지만 그 규모가 크지 않으며, 선진국에서도 비창의적인 일을 하지만 대부분 외국인 근로자들이 하거나 기계가 한다. 즉 선진국은 주로 고도의 두뇌를 사용하는 창의적인 일의 비중이 많은 반면 개발도상국은 주로 근육의 힘이나 몸통의 활동을 통해 일을 하는 비창의적인 일의 비중이 훨씬 많다. 그러므로 우리나라와 같이 선진국에 이른 국가에서는 대부분의 학생들이 창의적인 일을 할 수 있는 능력을 갖추도록 교육하는 것이 필요하다. 창의적인 일의 내용은 연구, 개발, 마케팅과 세일즈 전략, 세계적인 공급체인을 관리하는 높은 수준의 인지능력을 요구하므로 학생들은 끊임없이 새로운 아이디어를 만들어 낼 수 있도록 교육되어야 한다.

최근의 한 연구는 이를 뒷받침해 주고 있다. 김혜숙(2013)은 대학교수 49명을 대상으로 대학의 교육과정에서 다뤄야 할 가장 중요한 핵심역량 요소는 무엇인가를 조사하였다. 그 결과, 창의적 사고 능력이라고 대답한 응답자가 가장 많았다. 즉 창의적 사고력, 비판적 사고력, 분석적 사고력, 논리적 사고력 중에서 중요도에 대한 평점을 비교하였을 때, 창의적 사고력이 가장 높은 우선순위로 나타났다.

둘째, 21세기 미래사회를 살아가는 사람들에게 필요한 3가지 핵심역량을 활용하

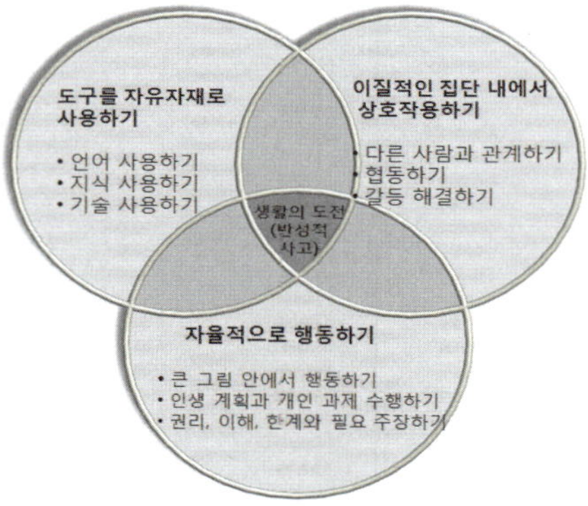

[그림 1-2] 3가지 핵심역량이 중첩되는 생활의 도전과 반성적 사고
출처: OECD(2003).

는데 있어서 창의적 사고는 매우 중요한 요소이다. 그래서 창의적 사고력은 발명가나 학자, 기업인만 필요한 것이 아니라 최첨단 시대를 살고 있는 21세기 미래사

회의 개인 모두에게 일상생활에서도 필요하고 증진되어야 한다.

2003년 OECD는 21세기 미래 사회를 살아가는데 인간에게 필요한 3가지 핵심역량으로 ① 언어, 지식, 기술 등 지적 도구를 자유자재로 사용하는 능력 ② 이질적인 집단 내에서 상호작용하는 능력 ③ 자율적으로 행동하는 능력을 제시하였다. 그리고 이 3가지 능력을 통합적·반성적 사고를 바탕으로 잘 활용하고 행동할 것을 강조하였다. 여기서 말하는 통합적·반성적 사고는 곧 최상위의 사고력인 창의적 사고를 의미한다. 이는 창의적 사고가 21세기 인간의 일상생활에서 매우 빈번하게 요구될 뿐 아니라 생활과 밀접한 관련성이 있는 시점에 이르렀다는 것을 말해 주고 있다.

셋째, 21세기 미래사회의 과학기술 구조는 학문간 상호 결합하고 융합하는 새로운 고차원적 융합 학문적 성격을 띄게 될 뿐 아니라 연구자간 상호협력이 많이 요구되기 때문에 그 어느 때 보다도 창의적 사고력이 뒷받침되지 않으면 원활한 진행 및 성과를 이루어내기 힘들다. 즉 학문영역과 연구자에게 창의적 사고의 필요성은 날로 증대하고 차지하는 비중도 훨씬 많아진다. 그러므로 인재양성 차원에서도 창의적 사고는 필요하고 과학창의 인재를 기르기 위한 교육이 한층 더 강화되어야 한다.

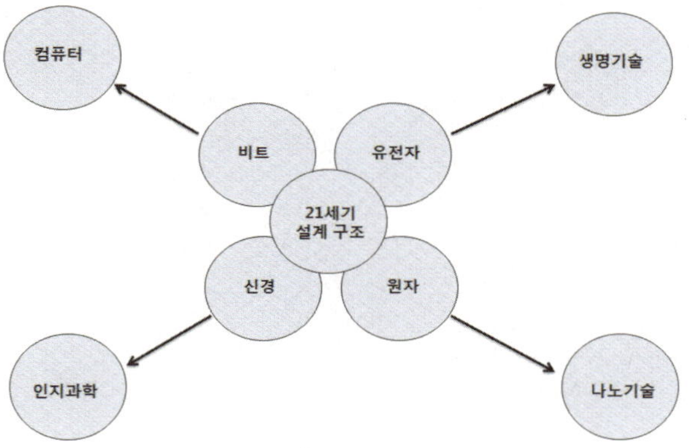

[그림 1-3] 21세기 기술설계 구조

출처: Canton(2002).

미국의 과학재단과 상무성은 21세기를 대비하기 위해 정보통신 기술(IT), 나노기술(NT), 생명기술(BT), 인지과학(Cognitive Science)이 융합하는 청사진을 그렸다. 이것은 앞으로 컴퓨터의 비트, 생명기술의 유전자, 나노기술의 원자, 인지과학의 신경을 상호 융합하여 새로운 기술이 탄생하도록 하는데 집중 투자하겠다는 의미이다. 이것을 다른 말로 바꾸면 21세기 미래사회의 과학기술은 혁명적 컴퓨팅, 나노 생명기술, 유전자 정보처리, 뇌 연구 등의 발전이 주류를 이루게 된다는 것이다. 이와 같이 2개 이상의 이질적인 학문영역이 융합하여 복합적인 성격을 띤 한 차원 발전된 새로운 과학기술을 운용하려면 무엇보다도 상당한 양의 창의적 사고가 응집되지 않고서는 불가능하다는 것은 자명하다. 또한 창의적인 두뇌를 가진 우수한 과학창의 인재 및 학자와 연구진이 상당수 확보되지 않고서는 미래사회를 선도해 나갈 수 없다. 즉 21세기는 창의적 사고의 전성기가 도래할 것이며 창의적 사고에 의해 21세기 새로운 과학기술 문명이 활짝 꽃 피울 것으로 예상된다.

넷째, 창의적 사고는 블룸(Bloom)의 교육목표 분류체계(Taxonomy of Educational Objectives)의 인지적 영역에서 최고 수준의 고차원적 사고이므로 이를 교육을 통해 달성한다면 학생들은 21세기에 잘 적응할 수 있는 창의적 사고를 지닌 유능한 사람이 될 가능성이 높다. 즉 지적영역의 성취도가 매우 높아질 수 있다는 점에서 교육목표에서 창의적 사고는 핵심이 되어야 하며 그만큼 교육적 의미가 크기 때문에 교육에서 중요하게 다룰 필요가 있다. 더군다나 21세기는 고도의 인지능력을 필요로 하는 창의적 사고의 필요성이 절실한 때 이므로 교육의 핵심은 학생들을 창의적 사고와 창의적인 능력을 가질 수 있도록 키워내는 데 초점을 맞춰야 할 것이다.

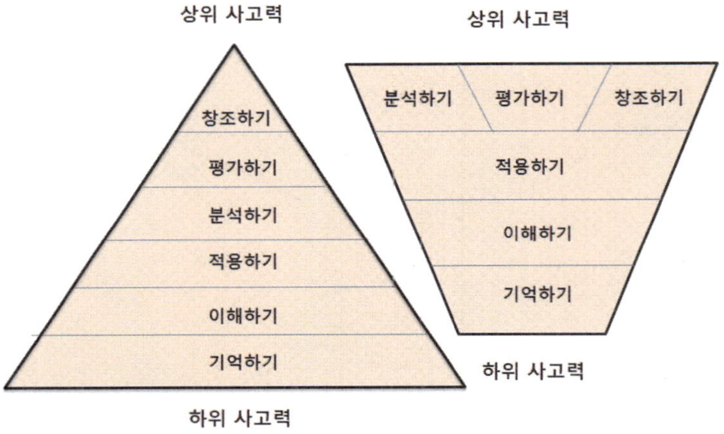

[그림 1-4] 인지영역의 발달단계

출처: Atkinson(2012).

그리고 교육과정 및 교육방법에 있어서도 학생들에게 주어진 과제를 단순히 기억하고 이해하는 저차원의 수준까지만 도달하게 하고 접근하기 보다는 적용, 분석, 종합, 평가단계의 수준까지 끌어 올리고 이를 구축한 바탕위에서 통합적 및 반성적 사고를 통해 가장 고차원의 합성하기, 창조하기까지 도달하도록 접근하는 의미 있는 학습경험을 제공할 필요가 있다. 그림 1-4를 살펴보면 인지과정의 목표체계는 하위 사고력인 '기억하기'부터 시작하여 '이해하기', '적용하기', '분석하기',

'평가하기', '창조하기'의 상위 사고력 순으로 나열된 것을 볼 수 있다. 그리고 그림 1-4의 오른쪽에 있는 그림에는 '분석하기', '평가하기', '창조하기' 등은 상위 사고력에 나란히 포함시켜 같은 수준의 사고력으로 분류하기도 한다. 교육목표 분류체계는 하위 사고력인 '기억하기'부터 시작하여 상위 사고력인 창조하기, 합성하기까지 각 단계별 목표로 하는 능력을 표 1-1과 같이 제시하고 있다.

<표 1-1> 교육목표 분류체계(인지적 영역)

인지과정	목 표 능 력
기억하기	정보를 인지하고 상기해 내며, 재기술하는 능력
이해하기	인지한 정보를 이해하는 능력
적용하기	사실적 정보, 제시된 이론, 모델과 구조를 실제 세계의 상황과 문제에 적용하는 능력
분석하기	하나의 사실적인 요소로부터 복잡한 관계를 구성하고, 관계를 재구성하며, 수요를 평가하는 능력
평가하기	최초의 정보에 나타나지 않은 새로운 결론을 만들어 내기 위해 맥락과 정보, 과정의 성격에 대해 복합적인 판단을 내릴 수 있는 능력
창조하기/합성하기	최초의 맥락에서 복잡한 정보의 집합을 결합하는 새로운 지식 구조의 표상을 창조하는 능력

출처: Atkinson(2012).

지금까지 21세기 미래사회에서 창의적 사고가 왜 필요하고 요구되며 중요하게 다뤄야 하는지를 21세기 경제구조 및 선진국의 창의적인 일의 비중, 21세기를 살아가는 사람들에게 필요한 3가지 핵심역량, 21세기 기술설계 구조, 블룸의 교육목표 분류체계 4가지 측면에서 살펴보았다. 한마디로 21세기 미래사회를 살아가야 하는 사람들에게는 지금까지 살아온 어느 시대의 사람들보다도 사회 및 경제구조, 교육분야, 일상생활 측면에서 중요한 개인의 핵심역량으로 창의적 사고가 가장 많이 필요하고 절실하게 요청된다고 할 수 있을 것이다.

2) 직장 · 가정 · 일상생활과 창의적 사고

20세기 산업사회에서 창의적 사고는 학자, 발명가, 기업가 등 극소수의 높은 전문적인 직업을 가진 특별하고 유능한 사람에게만 필요한 것으로 인식했다. 사실 다수의 일반인들에게 창의적 사고는 별로 상관이 없고 거리가 먼 것으로 무관심

했다고 해도 과언이 아니다. 학교교육도 그다지 크게 다르지 않았다. 극소수의 성적이 우수한 학생만 과학경진대회 행사에 참가시키는 정도에서 머물렀었다.

그러나 오늘날 21세기를 살아가는 우리들은 개인이나 기업 또는 일상생활이나 가정 및 직장에서 창의적인 방식으로 사고하고 행동할 것을 요구받고 있는 듯하다. 요즈음 구인광고 및 인터넷에 있는 직원채용 사이트에 올라온 게시물을 보면 흔히 '창의적인 인재를 찾습니다'는 문구를 헤드라인으로 내세우는 것을 볼 수 있다. 이는 그만큼 21세기 현대사회가 그 어느 때 보다도 창의적 사고가 필요하고 절실히 요구된다는 것을 보여주고 있다. 그러므로 우리는 의도적으로 창의적 사고에 관심을 갖고 창의적 사고에 익숙해 질 필요가 있다. 더 나아가서는 직장이나 가정 등 일상생활에서 창의적 사고를 자주 적용하고 생활화하여 여러 가지 부딪치는 문제를 효과적이고 효율적으로 해결할 수 있어야 한다. 이제 창의적 사고는 개인이나 기업에서 새로운 가치를 창출하는 능력으로 직업인이면 기본적으로 갖추어야 할 필수능력으로 간주되고 있을 뿐 아니라 창의적인 사고를 하는 사람들을 찾고 선호하는 경향이 나타나고 있음을 인식해야 한다.

다음에는 직장・가정・일상생활과 창의적 사고를 연관지어 그 필요성을 살펴보고자 한다. 또한 거의 모든 직장에서 왜 그토록 창의적 인재를 선호하는지 직장과 가정, 일상생활에서 창의적 사고를 발휘한 사람들의 창의적인 문제해결 사례를 통해 알아보도록 하자.

☞ 사례 1-1 ☜	똘이와 돌쇠 중 누가 창의적일까?

똘이와 돌쇠가 산을 넘어가고 있었다. 똘이는 학교에서 이름 난 우등생이었고 돌쇠는 소문난 개구쟁이였다. 이 두 아이가 산속에서 호랑이를 만났다. 똘이는 호랑이를 보는 순간 호랑이가 250m 정도 되는 거리를 달려오는 속도가 시속 50km 정도 된다는 것을 직감했다. 똘이는 호랑이의 달려오는 속도와 거리를 계산하고 돌쇠에게 말했다. "야, 우리 이제 17.88초 후면 죽었다"라고 말하며 돌쇠를 쳐다보았다. 그러나 돌쇠는 자기 운동화 끈을 동여매고 있지 않은가. 그 모습을 본 똘이는 돌쇠를 비꼬았다. "멍청하긴, 네가 뛰어 봤자지, 호랑이보다 빨리 뛸 것 같아?" 그러자 돌쇠는 씩 웃으면서 말했다. "아니야, 나는 너 보다만 빨리 뛰면 돼."

출처: 이효범(2011).

사례 1-1에서 똘이가 한 사고는 수학적이거나 논리적 사고를 한 반면 돌쇠는 이와는 전혀 다른 창의적 사고를 한 것이다. 즉, 돌쇠는 기존의 학교 교육에서 강조된 수학적 및 논리적 사고 능력은 부족했지만 현실에 가장 적합한 해결책을 창의적으로 찾아내어 적절하게 문제해결을 한 것이다. 반면에 똘이의 사고는 수학 및 논리학 시험이라면 정답이었을 똑똑한 사고를 했지만 실제 구체적인 상황에서는 아무 쓸모없는 능력이었다. 이와 같이 이미 기존에 학습하여 알고 있는 지식이나 생활방식만으로는 도저히 해결할 수 없는 문제를 창의적 사고는 해결한다. 그리고 이때야말로 창의적 사고가 절실히 필요하고 요청되며 그 진가를 발휘한다.

☞ 사례 1-2 ☜	창의적 사고는 일상생활의 문제를 해결하려는 의지에서 생긴다.

- 어느 대학생은 세계적인 패션디자인 대회에서 작업복으로 여기는 청바지의 고정관념을 깨고 청바지와 청 자켓에 분홍, 보라, 청색 등의 꽃무늬 수를 놓아서 청바지나 청 자켓이 작업복이 아닌 우아하고 화려하게 연출할 수 있는 세련된 패션제품으로 만듦으로써 연매출 수억을 올리는 20대 CEO가 되었다.

- 어느 기업의 대표는 절전을 위해 콘센트에서 플러그를 빼놓는 것을 불편하게 여겨 플러그를 그대로 꽂아 놓은 채, 버튼만으로 눌러서 전원을 켜고 끌 수 있는 버튼식 콘센트를 만들어 연매출 수백 억원을 올렸다.

- "걸레질하기 정말 싫었죠. 스팀과 청소가 한 번에 되는 새로운 청소기는 없을까 생각했습니다" 평범한 주부에서 이제는 연매출 1,000억 원대의 중견기업 대표가 된 한경희 대표의 스팀청소기는 그렇게 개발되었다.

- K대학 유아교육과 K교수는 유치원에서 동시수업이 너무 밋밋하고 딱딱하고 단순하며 재미없는 지루한 수업으로 이루어지는 것을 문제로 인식하였다. 그래서 이 문제를 해결하기 위해 유아와 교사 모두에게 흥미를 줄 수 있으면서도 동시를 감상하고 낭송하며 동시 짓기까지 연결해서 수업할 수 있는 일명 "e-티칭 동시"라는 전자동시를 개발하여 책과 CD로 출판하였다. 이는 기존에 없는 새로운 형태의 동시로 유아와 교사가 상호작용을 통해 감성을 자극하고 흥미를 유발하는 재미있는 동시수업이 가능토록 탈바꿈시켰다.

사례 1-2에 제시된 사례들의 공통점은 무엇인지 살펴보자. 첫째는 가정, 직장, 일상생활에서 느낀 사소한 문제 및 아이디어, 불편함을 아주 단순한 창의적 사고를 활용하여 현실에 맞게 유용하게 발전시켜 문제를 만족스럽게 해결했다는 것이다. 둘째는 창의적인 아이디어를 더욱 정교하게 발전시켜 상품화함으로써 높은 부가가치를 창출하였다는 것이다.

이와 같이 창의적 사고는 직장이나 가정, 일상생활에서 아주 단순하고 작은 창의적 사고일지라도 문제를 해결함으로써 원하는 것을 얻을 수 있을 뿐 아니라 상상을 현실로 만들어 주는 알라딘 램프가 되기도 한다. 또한 우리의 삶을 편리하고 풍요롭게 함으로써 삶의 질을 향상시켜 준다. 많은 비용을 들이지 않고도 번뜩이는 단순한 창의적인 아이디어 하나만으로도 엄청난 부가가치를 창출할 수 있는 기회를 가져다준다. 그래서 창의적 사고는 매우 필요하고 유익하다.

미국 ABC 방송의 창업투자 프로그램인 '샤크 탱크(Shark tank)'에서는 일반인의 프리젠테이션을 보고 거액을 투자하는 리얼리티 프로그램을 진행하고 있다. 여기서는 프로농구(NBA) 댈러스 매버릭스 구단주이자 20억 달러(약 2조 1,550억원)의 재산을 가진 재력가 마크 큐반을 패널로 출연시켜 창업자와 투자자를 연결해주고 있다. 이것은 무엇을 의미하는가? 자본이 없어도 번뜩이고 실용성 높은 한 가지 창의적 사고만 잘해도 사업이나 기업을 꾸릴 수 있는 시대에 우리는 살고 있는 것이다.

☞ 사례 1-3 ☜	무인자동차는 미래사회와 생활문화에 어떤 영향을 줄까?

"인간이 만든 인간 없는 무인자동차 시대, 5년 안에 열린… 현실이 된 미래 기술"

2015년 1월 6일 세계 최대 전자제품 박람회인 CES(Consumer Electronics Show)가 열린 미국 라스베이거스 코스모폴리탄 호텔, 메르세데스 벤츠 전시장 무대 오른쪽에서 은색 자동차 한 대가 등장했다. '가르릉' 엔진소리를 내며 자동차가 무대 중앙의 디터 제체 벤츠 회장 옆에 멈추고, 푸른 스포트라이트가 내리비쳤다. 순간 무대 아래 있던 3,000명의 관람객이 동시에 "아"하는 탄성을 터트렸다. 차 안에는 아무도 타고 있지 않았다. 제체 회장은 옅은 미소를 지으며 무선 마이크에 대고 말했다. "당신은 벤츠의 미래 무인(無人) 콘셉트카 'F015 럭셔리 인 모션(Luxury in Motion)'을 보고 있습니다. 이어 "놀라운 혁신은 이 뿐만이 아닙니다. 차 안을 보시죠"라고 하자 천천히 앞문이 열리고 운전석이 뒤쪽으로 180도 회전했다. 운전자가 핸들을 잡지 않고 뒤로 돌아 책을 보거나 뒷좌석의 승객과 대화를 나눠도 된다는 것이다. 제체회장은 "21세기에 가장 중요한 사치품은 개인의 공간과 시간"이라며 자동차는 단순한 운행 수단을 넘어 궁극적으로 움직이는 생활공간이 될 것"이라고 했다.

지난 1월 6일부터 9일까지 열린 CES의 주인공은 가전제품이 아니라 자동차였다. 적어도 세계 언론의 관심만 놓고 보면 그랬다. 글로벌 자동차 업체들이 차세대 자동차 기술을 선보이는 각축장이었다. 그런데 왜 자동차 회사들이 가전 전시회에 나타났을까? 자동차가 종합 전자기처럼 돼가기 때문이다. 정보통신 기술(ICT)이 기계기술을 밀어내고 자동차의 핵심이 되어 가고 있는 것이다.

아우디는 무인차로 고속도로 주행까지 시연했다. 샌프란시스코 실리콘벨리를 출발해 이틀간 900km를 평균시속 112km로 무인 주행해 라스베이거스에 도착했다. '잭(Jack)'이란 명칭이 붙은 이 차는 길이 막히면 스스로 속도를 줄이고, 저속 차량이 앞에 나타나면 안전하게 추월해 나갔다. 운전석에는 미국 IT 전문매체 기자 5명이 번갈아 타면서 운전대에서 손을 떼고 잭의 무인 주행과정을 기록했다. 그중 한 기자는 이렇게 썼다. "옆차량 뒷좌석에 앉아있던 소녀와 눈이 마주쳐 두 손을 흔들며 인사했다. 그러자 소녀는 큰 사고라도 날 것처럼 놀라서 방방 뛰었다. 아마, 내가 미친 줄 알았을 거다. 웃음을 참을 수 없었다."

포드의 마크 필즈 최고경영자(CEO)는 "운전대와 브레이크 페달이 필요 없는 무인자동차가 5년 안에 도로에 등장한다"고 했다. 물론 아직도 넘어야 할 산이 많다. 아우디의 잭은 교통이 혼잡한 라스베이거스 시내에 진입하면서 안전을 이유로 무인 주행을 해제했다. 도로 위에 차와 행인이 너무 많아 센서가 대응할 수 없었기 때문이다.

출처: 조선일보(2015. 01.17).

사례 1-3에서 제시된 엄청난 창의적 사고력에 의한 결과물인 무인 자동차는 기업이라는 집단 및 조직에서 이루어졌지만 그 영향력은 국가를 넘어서서 인간의 삶의 방식과 문화에 큰 변화를 가져올 뿐 아니라 전 세계의 사회와 경제구조의 틀과 판도를 바꿀 수 있는 엄청난 위력을 지녔다는 것을 누구든 감지할 수 있다. 이는 아주 굉장한 창의적 사고의 산물로 얻어질 수 있는 엄청난 혜택이다. 만약에 미래사회에 무인 자동차가 상용화되고 널리 보급된다면 어떤 현상들이 일어날지 한 번 기분좋게 상상해보자.

우선, 제일 먼저 큰 혜택을 누릴 사람들은 팔과 다리가 신체적인 장애를 갖고 있거나 혹은 눈이 색맹이어서 운전면허증을 취득하지 못하는 이들이다. 그들은 그동안 누리지 못하고 제한을 받았던 공간 이동이나 사람들과의 만남, 여행 등을 이제 아무런 부담없이 자유롭고 원활하게 즐길 수 있게 된다. 많은 사람들과 만나고 소통할 수 있는 드넓은 세상을 경험할 수 있는 기회가 무한대로 열리게 된다.

그리고 커피숍에서 차 한 잔의 데이트를 즐기던 젊은 연인들은 이제 커피숍을 벗어나 무인 자동차에서 즐기는 차 한 잔의 데이트를 훨씬 선호하게 될 것이다. 즉, 누구에게도 노출되지 않고 방해받지 않는 독립된 공간에서 차에게 운전을 맡긴 채, 젊은 연인들은 서로 마주보고 앉아 감미로운 음악을 들으면서 차를 마시고 손을 잡고 아름다운 경치를 만끽하는 둘 만의 오붓한 시간을 보내는 '무인 자동차 데이트'라는 새로운 트렌드가 자리 잡을 것으로 예상된다.

아울러 교통사고가 큰 폭으로 감소되고 인구 사망률은 하향 곡선을 나타낼 것이며 병원은 연간 수입액이 감소될 가능성이 높은 반면에 자동차와 관련된 보험회사는 큰 흑자를 기록할 것으로 예상된다.

또한 '운전기사'라는 직업이 이 지구상에서 영구히 사라지게 될지도 모른다. 대리운전 기사도 필요없게 된다. 왜냐하면 술에 취해도 버튼 하나만 누르면 차가 집까지 데려다 줄 것이므로. 또한 차를 집에 두고 나갔다가 필요하면 언제든 버튼 하나만 누르면 집에 있는 차가 스스로 운전해서 차 주인이 원하는 장소로 이동시켜 대기할 테니까. 더 나아가서는 운전대와 페달을 생산하는 중소기업 하청업체들이 줄줄이 문을 닫게 될지도 모를 일이다. 운전면허 자동차 학원이나 운전면허 시험 및 운전면허 학원도 사라지게 될 가능성이 높다. 대신에 새로운 자동차 관리면허가 등장할 지도 모른다. 무인 자동차의 상용화 및 보급은 상상만 해도 거대하고 엄청난 토네이도 같은 변화가 몰려올 것이라는 것을 우리는 예측할 수 있다.

그리고 창의적 사고의 결과물이 전 세계 인류의 삶을 한 차원 높인 질적인 상승과 발전을 가져오는 새로운 가치를 창출하고 우리 인간 개개인의 삶에 매우 긍정적으로 작용한다고 보았을 때, 창의적 사고는 분명 매력적 것임에 틀림없다.

앞의 여러 가지 사례들을 살펴보면 창의적 사고는 그 필요성을 넘어서 우리 인간의 삶을 보다 여유롭고 풍요롭게 한다. 그리고 삶의 기쁨과 즐거움, 행복 등 정서적 만족감도 준다. 한마디로 창의적 사고는 개인이든 기업이든 있으면 필요 이상으로 유익하고 좋은 것이다. 그것은 우리 인간의 삶의 질을 향상시켜 주는 원동력인 것이다. 즉 삶의 필요와 요구를 질적으로 충족시키기 위해 창의적 사고는 필요하다. 또한 창의적 사고를 통해 독창적인 아이디어로 여러 가지 문제를 해결할 수 있다면 그것은 너무 편리하고 유쾌한 것이다.

3) 21세기 일의 미래와 직업변화 전망

현재 전 세계 노동 가능 인구 30억 명 가운데 12억명 만이 적절한 일자리를 갖고 있으며 전 세계적으로 취업을 못한 젊은 층의 혼인율이 떨어지고 있다. 한국은 제조업 편중 산업구조로 인해 일자리 감소가 더 심각할 수 있다. 즉 한국은 지금까지 제조업의 강점으로 경제를 키웠지만 그만큼 기계가 대체할 부분도 크므로 한국 산업은 전방위 혁신이 필요하다.

미래학자들은 미래사회의 새로운 직업 생성 요인으로 10가지의 큰 흐름을 제시 하였는데 그것은 "① 저출산 고령화 ② 바이오 혁명, 수명연장, NBIC(NT: 나노, BT: 바이오, IT: 정보, CS: 인지) 국가융합기술지도 ③ 기후 변화 ④ 디지털 세상 ⑤ 무료 온라인교육, 평생교육 ⑥ 여성성 강화로 인한 신모계사회 출현 ⑦ 글로벌화, 국제화, 세계정부, 세계단일통화 ⑧ 복지제도 변화(건강 복지 부각) ⑨ 인터넷 혁명(사물인터넷, 빅데이터, 클라우드 컴퓨팅 확산) ⑩ 일자리 소멸, 1인 기업, 1인 회사, 협동조합"이라고 예측했다. 여기서는 향후 20년, 10년 후의 미래의 일은 어떤 형태로 펼쳐지며 발전할 것인지와 이에 따른 미래의 직업은 어떤 변화가 이루어질 것인지 살펴보고자 한다.

첫째, 향후 20년간 기계화와 컴퓨터 기술 발전으로 일자리가 3분의 1이상 사라질 것이다. 즉 앞으로 20년 뒤에는 반복적이고 일상적인 직업은 사라지고, 창의적이고 분석적인 직업이 살아남는 다는 것이다. "일의 미래" 저자인 린다 그랜튼, 런던 비즈니스 스쿨 교수는 사라질 대표적인 일자리로 생산직, 노무직, 단순 사무직을 뽑았다. 또한 수퍼컴퓨터와 로봇이 간단한 의료 처방은 내릴 수 있어 의사도 줄어 들 직업에서 예외가 아니라고 하였다. 다만, 청소부, 노인 요양사, 트럭 운전사 등은 인공지능이 대체할 수 없거나 기술 발전이 느려 20-30년 동안은 존재할 것으로 내다보았다. 그리고 부가가치를 내지 못하는 주식중개인이나 회계사는 컴퓨터로 대체되고 기계조립공은 '기계를 만드는 로봇'이 대신할 것으로 전망했다.

둘째, 인공지능(AI)이나 로봇이 범접할 수 없는 창의성이나 분석력에 기반을 둔 직업 즉 법률가, 금융컴퓨터, 전문가, 학자, 미디어직 등은 존속할 것으로 예상했다. 형사와 컴퓨터 전문가, 예술가 등도 고도의 사고와 형태 인식 등이 필요해 유지될 것으로 전망된다.

셋째, 미래사회에 뜨는 산업은 ① 기후에너지 관련 산업(기후, 물, 식량, 에너지, 탄소, 환경) ② 건강, 의료, 보건, 복지 산업 ③ 시니어 관련 산업 ④ 교육관련 산업(사이버, 온라인 교육, 평생교육) ⑤ 3D 프린팅 관련 산업 ⑥ 클라우드 컴퓨팅 ⑦ 사물인터넷(IoT) ⑧ 지능형 자동차 ⑨ 빅데이터 산업 ⑩ 스마트 융합산업 등 이다.

넷째, 3D 프린터로 인한 미래 일의 변화는 매우 클 것으로 예상된다. 3D 프린터의 출현은 생산시스템을 대량생산에서 다품종 소량생산으로 변화시킬 뿐 아니라 일반 제조업의 추락을 가져 올 수 있는 큰 폭풍이 될 수 있다. 또한 택배, 물류, 포장 등 많은 산업의 추락을 가져올 가능성이 높다. 이로 인해 많은 일자리가 감소하고 1인 기업이 부상하며 1인 제조업이 등장할 수 있다. 반면에 쓰레기가 감소하고 자원이 절약되어 지구온난화를 예방할 뿐 아니라 인류의 지속가능성을 높이는 긍정적인 결과도 가져 올 수 있다.

넷째, 한국고용정보원은 2015년 4월 21일 10년 후의 직업을 발표했다. 10년 뒤에 줄어 들 것으로 보이는 직업은 사진가, 초·중등 교사 등이 뽑혔다. 고령화 및 인구 구조의 변화에 따른 영향이다. 건설기능직 등 신체적으로 고되거나 어려운 3D 직종도 청년층의 취업기피로 인력난이 가중될 것으로 예상된다. 10년 후에도 현재 일자리를 유지할 직업은 시각디자이너, 통신공학기술자, 투자 및 신용분석가, 감정평가 전문가 등 68개이다. 반면에 10년 후에 일자리가 지금보다 더 늘어날 것으로 예상된 직업은 행사기획자, 상담전문가, 산업안전 및 위험관리 요원, 기계공학기술자, 응용소프트웨어 개발자, 경영 컨설턴트 등 96개이다. 또한 맞벌이 및 1인 가구의 증가로 개인서비스 및 반려동물 관련 직종의 전문화 및 증가도 예상된다. 즉 애완동물미용사, 결혼상담원, 웨딩플래너, 청소원 및 가사도우미 등의 직업이 늘 것이라는 전망이다.

그리고 외모와 건강에 대한 꾸준한 관심 증가는 미용사, 피부관리사, 메이크업 아티스트, 스포츠 및 레크리에이션 강사 등이 수요가 늘어날 만한 직업으로 예상 되었다. 컴퓨터 보안 전문가, 웹·멀티미디어 기획 및 개발자 등은 증가가 예상된 반면 상품판매원, 상품중개인, 증권 및 외환중개인 등은 감소할 것으로 전망된다.

미래사회는 곳곳에 위험이 도사리고 있다. 이로 인해 미래에 대한 예측과 대비는 성공을 위한 필수 요소이다. 지난 2015년 5월 20일 아시안리더십콘퍼런스 '일의 미래' 세션에서는 국내외 일자리 전문가들이 3시간 동안 미래 '일자리 전쟁' 과정에서 개인이 어떻게 살아 남을지에 대한 개인의 생존전략에 대해서도 논의 되었다.

린다 그래튼은 직업이 있을 때 제2의 직업을 위한 경력을 미리 쌓고 가능한 맞벌이를 하고 남편도 주부 역할에 익숙해져야 한다고 하였다. 제이 마셜은 스스로 경력지도(Career map)를 만들어 목표를 채워 나가라고 제시하였다. 짐 클리프턴 갤럽 회장은 재능있는 학생이라면 창업을 하도록 권유 하는 것이 바람직하다고 하였으며 오연천 울산대학교 총장은 감성과 자연 친화, 생명 연장 분야는 여전히 일자리가 유망

할 것이라면서 해양, 항공, 우주, 인공지능, 생명공학, IT, 소프트웨어, 문화・예술 스포츠 등의 분야에 도전할 것을 권했다.

여기서 우리가 간과해서는 안 될 중요한 것은 결국 21세기 미래사회에서 국가, 기업, 개인이 살아남을 수 있는 길은 바로 사고력과 문제해결능력에서 비교우위를 확보하는 것이다. 다시 말해서 창의적 사고, 논리적 사고, 비판적 사고를 통해 창의적이고 합리적이며 효율적으로 문제해결능력을 갖춘 국가, 기업, 개인이 되어야만 계속 존속유지가 가능하다는 것이다. 다시 말해서 21세기는 창의성을 가진 국가, 기업, 개인만이 경쟁력을 가질 수 있고 변화하는 사회와 경제구조에 따라 신속하게 변화하고 대처할 수 있을 것이다.

어느 분야에서든 전문성을 확보하고 뛰어난 창의성을 발휘한다면 계속 새로운 전환점을 만들어 가면서 새로운 결과물을 창출하여 새로운 세상을 열어갈 수 있을 것이다. 미래학자들은 앞으로 21세기 미래사회가 현재의 정보사회에서 한 단계 더 향상된 스마트사회로 전환될 것으로 내다보고 있다. 다가 올 미래, 스마트 사회에서는 무엇보다도 창의와 감성 욕구가 요구되고 분출되는 시대가 될 것으로 전망한다.

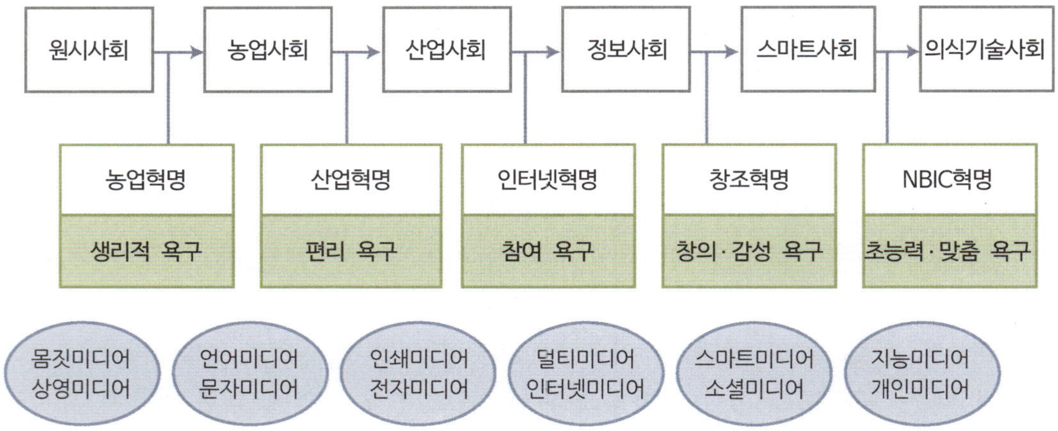

[그림 1-5] 인류 역사의 변화와 미래 사회(인류의 욕구와 미래 변화)

출처: 안종배(2015).

Tip 1-1	'NBIC 국가융합기술지도' 란 무엇인가?

첫째, 'NBIC'는 현재 주목할 만한 성장을 하고 있는 ① 나노기술(NT: Nano Technology) ② 생명기술(BT: Bio Technology) ③ 정보기술(IT: Information Technology) ④ 인지과학(CS: Cognitive Science) 등의 기술을 기반으로 한다는 것이다. 둘째는 이 4가지 기술 간에 이루어지는 상승적 결합을 통해 기술적, 경제적, 사회적으로 막대한 파급효과 즉 시너지를 창출한다는 것이다. 즉 국가융합기술지도는 IT 혁명 이후의 미래 글로벌 시장을 주도할 융합기술을 선점하기 위해 육성해야 할 융합기술의 추진목표 및 거시적 방향을 담은 것이다. 정부는 융합지도의 체계적 추진을 통해 세계 5위권 융합기술 강국으로 도약할 계획이다.

이는 20세기의 전통적 관점인 물질과 기계 중심의 하드웨어적 과학기술개념과 연구를 넘어서서 인간의 뇌와 심리적 특성 그리고 문화 사회적인 특성이 고려된 융합과학기술을 추구해야만 창의적이고 효율적인 발전이 이루어질 수 있음을 의미한다. 그리고 최근에는 재료, 에너지, 환경 등으로 그 범위를 넓혀가고 있다.

☞ 사례 1-4 ☜	사물인터넷 (Internet of Things)은 장차 미래의 일과 직업에 어떤 변화를 가져올까?

조만간 IoT와 인간의 판단'을 놓고 선택해야 할 때가 올 것

"인간 신경계가 발끝부터 뇌로 이어져 세상을 인지하듯, 전자 센서들이 무선의 네트워크로 연결돼 있는 것이 사물인터넷(IoT)의 진짜 의미입니다." IoT 개념을 창시한 정보기술 전문가 케빈 애슈턴은 "요즈음 양말이나 냉장고에 스마트 칩을 넣어 IoT라고 하는 식의 기업들이 많다."며 이렇게 말했다. 매사추세스 공대(MIT)의 사물인터넷 연구소 '오토 아이디 센터(Auto-ID Center)'의 창립자이기도 한 그는 현재 IoT 분야의 저서를 집필하며 강연자로 활동 중이다. 그는 21일 서울 강남구 테헤란로 그랜드 인터컨티넨탈 호텔에서 LG CNS가 주관한 IT 콘퍼런스 '엔트루 월드(Entrue World) 2015'의 기조 강연을 했다. 강연 뒤 그에게 Iot의 시작과 미래를 들어 봤다.

IoT는 1999년 애슈턴 씨가 P&G사의 브랜드 매니저로 일할 때 발표한 사내 프리젠테이션 제목이다. 그가 맡고 있던 립스틱 생산 라인의 제품 흐름을 파악하기 위해 전자태그(RFID) 추적을 제안하는 과정에서 나온 개념이다. 그는 "이전부터 컴퓨터 업계 사람들은 컴퓨터 이외의 제품을 '사물(Things)'이라고 부르곤 했다. 1999년쯤 되자 '사물'에 컴퓨터를 넣을 수 있지 않을까 하는 아이디어들이 나오기 시작했다고 설명했다.

애슈턴씨는 "20세기의 패러다임인 IT를 넘어 21세기의 패러다임 IoT로 성공적인 전환을 하는 기업만이 살아남을 수 있다"고 강조했다. 그는 2000년대 들어 기업 가치가 떨어진 테크 기업들을 예로 들며 "그들은 IoT에 신경 쓰지 않거나, 적응하고자 노력했지만 실패했다"고 지적했다.
반면에 성공 사례도 있다. 컴퓨터 주변기기 업체였던 벨킨은 2013년 전기 스위치를 스마트폰 네트워크와 연결하는 홈 자동화 플랫폼 '위모(WeMo)'를 출시했다. 위모 솔루션은 전등과 TV의 전원 조절뿐만 아니라 솔로쿠커에도 적용돼 스마트 홈을 가능하게 했다. 위모를 개발하기도 한 애슈턴은 "벨킨이 충전기 같은 사업만 계속했다면 살아남기 어려웠을 것"이라고 말했다.

구글과 테슬라의 무인차 사업 진출도 성공적으로 평가했다. 애슈턴은 "식당 주차장에 들어가 스마트폰 애플리케이션(앱)을 누르면 자동차가 알아서 주차를 하는 세상이 올 것"이라고 말했다. IoT 개념이 처음으로 세상에 나온 지 16년, 인류는 괄목할 만한 기술을 실현해 왔다.

그러나 "경계할 부분은 없을까?" 애슈턴은 "언젠가 우리는 디바이스(기기장치)를 믿어야 할지, 우리 자신을 믿어야 할지 결정해야 하는 순간에 직면할 것" 이라고 지적했다. 그는 "항공기의 자동항법 시스템이 도입된 초기에는 신뢰하지 못하거나 완전히 이해하지 못한 조종사들이 오작동 사고를 일으키곤 했다"며 "완벽에 가까운 IoT가 구현되더라도 결국 그것을 완벽히 신뢰할 수 있을 것인지 확신하기까지는 먼 여정이 남아 있다"고 말했다.

출처: 동아일보(2015. 04. 22).

☞ 사례 1-5 ☜	로봇은 우리의 일상생활에 어떤 영향을 미칠까?

일본 따라잡자, 맨땅 출발 15년만에 한국, 최강 로봇일꾼 만들다

1997년 일본 자동차 기업 '혼다'는 두 발로 아장아장 걷는 인간형 로봇 '아시모(ASIMO)'를 공개했다. 바퀴가 아닌 두 발로 균형을 잡으면서 걷는 아시모를 본 과학계와 일반 대중은 일본의 뛰어난 로봇 기술력에 감탄했다. 당시 "나도 저런 로봇을 만들어 보겠다"고 다짐한 한국 과학자가 있었다. 바로 한국과학기술원(KAIST) 기계공학과 오준호 교수였다. 오교수는 2001년부터 연구비 지원도 없이 학생들과 함께 외국 잡지를 뒤져가며 연구에 몰두했다. 그 결과 2004년 12월 한국 최초의 인간형 로봇 '휴보(HUBO)'를 선보였다.

그로부터 11년이 지난 2015년 6월 6일, 휴보는 미국 방위고등인구계획국(DARPA) 주최로 열린 '로봇 공학 첼린지(DRC)' 결선대회에서 일본과 미국, 독일, 이탈리아, 홍콩 로봇을 제치고 세계 최고의 재난 수습 로봇이 됐다. "일본에 지기 싫다"는 오기로 시작한 연구로 불과 14년 만에 세계 정상에 우뚝 선 것이다. 이번 대회에 참가한 5개의 일본 팀들은 모두 하위권에 머물렀다.

결선 대회장은 실제 후쿠시마 원전사고 현장을 본떠 만들어졌다. 각 로봇에는 ① 차량운전 ② 차량 하차 ③ 문 열고 들어가기 ④ 밸브 닫기 ⑤ 벽에 구멍 뚫기 ⑥ 콘센트 꽂기 ⑦ 장애물 치우기 ⑧ 계단 오르기 등 8가지 과제가 주어졌다. 참가팀들은 대회장에서 수백미터 떨어진 곳에서 제한된 속도의 와이파이(무선랜) 통신으로만 로봇을 조종해야만 했다. 로봇의 눈을 통해서만 현장을 파악할 수 있고 그나마 통신도 자주 끊기기 때문에 만일의 경우 로봇이 스스로 상황을 판단해 정해진 과제를 수행하는 인공지능(AI) 기능도 필요했다.

지난해 예선에서 휴보는 안정적으로 걷는 능력은 세계 최고 수준이지만 사물을 인식하는 능력은 미국과 일본 기업들에 다소 뒤지는 것으로 나타났다. 이를 개선하기 위해 이미지 전문가인 KAIST 권인소 교수(전기 및 전자 공학부)가 휴보팀에 합류했다. 권교수는 "오교수가 심봉사(휴보) 눈 좀 뜨게 해달라고 해서 함께 휴보 제작에 참여했다"면서 "주변 사물을 좀 더 구체적이고 명확하게 인지할 수 있도록 시각처리 시스템을 바꾼

후, 휴보의 행동 속도나 움직임이 대폭 개선됐다"고 말했다. 드릴을 잡고 스위치를 켜거나 밸브를 잡아 돌릴 수 있는 '밝은 눈'을 달아 준 것이다.

이번 대회를 위해 제작한 'DRC 휴보 2'는 무릎 부분과 발끝에 바퀴가 달려 있다. 빠른 속도로 평지를 이동할 때는 무릎을 접고 꿇어앉은 자세로 바퀴를 이용해 달린다. 작업을 하거나 계단을 오르내릴 때는 다시 두 발로 일어서 걷는다. '변신 로봇'이 된 것이다. DRC에 출전한 로봇 중 용도에 따라 작동방식까지 변하는 것은 휴보뿐이었다. 휴보는 마치 사람이 안에 들어가서 움직이는 것처럼 8가지 과제를 안정적이고 완벽하게 수행해 냈다.

3위를 차지한 '타르탄 레스큐'를 제작한 미국 카네기 멜렌대학의 토너 스탠츠 교수는 "휴보가 주변 환경에 따라 유연하게 대처하는 모습이 인상적이었다"면서 참가팀 중에서 가장 재난 현장에 적합한 로봇을 구현해냈다"고 평가했다. MIT의 한 연구원은 "일본만 경쟁자라고 생각했는데 이제 한국도 동등하게 봐야 할 것 같다"고 말했다.
출처: 조선일보(2015. 06. 08).

학습활동 ⇨ 사례발표

D 1. 일상생활에서 일어난 문제를 창의적 사고로 해결한 경험 및 사례를 발표해서 서로 공유해 봅시다.

학 습 평 가

Q 1. 21세기에 창의적 사고가 필요한 이유로 부적당한 것은? (　　)

① 선진국은 비창의적인 일의 비중이 창의적인 일의 비중보다 훨씬 크다.
② 인간생활의 3가지 핵심역량으로 창의적 사고가 매우 중요하다.
③ 과학기술 구조는 정보통신기술, 나노기술, 생명기술, 인지과학이 융합으로 새로운 학문의 출현과 연구 영역 간 연구자간 상호협력이 증대하고 있다.
④ 지적영역에서 고도의 인지능력을 가진 과학창의 인재를 필요로 하고 있다.

Q 2. 창의적 사고와 관련된 설명으로 맞지 않은 것은? (　　)

① 직장 및 일상생활에서 일어나는 문제를 효과적으로 해결할 수 있다
② 창의적 사고를 더욱 정교하게 발전시켜 상품화하면 많은 부가가치를 창출할 수 있다.
③ 실용성 높은 번뜩이는 아이디어 한 가지만 있어도 사업이나 기업을 꾸릴 수 있는 기회를 얻을 수 있다.
④ 창의적 사고는 인지영역의 발달단계에서 하위사고력에 속한다.

****

정 답	1. ①　　2. ④

2. 창의적 사고의 개념

문제를 빠르게 해결했다고 해서 그 사람을 창의적이라고 할 수는 없다. 안 풀리는 문제, 해답이 많은 문제, 때로는 정답이 없는 문제를 해결하는 사람이야말로 창의적인 사람이라고 할 수 있다. 창의적인 사고란 당면한 문제를 해결하기 위해 이미 알고 있는 경험과 지식을 해체하여 다시 새로운 정보로 결합함으로써 가치 있고 참신한 아이디어를 산출하는 사고이다. 창의적 사고의 개념은 다음과 같다.

> 창의적 사고란 당면한 문제를 해결하기 위해 이미 알고 있는 경험과 지식을 해체하여 **새롭고 유용한 아이디어로 산출하는 정신적 과정을 의미한다.**

- 창의적 사고는 발산적 사고로서 아이디어가 많고 다양하고 독특한 것을 의미한다.
- 창의적 사고는 평범한 사고와는 다른 기발하거나 신기하며 독창적인 것이다.
- 창의적 사고는 새롭고 유용하고 적절하며 가치가 있어야 한다.
- 창의적 사고는 기존의 정보(지식, 상상, 개념 등)를 특정한 요구조건에 맞거나 유용하도록 새롭게 조합시킨 것이다. 즉 정보와 정보를 조합한 것이다.
- 창의적 사고의 구성요소는 유창성, 융통성, 독창성, 정교성, 상상력, 민감성이다.
- 창의적 사고는 참신하고 새로운 아이디어를 산출하는 힘이다.

Tip 1-2　우리는 매일 크고 작은 창의적 사고를 하고 있다

창의적 사고는 아무것도 없는 무에서 유를 만들어 내는 것이 아니라 끊임없이 참신한 아이디어를 산출하는 힘으로써 직장에서 일을 짧은 시간에 효율적으로 처리하기 위한 방법에 대한 많은 생각 또는 자동차를 싸게 사기 위한 많은 생각들이 바로 창의적 사고이다. 창의적 사고는 노벨상을 수상할 만한 위대한 창의적 사고부터 일상생활의 조그만 창의적 사고까지 창의적 사고의 폭은 대단히 넓으며 우리는 매일 창의적 사고를 하고 있다고 볼 수 있다.

Tip 1- 3　창의력이란 무엇인가? / 5달러와 25만 달러의 차이

- 당신이 만약 쇳덩어리 하나를 그대로 팔면 5달러 정도를 받을 것이다.
- 만약 당신이 쇳덩어리를 가지고 말발굽을 만들어 판다면 10달러까지 가치를 높여 팔 수 있을 것이다.
- 말발굽 대신 바늘을 만들어 팔면 3,285달러를 받을 수 있을 것이다.
- 시계의 부속품인 스프링을 만들어 판다면 25만 달러 정도까지 그 값어치를 높일 수 있을 것이다.
- 5달러와 25만 달러와의 차이 이것이 바로 창의력인 것이다.

3. 창의적 사고의 개발원리

오스본(Osborn)과 월라스(Wallas)는 창의성이란 문제해결 과정에서 요구되는 고도의 인지적인 능력이라고 보고 창의적인 사고를 문제해결에 사용할 것을 강조하였다. 즉 창의적 사고는 독창적이며 질적으로 우수한 사고를 산출하여 문제를 해결하는데 목적이 있다는 것이다. 트래핑거(Treffinger)가 고안한 창의성을 문제해결에 적용하는 창의적 문제해결(CPS: Creative Problem Solving) 기법이 대표적이다. 트래핑거(Treffinger)는 이 모델에서 창의적 사고를 발휘하는데 관여하는 인지적 요인과 정의적 요인 양측면의 중요성을 동시에 강조하고 있다.

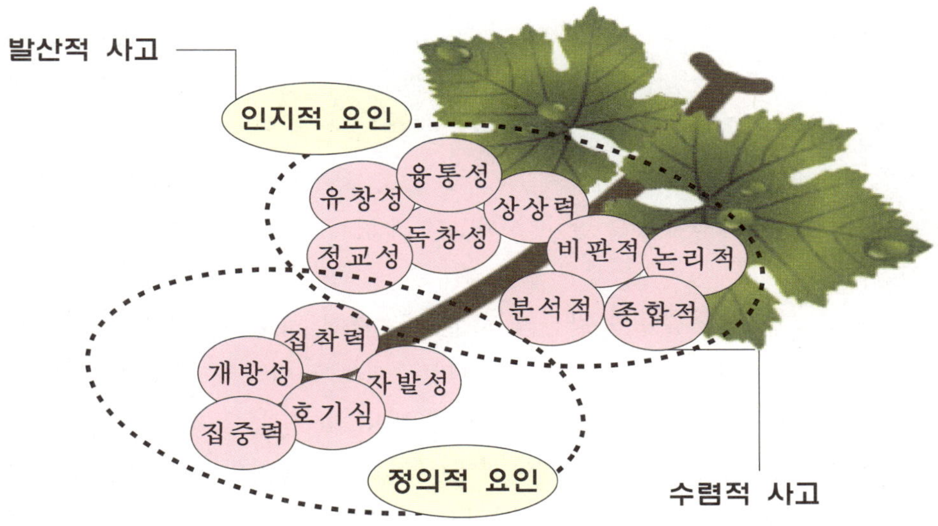

[그림 1-6] 창의성의 인지적 • 정의적 요인

그림 1-6은 창의성과 관련된 인지적·정의적 요인을 한 눈에 파악할 수 있도록 그림으로 제시한 것이다. 이를 살펴보면 창의성과 관련된 인지적 요인에는 발산적 사고와 수렴적 사고로 구분된다. 발산적 사고는 유창성, 융통성, 독창성, 정교성, 상상력 등의 인지적 요인과 관련이 있고 수렴적 사고는 분석적, 논리적, 종합적, 비판적 사고 등의 인지적 요인과 관련이 있다. 그리고 창의성과 관련된 정의적 요인에는 개방성, 과제 집착력과 집중력, 호기심, 자발성이 관련되어 있다. 창의적인 사람은 창의성을 형성하는 인지적·정의적 요인이 매우 발달해 있는 사람이라고 말할 수 있을

것이다.

발산적 사고(Divergent thinking)는 주어진 정보로부터 다른 정보를 생성하는 것으로 같은 정보로부터 여러 가지 결과를 생성해내는 것을 강조하는 사고력이다. 반면에 수렴적 사고(Convergent thinking)는 주어진 정보를 가지고 한 가지 정보를 생성해 내는 것으로 대안들은 분석하고 평가하고 세부적으로 다듬는 것을 강조하는 사고력이다. 다시 말해서 발산적 사고는 유의미한 새로운 결합을 만들고 많은 가능성과 대안을 정교화하고 확대시키는데 사용된다. 반면에 발산적 사고는 아이디어들의 가능성을 사정하고 대안들을 비교, 분석, 추론, 연역, 평가, 판단 및 결정을 내리는데 사용된다.

창의적 사고는 발산적 사고와 밀접한 관계가 있는 반면 수렴적 사고는 비판적인 사고와 밀접한 관계가 있다. 이로 말미암아 발산적 사고는 창의적 사고와 동일하게 간주하거나 좁은 의미의 창의적 사고로 동일시하는 경향이 있다. 반면에 수렴적 사고는 즉 비판적 사고와 비슷한 의미로 통용된다.

그리고 창의적 사고를 통해 문제를 효과적으로 해결하려는 일련의 노력들을 창의적 문제해결(CPS: Creative Problem Solving)이라고 통칭하는데 창의적 문제해결(CPS) 접근이 보다 성공하려면 발산적 사고도구와 수렴적 사고도구를 균형있게 사용해야 한다. 즉 창의적 사고와 비판적 사고는 상호 보완적으로 중요하듯이 창의적으로 문제를 해결하는 과정에서도 발산적 사고와 수렴적 사고는 서로 보충적으로 사용된다.

Guilford(1967)는 인간의 사고를 발산적 사고와 수렴적 사고 2가지로 구분하고 창의적 산물은 특정한 문제에 대한 발산적 사고의 결과로 나타난다고 보았다. 즉 창의력을 발산적 사고와 동일한 것으로 간주하고 유창성, 융통성, 독창성, 정교성, 민감성, 재정의 및 재구성력으로 보았다. 그리고 발산적 사고는 창의성과 관련이 있으며 그 하위요인을 분석하여 다음과 같은 창의성의 개발원리 6가지 요인을 추출하였다.

① 문제에 대한 민감성

기존체제 내에서 문제에 대한 감수성으로 문제를 찾아내어 평가하는 능력으로 주변의 환경에 대해 예민한 관심을 보이고 새로운 탐색 영역을 넓히는 능력이다.

② 사고의 유창성

지각한 문제에 대하여 많은 양의 해결안을 산출해 내는 능력으로 단어 유창성, 연상 유창성, 표현 유창성, 개념의 유창성으로 분류된다.

③ 사고의 융통성

기존의 사고 방식을 버리고 새로운 각도에서 다양한 해결책을 생각해 내는 능력으로 자발적인 융통성과 적응적 융통성으로 분류된다.

④ 독창성

자극에 대하여 매우 희귀하고 드문 반응을 산출하는 능력으로 기존의 것에서 탈피하여 독특하고 참신한 아이디어를 산출하는 것이다.

⑤ 정교성

다듬어지지 않은 기존의 아이디어를 세분화하여 전개하거나 문제에 포함된 의미를 명확하게 파악하고 완성, 보완, 수정하는 것에 관련된 지적 특성을 의미한다.

⑥ 재정의 및 재구성

새로운 목적을 위해서 친숙한 대상에 대한 기존의 해석을 버리고 새로운 방법으로 의미있는 구성을 해내는 능력을 의미한다. 즉 기존의 보편화되고 익숙한 지식, 개념, 대상에 대해 그 차원을 넘어선 보다 발전된 의미있는 새로운 관점으로 기존의 지식, 개념, 대상 등을 바라보고 재해석해서 보다 가치있는 새로운 것을 제시한다는 것이다. 이러한 능력은 상상력과 밀접한 관련성이 있다.

<창의성과 투자이론>

- 스탠버그(Sternberg)와 루바트(Lubart)는 창의적인 사람은 '싸게 사서 비싸게 파는(buy low and sell high)' 증권 투자가에 비유될 수 있다는 투자이론을 내 놓았다(Sternberg & Lubart, 1995). '싸게 산다는 것'은 알려져 있지 않거나 인정을 받지 못하고 있지만 성장 잠재력을 지니고 있는 아이디어를 추구해 가는 것을 말한다.
- 그러나 창의적인 사고자는 새롭고 가치있는 아이디어를 생성하는 것만으로는 충분하지 아니하고 그것의 가치를 남에게 설득할 줄 알아야 한다. 창의적인 아이디어가 처음 제시되면 사람들은 흔히 그것을 해괴하고 소용없고 어리석은 것으로 간주해 버릴 뿐 아니라 그러한 아이디어를 말한 사람을 의심하거나 이상한 눈초리로 바라보고 비웃어 버리는 경향이 있다.
- 창의적인 사람은 다른 사람에게 아이디어를 제 때에 비싸게 팔고 다시 다른 아이디어로 옮겨간다. 창의적 사고는 능력의 문제 못지않게 삶에 대한 태도의 문제이다.

<창의성의 6가지 자원요소>

스탠버그(Sternberg)와 루바트(Lubart)의 투자이론에 의하면 창의성은 여섯 가지의 관련된 '자원요소' 즉 지적능력(지능), 지식, 사고 양식, 성격, 동기, 환경 등이 하나로 통합 및 수렴되어 실행되었을 때, 큰 성과를 가져올 수 있다고 강조한다. 그러므로 창의성을 발휘할 수 있도록 이 6가지 자원요소 모두를 충족시킬 것을 요구한다.

1. 지적능력(지능): 지능은 창의성에 핵심적인 3가지 역할 즉 종합력, 분석력, 실천력이 가능토록 역할을 한다.

- 지적능력과 관련된 3가지 즉 종합력, 분석력, 실천력은 3가지 능력이 모두 수렴되는 것이 중요하다. 다른 2가지 능력이 없는데 분석력만 있으면 비판적 사고는 할 수 있지만 창의적 사고가 안 된다. 다른 2가지 능력이 없는데 종합력만 있으면 새로운 아이디어를 생성해 낼 수는 있어도 그것의 가능성을 평가하거나 수용하게 설득하지는 못한다. 그리고 실천력이 없으면 아이디어를 효과적으로 상품화 하거나 판매하지 못한다.
- 창의성의 6가지 자원요소 중의 하나인 지적 능력의 3가지 측면 즉 종합력, 분석력, 실천력에 대해 보다 심도있게 이해하고 구체적인 노력을 하는 것이 필요하다.

1) **종합력**(Synthetic ability)은 문제를 새로운 시각에서 보거나 문제를 새롭게 정의하여 기존의 사고 한계를 넘어설 수 있게 한다. 투자에 비유하면 남들이 아직도 가치롭게 여기지 않고 있는 주식과도 같은 어떤 새로운 아이디어를 형성하거나 인식하는 것과 같다.

- 이전의 정보나 이론들을 전혀 새로운 눈으로 보는 것.
- 주위에 흔히 있던 것에서 독특한 어떤 것을 만들어 내는 것.
- 방향을 바꿔서 다른 절차를 사용하는 능력.

  이러한 종합력은 바로 아이디어를 생성하는 창의적 사고 기능임을 알 수 있다. 종합력 가운데서 특히 중요한 것은 '문제를 정의하고 재정의 하는 능력'과 '통찰적인 사고를 하는 능력'이다.
- 사례 1) 아인쉬타인(Albert Einstein)

  ▶ 물리학의 문제를 상대성 이론에 따라 재정의 함.
- 사례 2) 촘스키(Noam Chomsky)

  ▶ 언어학 영역을 언어적 심층 구조와 언어적 표면 구조를 구분하여 재정의 함.

- 사례 3) 피아제(Jean Piaget)
  ▶ 아동을 어린 과학자로 봄으로써 인지발달 영역을 재정의 함.
- 사례 4) 피카소(Pablo Picasso)
  ▶ 세상을 입체주의 시각에서 봄으로써 예술의 한 영역을 재정의 함.

- **통찰 기능(Insight skill)**은 해결이 명확하지 않고 '잘 정의되지 아니한 문제'에서 해결을 떠올릴 때 작용한다. 스탠버그는 통찰에는 3가지 종류가 있다고 함.

① **투입 정보의 흐름 속에서 대부분의 사람들이 보지 못하는 것을 보는 것이다.** 통찰적인 탐정가는 남들이 무시해 버리는 것 속에서 해결에 대한 단서를 본다. 샤록 홈즈(Sherlock Holmes)가 이런 종류의 통찰을 하는 탐정의 대표적인 예이다(선택적 부호화).

② **떨어져 있는 정보들을 어떻게 연결시키고 조합시킬 수 있는지를 보는 것이다.** 통찰적인 탐정가는 범죄 장면에 있는 흩어져 있는 여러 가지 단서들을 조합하여 추리하고 의사는 여러 가지 증상들을 연결시켜 질병을 종합적으로 진단하는 경우가 대표적인 예이다.

③ **이전의 정보가 새로운 문제에 적절하다고 판단할 수 있도록 하는 '보는' 통찰이다.** 창의적인 유추나 비유는 이러한 종류의 통찰이다. 과학자는 과거에 다루었던 비슷한 문제를 기억하고 그것이 현재의 문제에 대하여 시사하고 있는 것을 찾아낸다(선택적 비교).

---

2) **분석력(Analytic)**: 새로운 아이디어들 가운데서 계속하여 추구해 볼 만한 가치가 있는 것과 그렇지 못한 것을 구분해낸다. 새로운 아이디어라도 모두 좋은 것은 아니다. 투자가는 주가가 오를 잠재력이 있는 주식을 점 찍을 수 있어야 하듯이 창의적인 사람도 결국은 사람들의 수용을 받을 뿐만 아니라 가치를 크게 인정받을 수 있는 잠재력이 있는 아이디어를 골라 개발할 수 있어야 한다.

---

3) **실천력(Action)**은 남들의 피드백에 효과적으로 반응하면서 자기의 아이디어를 남들에게 설득할 수 있는 능력을 말한다.

---

2. **지식**: 지식은 창의적 수행에 필수적이다. 어떤 영역에 대하여 아는 것이 충분하지 않으면 그 영역을 한 단계 진척시켜 앞으로 나갈 수 없다. 그러나 지식 자체가 창의를 촉진하거나 방해하는 것이 아니다. 중요한 것은 우리가 가르치는 어떤 지식이 창의적 사고에 얼마나 도움이 되고 중요한가에 있다.

① **암기한 지식과 사용 가능한 지식 간에는 차이가 있다.**
사용할 수 없는 지식을 비활성적 지식이라고 하는데 이러한 지식은 대뇌에 저장되어 있기는 하나 필요할 때 끄집어내어 다른 지식과 연결시켜 새로운 지식을 이끌어 낼 수 없다. 즉 기계적으로 암기한 지식이 그러한 비활성적 지식일 가능성이 크다. 그럼 어떻게 해야 창의성에 도움이 되는 지식이 될까? 그것은 지식을 구조화하고 맥락화 시킬 때 그 지식은 비로소 쉽게 사용할 수 있으며 기능적인 것이 될 수 있다.

② **자기가 학습하는 정보가 왜 중요한지 분명하게 자각할 수 있도록 가르쳐야 한다.** 왜 그것을 배우는지를 알고 무엇에 쓸모가 있다는 것을 믿을 때, 학생들은 더 잘 학습하며 더 잘 기억한다.

③ **지식을 너무 깊게 가르치려고 융통성을 희생해서는 안 된다.**
한 가지 방식을 너무 강조하여 다른 방법이 가능하다는 것을 잊게 해서는 안 된다. 창의성은 사물을 융통성있게 보는 것을 요구하기 때문에 깊은 지식이 융통성있는 사고를 잊어버리지 않도록 배려해야 할 것이다.

3. 사고 양식: 사고양식(Thinking styles)은 능력이 아니라 자신의 지적 능력을 이용하는 방법이다.

사고 스타일을 입법부적, 행정부적, 사법부적 스타일로 나눈다면 창의성에는 입법부적 스타일이 적합하고 중요하다. 즉 창의성에서 가장 필요하고 요구되는 인지 양식 혹은 사고 스타일은 입법부에서 법을 새로 입안하는 것과 같이 새로운 방식으로 사고하기를 선호한다는 것을 말한다.

그러나 이러한 선호는 사고할 줄 아는 능력과는 구분되어야 한다. 왜냐하면 새로운 방식으로 사고하기를 좋아해도 잘 사고를 하지 못하는 사람도 있고 반대로 사고는 잘 하는데도 새로운 방식으로는 사고가 잘 되지 않은 사람도 있기 때문이다. 창의적인 사람은 또한 논리적으로 사고할 수 있어야 하고 동시에 문제를 전체적으로 보고 사고할 수 있어야 한다.

4. 성격

창의적 사고에 특히 중요한 성격 특성들은 여러 가지가 있지만 그 중에서도 창의적인 사람들이 공통적으로 공유하고 있는 몇 가지 성격 특성을 살펴보면 다음과 같다.

- 애매성에 대한 인내
- 장애를 극복하고 인내하려는 의지
- 성장하려는 의지
- 위험을 감당하려는 자세
- 자신감(자기 확신과 자기 신념)

5. 동기형성

창의성에는 2가지의 동기형성으로 구분되는데 하나는 '내재적 동기(Intrinsic motivation)', 또 하나는 '우수한 능력을 갖고자 하는 동기(Motivation excel)'이다.

1) **내재적 동기:** 인간은 일 그 자체가 좋아서 일할 때, 그렇지 않은 경우보다 과제수행에 있어서 훨씬 더 창의성을 발휘하고 좋은 성과를 가져온다는 것이다. 반면에 금전이나 학점과 같은 외재적 보상이나 동기는 내재적 동기 형성을 저해할 수도 있다.
2) **뛰어난 능력을 갖고자 하는 동기:** 어떤 영역에서 창의적이려면 유능하고자 하는 동기 뿐만 아니라 남보다 더 뛰어난 능력을 갖고자 하는 동기를 가져야 한다. 학교는 학생들이 우수한 능력을 갖도록 격려하는 것과 상당한 차이가 있다. 대부분의 많은 학교는 '우수성'을 강조하지만 '창의적 우수성'을 강조하는 학교는 많지 않다. 대부분의 학교는 성적에서 우수하거나 스포츠 및 과외활동에서 탁월하기를 강조하고 있다. 물론 이것들도 중요하지만 그것으로 창의성이 촉진되지는 않는다.

6. 환경적 맥락

- 창의성은 환경적 맥락을 떠나 말할 수 없다. 어떤 환경에서는 창의적이라고 보는 것이 다른 데서는 그렇지 않을 수도 있다. 환경적 맥락은 다음과 같은 3가지 측면에서 창의성과 관련된다.

1) **창의적 아이디어를 고무시키는 환경**

- 환경에 따라 창의적 아이디어를 북돋우고 고무시키는 정도가 다를 수 있다. 기계적 암기를 강조하는 학교가 많고 분석을 강조하는 곳도 있지만 창의적 종합을 강조하는 곳은 찾아보기 힘들다.
- 학교에서 치루는 시험 가운데 창의적 사고를 격려하는 것은 찾아보기 어렵다. 어떻든 창의적인 아이디어를 격려하고 고무시킬 수 있는 환경을 갖추는 것은 창의성 발달에 매우 중요하다.

2) **창의적 아이디어를 계속해서 지속하면서 발전시킬 수 있도록 격려하는 환경**

- 어떤 학생이 정말 창의적이 되었다고 하더라도 그것을 계속 이어서 진전시킬 수 있으려면 주변 환경의 격려가 중요하다.
- 학생이 어떤 프로젝트를 계속할 수 있도록 시간적인 배려 및 경제적인 지원 등을 하는 것이 어렵겠지만 필요한 경우가 많다. 가능한 범위 내에서 해결방법을 모색해서 배려하는 것이 필요하다.

3) **창의적 아이디어의 평가**

- 학생들의 시험이나 과제에서 창의성을 중요시하고 강조하면서 일정 부분 평가에 반영하는 것은 학생들의 창의성을 향상시키는데 보탬이 된다. 그러나 학교에서 실제로 학생들의 과제나 평가에서 '창의성'이 목록에 들어있는 경우는 매우 드문 것이 현실이다. 이러한 측면에서 학교는 개선되어야 할 필요가 있다.

4. 창의적 사고의 구성요소

창의적 사고의 핵심은 아이디어를 생산하는 발산적 사고에 있다. 다시 말하면 아이디어를 많이(many), 다양하게(varied), 독특하게(original), 정교한(elaborative)것을 생산해 낼수록 창의적인 사고이다. 즉, 사고의 유창성(fluency), 융통성(flexibility), 독창성(originality), 정교성(elaborativeness), 상상력(imagination), 민감성(sensitivity)은 창의적 사고의 구성요소이다.

1) 유창성(Fluency)

유창성은 한마디로 당신이 생성해 낸 아이디어의 수를 말한다. 유창성이 높다는 것은 주어진 시간 내에 다른 사람들보다 훨씬 많은 수의 아이디어를 내는 능력이 있다는 것이다. 우리는 주어진 시간 내에 많은 수의 아이디어를 생성해 낼 필요가 있다. 당신이 보다 유창하게 아이디어를 생산해 낼수록 유용하고 효과적인 아이디어가 포함되어 있을 가능성은 커진다. 당신이 주어진 시간 내에 종이컵을 다양한 용도로 사용할 수 있는 아이디어 20가지를 생각해 내었다면 이것이 바로 당신의 유창성 점수이다. 유창성의 사고과정은 아이디어 한계를 설정하지 않고 아이디어를 많이 발굴하는 것이 중요하다.

☆ 유 창 성 활 동 ☆
1. 결과에 맞춰 유창하게 생각해 볼 수 있도록 한다. ▶ **“정답이 ‘검정색’이 될 수 있는 여러 가지 문제를 만들어 보시오” (　　)**
2. 속성별로 분류해 볼 수 있도록 한다. ▶ **“빨갛고 뜨거운 것에는 무엇이 있을까요? 여러 가지를 생각해 보세요” (　　)**
3. 형용사와 관련하여 생각해 볼 수 있도록 한다. ▶ **“무겁다 라는 말을 듣고 떠오르는 모든 것을 말해 보세요” (　　)**
4. 특정 사물과 닮은 것을 다양하게 떠올려 볼 수 있도록 한다. ▶ **“종이컵과 닮은 것들을 찾아보세요. 종이컵과 닮은 점을 이야기해 보세요” (　　)**
5. 어떤 대상이나 현상들로부터 가능한 많은 것을 연상해 볼 수 있도록 한다. ▶ **“안경하면 떠오르는 것은 무엇인가요? 생각나는 모든 것을 나열해 보세요” (　　)**
6. 대상을 다양하게 사용할 수 있는 방법을 생각해 볼 수 있도록 한다. ▶ **“수건을 가지고 할 수 있는 여러 가지를 제시해 보세요” (　　)**

※ 앞장의 6가지 질문 중에서 1개를 선택하여 생각나는 대로 아이디어를 가능한 많이 산출해 보시오.
※ 앞장의 선택한 질문의 괄호 안에 '○'로 표시하시오.
※ 선택한 질문에 대한 아이디어를 20개 산출하여 아래 빈칸을 채워 보시오.

1		11	
2		12	
3		13	
4		14	
5		15	
6		16	
7		17	
8		18	
9		19	
10		20	

아이디어 생성을 위한 범주 리스트

사업

예술과 미적 정서

수송

기본욕구

사회관계

신체건강

환경

심리적 건강

교육

국방

기술

경제

레크리레이션

법과 정의

정부와 정치

커뮤니케이션

윤리와 종교

기타

앞 페이지에 있는 '아이디어 생성을 위한 범주 리스트' 중에서 하나의 범주를 선택하시오. 2분 동안에 그 범주에 맞거나 관련 있는 것을 가능한 많이 적어 보시오. 만약 '수송'을 선택했다면 당신의 리스트에는 '자동차, 비행기, 오토바이, 배, 풍성, 열기구, 비둘기, 애드벌룬' 등이 포함될 수 있다. 이 활동에서의 목적은 주어진 시간 내에 가능한 많은 아이디어들을 생성해 내는 것이다. 한 번 시도해 보시오, 몇 개의 아이디어를 생각해 낼 수 있는가? 범주 리스트를 보고 3개의 범주를 선택하여 각각 2분 동안 아이디어를 도출하여 작성해 보시오. 또한 범주 리스트와 상관없이 자신이 직접 원하는 주제를 선정하여 아이디어를 다양하게 생성해 보시오. 이런 방식으로 아이디어 생성을 빈번하게 적용해 보는 것은 당신의 아이디어 산출 수를 증가 시킬 뿐 아니라 창의적 사고의 핵심요소인 유창성을 향상시킬 수 있다.

☆ 유 창 성 활 동 ☆		
구분	범주 및 주제	생성된 아이디어
1		
2		
3		

2) 융통성(Flexibility)

당신이 생성해 낸 아이디어에 대한 범주(종류) 수를 말한다. 즉, 융통성이 크다는 것은 주어진 시간 내에 다른 사람들보다 훨씬 다양한 범주를 망라하는 아이디어를 낸다는 것이다. 융통성 점수는 생성된 아이디어에 담겨진 내용이 반복 및 중복되지 아니한 범주의 수이다. 예를 들면 종이컵의 용도로 20가지를 생각해 내었고 어느 것도 비슷하거나 같은 것이 아니라면 20-1=19점이다. 가령 반대로 거기에 포함되어 있는 반응들이 '물 마시는데', '커피 마시는데', '콜라 마시는데', '아이스크림 먹는데' 사용한다는 것들 뿐이라면 이것은 모두 '음식을 담는 그릇'이란 범주의 것이므로 융통성 점수는 1점 밖에 안 된다. 사고의 융통성이란 사회의 일반적인 사고방식이나 고정관념의 시각 자체를 변환시켜 다양하고 광범위한 해결책 및 아이디어를 찾아내는 능력이다.

Tip 1-4	비융통성이란 무엇인가? / "미생지신(尾生之信)"

• 노나라에 미생이라는 사람이 목숨을 잃으면서까지 한 여자와의 약속을 지켰다는 이야기에서 유래한 고사성어로 융통성이 없다는 것을 의미한다.

• 미생은 여인과 다리 밑에서 약속을 하고 기다렸는데 여인은 오지 않았다. 큰 비가 쏟아져서 물이 불어나기 시작했는데, 미생은 약속한 장소에서 한 발자국도 움직이지 않고 교각을 끌어안은 채 죽고 말았다.

Tip 1-5	융통성이란 무엇인가? / "박쥐와 족제비"

박쥐가 집 족제비에게 잡혀 죽을 운명에 놓였다. 집 족제비는 새 종류와 천적관계라 새인 박쥐를 놓아줄 수가 없다고 하자 박쥐는 "나는 새가 아니고 쥐의 일종"이라고 해서 죽음을 모면했다. 그러던 어느 날 또 다른 족제비에게 잡혔는데 두 번째 족제비는 쥐란 쥐는 모두 싫어해서 살려 줄 수 없다고 하자, 박쥐는 "나는 쥐가 아니고 새의 일종"이라고 해서 위험으로부터 벗어나게 되었다.

☆ 융 통 성 활 동 ☆
1. 대상에 대한 시각을 변화시켜 생각해 볼 수 있도록 한다. ▶ "칫솔을 다르게 사용할 수 있는 여러 가지 방법을 이야기해 보세요" (　　)
2. 상황이나 사물을 대치 할 수 있는 융통성 있는 사고를 격려한다. ▶ "물을 먹으려고 하는데 컵이 없어요. 무엇으로 대신 할 수 있을까요" (　　)
3. 문제 상황을 해결할 수 있는 방법을 생각해 볼 수 있도록 한다. ▶ "두루마리 화장지가 물에 풍덩 빠졌어요. 물에 젖은 화장지를 사용할 수 있는 방법을 생각해 보세요" (　　)
4. 다양한 사물이나 상황을 유목화 시켜 볼 수 있도록 한다. ▶ "주변에 있는 여러 가지 사물을 제시해 주고 어떤 기준에 따라 3가지로 분류하여 보세요" (　　) ▶ "앞의 유창성에서 나온 당신의 아이디어를 어떤 기준에 따라 범주별로 분류해 보시오" (　　)
5. 기존의 생각을 새로운 상황에 적용해 볼 수 있도록 한다. ▶ "내가 어린 동생에게 '늦잠', '친구'의 뜻을 이야기해야 한다면 어떻게 이야기할 수 있을까요" (　　)
6. 전혀 다른 사물을 제시된 상황에 맞게 활용해 볼 수 있도록 한다. ▶ "신문, 연필, 쟁반을 이용하여 비가 올 때 들을 수 있는 소리를 만들어 보세요" (　　)
7. 상황에 적절하게 수정할 수 있도록 한다. ▶ "두발 자전거를 어린 동생이 탈 수 있도록 하기 위해서는 어떻게 수정하면 좋을까요?" (　　)

※ 앞장의 7가지 질문 각각에 대해 융통성을 키울 수 있는 다양한 범주와 관련된 아이디어를 나열하고 분류해 보시오. ※ 7가지 질문과 같은 번호의 아래 빈칸에 각각의 산출한 아이디어 및 응답내용을 채워 넣으시오.	
1	
2	
3	
4	
5	
6	
7	

3) 독창성(Originality)

당신이 생성해 낸 아이디어가 남들이 흔히 만드는 것이 아닌 기발하고 독특한 것을 말한다. 독창성은 다른 사람에게도 똑같은 과제를 해보게 한 다음 다른 사람들의 반응에는 없는 아이디어의 수로 계산한다. 다시 말하면 자기 혼자만이 생각해 낸 특별한 아이디어를 독창적 아이디어라 한다. 독창성은 창의적 사고의 궁극적인 목표이자 창의적 사고의 최고 수준의 사고이다.

☆ 독 창 성 활 동 ☆
1. 이름 또는 제목을 새롭게 붙여 볼 수 있도록 한다. ▶ "높낮이를 조절할 수 있는 세면대가 발명되었습니다. 멋진 이름을 붙여 주세요" (　　)
2. 새로운 모양을 디자인해 볼 수 있도록 한다. ▶ "붕어 모양, 거북이 모양, 토끼 모양 등 여러 가지 모양의 아이스크림이 있어요. 내가 만들고 싶은 독특한 모양의 아이스크림을 생각해 보세요" (　　)
3. 제시물을 독특한 방법으로 활용할 수 있도록 한다. ▶ "사탕, 전화기, 나비를 이용하여 독특한 내용의 짧은 동화를 지어보세요." (　　) ▶ "우유팩 10개와 필름통 5개를 이용하여 독특한 작품을 만들어 보아요" (　　)
4. 전혀 다른 상황을 결합하여 새로운 형태를 생각해 볼 수 있도록 한다. ▶ "우산과 시계를 결합하여 새로운 발명품을 만들어 보세요. 어떤 발명품이 나올 수 있을까요" (　　)
5. 기존과 다른 수단으로 표현할 수 있도록 한다. ▶ "제기를 발로 차는 방법 외에 독특한 방법으로 하고 싶어요 어떻게 하면 될까요?" (　　)
6. 기존에 존재하지 않은 사물을 생각할 수 있도록 한다. ▶ "하늘과 바다에서 함께 타고 다닐 수 있는 탈 것을 발명해 보세요" (　　)

※ 앞장의 6가지 질문 각각에 대해 머릿속에 완성된 독창적인 아이디어를 글로 쓰거나 그림으로 작성해 보시오. 또는 미리 집에서 직접 재료를 준비해서 만든 결과물을 사진으로 찍어서 부착해 보시오.

※ 앞장의 6가지 질문에 대한 자신의 아이디어를 질문번호와 동일한 아래의 빈칸에 각각 글로 쓰시오.

※ 그리고 6가지 질문 중에서 그림으로 나타내기에 적당한 것을 1개만 골라 맨 아래 빈칸에 그림으로 작성하시오. 또는 완성된 결과물을 사진으로 부착하시오.

1	
2	
3	
4	
5	
6	

4) 정교성(Elaborativeness)

당신이 생각해 낸 아이디어가 얼마나 자세하고 세부적이며 구체적인 수준의 것인지를 말한다. 사고가 피상적인 수준에 머물지 아니하고 보다 세부적으로 나아갈 수 있으면 아이디어가 창의적일 가능성은 그만큼 커진다. 기본적인 아이디어를 보다 재미있고 완전한 것으로 다듬고 확대시켜 가는 것을 정교화(elaboration)한다고 말한다. 즉 처음 제안된 아이디어의 미흡하거나 결여된 부분을 찾아 보완하고 보다 치밀하게 다듬는 작업을 말한다.

☆ 정 교 성 활 동 ☆
1. 우연히 떠오른 거친 생각을 구체화해 볼 수 있도록 한다. ▶ "수퍼에 가는 중에 어떤 생각이 떠올랐나요? 떠오른 생각을 정리하여 자세하게 발전시켜 보세요" (　　)
2. 기존의 이미지를 보다 자세하고 치밀하게 발전시켜 볼 수 있도록 한다. ▶ "자전거를 그려 보세요." 그런 후 실제적으로 자전거를 관찰해 보는 기회를 가진 후 "자전거를 보다 자세히 나타내 보세요" (　　)
3. 아이디어를 그것의 실제적 또는 실용적 가치를 고려하여 발전시켜 볼 수 있도록 한다. ▶ "보다 편리한 신발을 구상한 후, 이의 실제 제작 가능성 또는 활용가능성을 고려하여 좀 더 구체적으로 표현해 보세요" (　　)
4. 생략되거나 축약된 부분을 구체화시켜 나타내 볼 수 있도록 한다. ▶ "이야기 책에서 생략된 부분을 좀 더 구체적으로 표현해 보세요" (　　)
5. 세밀하고 미세한 부분을 관찰하여 정교하게 표현해 볼 수 있도록 한다. ▶ "거북이가 여러 상황에서 어떻게 움직이는지 관찰하고 자세하게 표현해 보세요" (　　)

<table>
<tr><td colspan="4">※ 앞장의 5가지 질문 중에서 2개를 선택하여 자신의 아이디어를 검토하고 생략되거나 축약되거나 또는 미흡하거나 명확하지 않고 대략 표현된 부분을 세밀하게 보완해 보시오. 1개의 질문에 각각 2개의 그림을 아래 4개의 빈칸에 그려 보시오.
※ 앞장의 선택한 질문 2개의 괄호 안에 '○'로 표시하시오.</td></tr>
<tr><td>1</td><td><기존 이미지></td><td>2</td><td><발전된 이미지></td></tr>
<tr><td>1</td><td><기존 이미지></td><td>2</td><td><발전된 이미지></td></tr>
</table>

5) 상상력(Imagination)

눈에 보이지 않는 사물을 구체적 이미지로 형상해 내는 정신능력을 말한다. 창의적 사고의 원동력이 되는 상상력이란 과거의 경험을 기초로 하여 앞으로의 행동을 계획하도록 하는 새로운 표상을 만드는 능력이다. 상상력은 현실의 분명한 창조적인 반영으로 상상력이 발달하려면 이전의 경험이 축적되어야 하고 여러 다른 심상을 새로운 상황 속에서 통합할 수 있는 능력이 있어야 한다. 상상력은 창조적인 힘을 제공하는데 상상력이 발달함에 따라 유창성, 융통성, 독창성, 정교성과 같은 창의성 요인이 발달하게 된다. 그리고 민감성이 있어야 상상력이 발달하게 된다.

☆ 상 상 력 활 동 ☆
1. 현재 있는 것을 없는 것처럼 생각해 보게 한다. ▶ "만약 해가 없다면 어떤 일이 일어날까요?" ( )
2. 현재 없는 것을 있는 것처럼 생각해 보도록 한다. ▶ "만약 마음을 읽을 수 있는 안경이 생긴다면 어떨지 상상해 보세요" ( )
3. 현재 존재하는 것들의 입장을 바꿔서 생각해 보도록 한다. ▶ "내가 만약 종이컵이라면 어떻게 사용되고 싶은지 상상해 보세요" ( )
4. 현재 존재하는 것들을 축소 또는 확대하여 생각해 본다. ▶ "만약 코끼리가 개미만큼 작아진다면 어떤 일이 일어날지 상상해 보세요" ( ) ▶ "만약 사람이 개미만큼 작아진다면 어떤 일이 벌어질까?" ( )
5. 사물, 동물, 식물 등을 의인화시켜 생각해본다. ▶ "우산과 전화기 중 어느 것이 더 재미있을지 그 이유를 이야기해 보세요" ( )
6. 가상적인 상황을 현실에 적용해본다. ▶ "지금 여기가 달나라라고 한다면 어떤 일이 벌어질까?" ( )
7. 위치와 공간을 바꿔서 생각해본다. ▶ "북극곰이 하루는 사막에 여행을 오게 되었어요. 어떤 일들이 일어날지 상상해 보세요?" ( )

<table>
<tr><td colspan="2">※ 앞장의 7가지 각각의 질문에 대해 생각나는 대로 아이디어를 가능한 많이 산출해 보시오.
※ 앞장의 7가지 질문에 대한 산출 아이디어 및 응답내용을 질문 번호와 동일한 아래의 빈칸에 각각 채워 넣으시오.</td></tr>
<tr><td>1</td><td></td></tr>
<tr><td>2</td><td></td></tr>
<tr><td>3</td><td></td></tr>
<tr><td>4</td><td></td></tr>
<tr><td>5</td><td></td></tr>
<tr><td>6</td><td></td></tr>
<tr><td>7</td><td></td></tr>
</table>

6) 민감성(Sensitivity)

민감성이란 관찰력이 뛰어나 감각이 매우 발달된 것으로 창의를 발휘하는 기초 능력이라 할 수 있다. 일상생활에서 접할 수 있는 문제나 주위환경에 대해 세심한 관심을 가지고 당연히 여겨지는 것에 대해서도 의문을 품고 생각해 보는 능력을 말한다. 이는 '민감한 관찰'이라고 하는 것이 보다 적절하다. 사물에 대하여 호기심을 가지고 민감하지 않으면 창의적인 질문은 이루어지기 어렵다. 즉, 민감하게 문제를 확인해 내고 제기하지 않으면 문제를 해결하는 노력은 결코 시작되지 않는다. 그래서 토란스(Torrance)는 창의력 중에서도 가장 중요한 것이 문제에 대한 민감성이라고 하였다.

① 민감성은 오감이 뛰어나 남들이 그냥 지나치는 것을 예민한 감각으로 포착하여 아이디어를 내는 능력이다.

② 민감성은 어떤 것을 보더라도 호기심을 가지고 민감하고 철저하게 들여다보며 '있을 것이 제자리에 있는가?', '결손 또는 부족한 것은 무엇인가?', '모순된 것은 무엇인가?' 등과 같은 질문을 계속하고 대답을 찾는 것이다.

③ 민감성은 오감이 뛰어나서 남들은 그냥 지나치는 것을 예민한 감각으로 포착하여 새로운 아이디어를 낼 수 있게 한다.

④ 민감성을 발달시키려면 평소에 오감인 시각, 청각, 미각, 후각, 촉각이 민감하도록 훈련을 해야 한다.

⑤ 민감성을 발달시키는 방법

- 사물에 관심을 갖고 주의 깊게 살핀다.
- 무엇인가를 볼 때, 그 특징, 색, 분위기까지도 잘 살핀다.
- 관찰을 제대로 하기 위해 에너지를 쏟아 주의집중을 한다.
- 관찰이라는 것은 그다지 쉽지 않고 많은 노력과 집중을 필요로 한다.
- 실제로 5분 정도 한 사람을 한 번 관찰하라.
  - 관찰하는 사람의 모든 행동, 태도, 표정, 분위기, 생긴 모양 등을 관심을 갖고 샅샅이 세심하게 살펴보라.
  - 눈은 몇 번을 깜박이는지 눈동자는 어느 방향을 보고 있는지 등을 살펴보라.
  - 실제로 5분 정도 한 사람을 관찰하라.
- 관찰이 끝나면 종이에 관찰한 특징을 종이에 나열해 본다.

☆ 민 감 성 활 동 ☆
1. 시각적인 경험을 통하여 민감성을 키워주기 위해서는 변화를 찾아볼 수 있도록 한다. ▶ **바구니에 10개 정도 물건을 넣고 5초 정도 보여준 다음에 한 가지 물건을 뺀 뒤에 어떤 물건이 없어졌는지 발견하도록 한다. (　　)**
2. 청각적인 경험을 통하여 민감성을 키워 주기 위해서 비슷한 소리의 차이점을 발견해 보도록 한다. (　　) ▶ **'장구소리와 북소리는 어떻게 다를까?' 표현해 보도록 한다.**
3. 당연한 현상에 대하여 의문을 가질 수 있는 자세를 기를 수 있도록 한다. (　　) ▶ **'원숭이 엉덩이는 왜 빨갛게 되었을까?'** ▶ **'봄에는 왜 꽃이 필까?'**
4. 미각적인 경험을 통하여 민감성을 키워 주기 위해서는 다양한 맛을 느껴 볼 수 있는 경험을 갖도록 한다. (　　) ▶ **다양한 재료를 한 가지씩 맛 볼 수 있도록 한 뒤 서로 섞어서 다른 맛이 나게 만들어 보고 어떤 것들을 넣었는지 반응해 볼 수 있게 한다.**
5. 촉각적인 경험을 통하여 민감성을 키워 주기 위해서는 다양한 질감의 사물들의 촉감을 느껴 보도록 한다. (　　) ▶ **화장지, 칫솔 등을 만져보고, 닮은 느낌을 가진 것을 떠올려 보거나 찾아 볼 수 있도록 한다.**
6. 공통적인 사물의 집단을 생각해 볼 수 있도록 하거나 여러 가지 사물을 제시하고 공통점을 발견하도록 한다. (　　) ▶ **'컵처럼 손잡이가 달린 물건을 생각해 보세요'** ▶ **컵, 가위, 주전자 등을 제시하고 공통점을 찾아 볼 수 있도록 한다.**
7. 후각적인 경험을 통하여 민감성을 키워주기 위해서는 냄새의 차이를 느낄 수 있도록 한다. (　　) ▶ **눈을 감고 사과 향기와 귤의 향기를 구별할 수 있도록 한다.**

<table>
<tr><td colspan="2">※ 앞장의 1-7의 민감성 활동과 관련하여 각각의 활동에 따른 적합한 아이디어 기술 및 활동에 대한 응답을 아래 빈칸에 각각 작성해 보시오.</td></tr>
<tr><td colspan="2">※ 예를 들면, 앞장의 민감성 활동 3번을 작성하고자 한다면, 아래의 1-7까지의 빈칸 중에서 3번에 보기와 같이 자신의 생각을 나열해 본다.
※ 보기: 3. 당연한 현상에 대하여 의문을 가질 수 있는 자세를 기를 수 있도록 한다.
<table><tr><td>3</td><td>• 물은 왜 100도에서만 끓을까?
• 사과는 왜 아래로만 떨어질까?</td></tr></table></td></tr>
<tr><td>1</td><td></td></tr>
<tr><td>2</td><td></td></tr>
<tr><td>3</td><td></td></tr>
<tr><td>4</td><td></td></tr>
<tr><td>5</td><td></td></tr>
<tr><td>6</td><td></td></tr>
<tr><td>7</td><td></td></tr>
</table>

※ 활동지 1. 'S'를 이용하여 다양한 형태로 그려보시오.

S	S	S
S	S	S
S	S	S

※ 활동지 2. 'S'를 보다 자유롭게 이용하여 다양한 형태로 그려보시오.

5. 창의적 사고에 필요한 기본적인 능력

1) 판단을 유보하고 통제하는 능력

창의적인 사람은 아이디어들이 자유롭게 흘러서 충분한 수 만큼 생성될 때까지 판단을 유보할 줄 안다. 그런 다음 모든 아이디어를 가지고 여럿이 함께 체계적으로 평가한다. '판단을 통제할 줄 아는 능력'은 브레인스토밍(Brainstorming) 등 거의 모든 창의적 사고 기법에서 기본적으로 요구된다. 얼마 동안 제안한 아이디어에 대하여 판단을 통제한다는 것은 아이디어 생성과 평가를 별개로 하여 판단을 유보한다는 것이지, 아예 판단을 없애 버리거나 아무렇게 판단해 버린다는 말이 아니다. 아이디어는 시간이 걸리면서 더욱 다듬어지고 발전할 수 있을 뿐만 아니라 더 나은 것이 될 가능성이 커지기 때문이다. 즉 '판단하지 말라'는 것은 가장 최선의 아이디어를 얻기 위해 시간이 좀 걸리더라도 모든 가능성을 열어 놓고 최대한 심사숙고 하는 태도를 갖자는 의미이다. 아래는 판단을 유보함으로써 얻을 수 있는 장점을 나열한 것이다.

- 더 많은 수의 아이디어를 생산할 수 있다.
- 진행의 효율성이 향상된다.
- 아이디어들이 서로 창의적으로 조합시킬 수 있는 기회를 가지게 된다.
- 의사결정의 내용이 더 나아진다.
- 개인 간의 갈등을 줄인다.
- 집단 성원이 해결에 대하여 '우리 것'이란 소유의식 내지 주인의식을 가지며 그래서 조직에 대한 충성심이 높아진다.

판단 유보의 원리를 적용했을 때와 적용하지 않았을 때, 산출되는 아이디어 수를 비교해 본 결과 90% 이상의 차이가 나타났다. 즉 판단 유보의 원리를 적용하여 아이디어를 산출했을 때가 그렇지 않았을 때보다 훨씬 더 많은 좋은 아이디어를 산출했다. 문제가 정확한 사실을 찾는 것이면 사실이 드러날 때마다 판단을 내려야 한다. 이런 경우에는 새삼스럽게 판단을 유보할 필요가 없다. 그러나 문제가 '더 나은', '또는 최선의 방법이나 아이디어를 찾는 것일 때는 우선 가능한대로 충분한 수의 대안들을 수집하고 그런 다음에 이들 대안들을 가지고 판단을 한다. 그러므로 우선 문제해결의 목적을 분명히 아는 것이 중요하다.

2) 질문할 줄 아는 능력

질문은 적극적이어야 하며 또한 효과적이고 중요해야 한다. 적극적으로 질문한다는 것은 마치 어린이처럼 궁금증과 호기심을 풀기 위하여 공격적으로 발문하는 것을 말한다. 질문을 하는 목적은 더 나은 이해, 더 나은 아이디어 또는 문제해결을 하는 데 있다. 질문은 발산적 질문과 수렴적 질문이 하나를 이루는 두 축으로 맞물려 이루어져야 한다. 그리고 질문하기는 적극적 경청하기와 함께 이루어져야 한다. 발산적 사고의 질문은 아이디어 생성을 위한 것이고 수렴적 질문은 아이디어를 이해하고 평가하기 위한 것이다. 생성해 낸 아이디어는 수렴적 사고의 대상이 된다. 그리고 아이디어를 평가하고 검토한 다음 선택하여 최선의 의사결정을 내려야 한다.

적극적 질문은 적극적 경청을 전제로 한다. 적극적 경청(Active listening)이란 상대의 말이나 생각에 대하여 관심과 호기심을 가지고 귀 기울여 깊게 이해하는 것을 말한다. 이런 점에서 적극적 경청은 '그냥 듣기'와는 구분 지워진다. 질문이 이루어지는 맥락과 내용은 다양할 수 밖에 없다. 그리고 어느 상황이나 장면에서든 문제에 대하여 민감하지 못하면 질문하는 능력은 발달하기 어렵다.

3) 시각을 바꿔서 볼 수 있는 능력

한 가지 시각에서만 보면 문제는 언제나 같거나 비슷하게 보이기 쉽다. 보는 눈을 바꾸면 문제가 전혀 새롭게 보일 수도 있다. 그리고 생각이 바뀌면 세상은 달라 보인다. 그러면 어떻게 '시각'을 바꾸어 볼 수 있을까? 보통 문제 장면에는 상이한 집단의 사람들이 관계된다. 그리고 이들은 서로 다른 시각을 가질 수 있다. 시각을 바꾸는 방법에는 다음과 같은 방법들이 있다.

- **작업을 거꾸로 해본다.** 예컨대 미로를 찾는다면 출발점에서 시작하는 대신 도착점에서 거꾸로 찾아보는 것이 더 효과적일 수 있다.
- **경쟁자나 소비자의 눈으로 본다.** 소비자의 눈으로 보기 위해서는 직접 소비자의 자리에서 일해 보는 것이 가장 효과적일 것이다. 왜, 시각을 달리하면 아이디어가 달라지는가? 몸으로 부딪쳐보면 다른 사람의 입장을 더 잘 이해할 수 있다. 이때 생각보다 마음속에서 일어나는 변화는 더 클 것이다.
- **큰 그림 및 작은 그림을 그려본다.** 즉, 생산 작업 등의 공정 흐름도에 대해 큰 그림을 만들어서 전체의 작업과정을 설명하도록 하면 한 부문에서 전문적인 작업을 하는 사람이 새로운 아이디어를 가지게 하는 데 도움이 된다. 마찬가지로 대부분의 시간을 큰 그림만 다루는 지배인 같은 사람은 현장에서 한 두 시간 일하는 것이 작은 그림을 이해하는데 크게 도움이 될 수 있다.

- **유명 인물을 개인적 시각으로 바라보고 생각해본다.** 시각을 쉽게 바꾸어 볼 수 있는 또 다른 한 가지 방법은 당신 스스로에게 현재의 장면을 어떤 유명 인물은 어떻게 볼 것인지를 물어보는 것이다. 예컨대 다음과 같이 질문한다. 연출가 홍길동은 이 문제를 어떻게 접근할까? 최고의 기술자인 박서방은 어떻게 할 것인가? 증권 전문가 최 박사는 어떤 아이디어를 가지고 어떻게 시사를 할 것인가? 그리고 여러 가지 직업의 사람들 예를 들면 농부, 과학자, 은행가, 학자, 상인 등이 문제를 어떻게 접근할 것인지를 물어 보는 것도 도움이 될 수 있다.

4) 문제의 범위를 확대할 수 있는 능력

많은 사람들은 창의성을 '틀을 깨는 것', 또는 '해체하고 재구성하는 것', '선 밖으로' 혹은 '상자 밖으로' 나가는 과정이라고 말한다. 이러한 능력을 여기서는 '범위의 확대'라고 부른다. 자기 스스로 범위와 한계를 정해 버리고 그 안에서 맴돌기만 하면 창의적인 해결은 당연히 그 안에서 제한될 수 밖에 없다. 상자를 만들고 선을 그으며 그래서 범위를 제한하는 것은 '하던 대로' 또는 '보던 대로' 보려는 습관이나 관성 때문이라 본다. 습관, 관행, 고정관념 또는 기능적 고착 등은 모두 이러한 제한두기를 표현하는 비슷한 말이다. 문제의 장면을 확대하여 정의하면 문제의 범위는 그 만큼 확대되며 창의적 혁신의 가능성은 그만큼 커진다. 즉, 자신이 하고 있는 사업을 무엇이라고 정의 하느냐에 따라 개인이나 기업이 생존도 할 수 있고 실패할 수도 있다.

1900년대 번창했던 미국의 철도 사업은 '기차'를 다루는 사업 대신 '운송'을 다루는 사업으로 정의 할 수 있었다면 오늘날처럼 몰락하지는 않았을 것이다. 반대로 사업의 정의를 계속하여 확대함으로써 성공한 기업의 보기로는 3M을 꼽는다. 3M은 모래포대를 생산하는 것에서부터 시작하여 지붕 자재를 만드는 것으로 그리고 마그네틱 테이프처럼 얇고 투명한 표면 미립자를 코팅하는 제품 생산에 이르기까지 계속하여 사업의 범위를 확대해 감으로써 성공할 수 있었다.

☞ 사례 1-6 ☜	애플은 어떻게 마이크로소프트를 추월할 수 있었을까?

미국의 일간지 뉴욕 타임스는 1월 30일 애플이 어떤 이유와 방식으로 마이크로소프트를 쓰러뜨렸는지를 집중 조명했다. 애플은 지난해 4분기 순 이익, 180억 달러(19조 7천 244억 원)는 한 분기 수익으로는 어느 회사도 달성하지 못한 대기록이다. 1998년 빌 게이츠가 '스티브 잡스는 마이크로소프트사를 이기지 못할 것'이라고 호언장담한지 20년도 안 되어서 애플이 마이크로소프트를 뛰어 넘은 것이다. 그리고 다윗에 불과했던 애플이 마이크로 소프를 뛰어넘은 것은 무엇보다도 누구도 따라올 수 없을 정도로 멀리 내다본 덕분이다.

거대 공룡 마이크로소프트도 "모든 사람의 책상에 컴퓨터가 오를 것이다"라는 야심찬 비전을 세우고 영업을 해왔다. 그러나 애플은 이를 훨씬 넘어서 "모든 사람의 주머니에 컴퓨터가 들어 갈 것이다"라는 한 차원 더 높은 비전을 세웠다. 애플의 예측대로 이제 모든 사람의 주머니에는 컴퓨터 기능을 완벽하게 탑재한 스마트폰이 들어차 있다. 모바일이 대세가 된다는 스티브 잡스의 예언이 적중했다.

출처: 미디어 다음, 2015.01.31

교육활동 ⇨ 토론

D. 1. 사례 1-6을 문제의 범위를 확대할 수 있는 능력과 연결지어 분석해 봅시다.

- 빌 게이츠와 스티브 잡스 중 컴퓨터의 문제 범위를 더 많이 확대한 이는 누구인가?
- 만약에 빌 게이츠의 컴퓨터가 사람들의 책상 위를 차지하지 못했어도 스티브 잡스의 작은 컴퓨터인 스마트폰이 사람들의 주머니 속에 들어갈 수 있었을까?

D. 2. 현재 애플의 주머니에 들어가는 컴퓨터인 스마트폰이 대세라면 앞으로는 스마트폰의 다음 단계로 어떤 도구가 등장할 것인지 팀별 토론을 통해 정해 보시오.

☆ 문제의 재정의(문제의 범위를 확대할 수 있는 능력) ☆

※ 다음을 3단계까지 재정의 해보고 그 의미를 재구성해 보시오.

1. 도서관 ▶ ? 책이 가득차 있고 모든 사람들이 조용히 하는 곳

↓

2. 교육자료센터 ▶ ? ________

↓

3. (   ) ▶ ? ________

---

1. 사무실 ▶ 책상들이 질서정연하게 배치되어 있고 서로 칸막이가 있는 곳

↓

2. (   ) ▶ ? ________

↓

3. (   ) ▶ ? ________

---

1. YMCA ▶ 청소년의 종교적 활동센터

↓

2. (   ) ▶ ? ________

↓

3. (   ) ▶ ? ________

5) 결합과 조합의 능력

판단을 유보하고 통제하는 능력, 사고의 유창성, 융통성, 독창성, 정교성, 상상력, 민감성 개발, 질문할 줄 아는 능력, 시각을 바꿔서 볼 수 있는 능력, 문제의 범위를 확대할 수 있는 능력 등은 모두 결합과 조합을 만들기 위해 필요한 준비 작업이다. 창의적 사고는 아이디어 생성으로 여러 요소들을 새롭게 결합(Combination) 시키거나 조합(Association) 시켜서 아이디어를 생성해낸다. 생성된 아이디어는 새로운 아이디어라고 하지만 완전하게 새로운 것은 없고 사실은 이전에 있던 요소들이 새로운 형태로 결합하거나 조합된 것에 지나지 않는다. 다시 말하면 새로운 아이디어란 결합 및 조합의 결과이다. 우리가 기존의 습관적인 형태에서 벗어나 새로운 조합을 찾을 수 있으려면 어떻게 해야 할까?

- 이 세상의 모든 것은 무엇인가 서로 공통적인 점을 가지고 있음을 믿어야 한다.
- 창의성에 장애가 되는 요인을 회피한다.
- 이전의 경험이나 방식이 현재와 어떻게 비슷하며 그것을 어떻게 활용할 수 있는지를 질문함으로써 새로운 결합을 찾아보려고 노력한다.
- 자유롭게 그림을 그려보는 것은 창의적인 아이디어를 생산하는데 매우 중요하다.
- 시각화(Visualization)는 눈에 보이는 형태로 그림을 그리는 것 즉 다이아그램, 삽화 같은 것인 반면에 상상(Imagaination)은 머릿속에서 그림 그리는 것이라는 점에서 양자는 차이가 있다. 특히 머릿속에서 그림을 그려보는 상상은 실제로는 존재하지 않은 대상이나 시나리오를 그려보는 것이다.
- 유추(Analogy)란 한 장면과 다른 장면의 관계를 비교하는 것이다. 잘 모르는 어떤 영역에서의 관계를 이미 비교적 잘 알고 있는 다른 영역에서의 관계와 비교하고 그것을 이용하여 설명하는 것이다. 예를 들면 설명이 어려운 교육을 비교적 잘 알고 있는 원예와 관계지어 설명하는 것과 같다. 유추적 사고의 힘은 표면적으로 보면 아무런 관계가 없어 보이는 두 영역을 비교해 보게 하는데 있다. 유추는 관계에 기초를 두고 있기 때문에 가능할 것 같지 아니한 비교가 가능해진다. 많은 창의적인 발명이나 과학이론들은 유추에 기초하고 있다. 우리가 학습한 어떤 것을 적용 또는 응용한다는 말은 그것을 다소간에 새로운 장면에다 비교하여 사용하는 것을 말한다.
- 변형(Transformation)이란 어떤 한 가지를 보고서 다른 가능성을 지각할 줄 아는 능력이다. 시각화, 상상, 유추능력이 이에 속한다. 길포드(Guilford)는 변형이란 알고 있는 정보를 새로운 어떤 것으로 전환시키는 것이라고 정의한다. 즉, 새로운 어떤 것으로 전환시킨다는 말은 가지고 있는 의미, 중요성, 용도, 해석, 분위기, 감각양식, 모습을 새로운 어떤 것으로 바꾸어 보는 것을 말한다.

[그림 1-7] 노인과 소녀, 그리고 ?

[그림 1-8] 얼핏 보면 무섭지만 자세히 보세요. 여러 사람이 보일 것입니다. 몇 명?

[그림 1-9] 보이는 동물은 2가지?

[그림 1-10] 구걸하는 남자와 또다른 남자?

그림 1-7, 1-8, 1-9, 1-10을 보시오. 무엇이 어떻게 보이는가?
이렇게 보이던 것이 달리 보면 완전히 다르게 보이는 경험을 할 수 있다.

☆ 변 형 활 동 ☆

※ 다음에 있는 그림처럼 분필로 칠판에다 점 한 개를 그렸다. 그런 다음 당신에게 '이것은 무엇입니까?'라고 묻는다면 당신의 대답은?

[그림 1-11] 변형 활동

※ 당신의 대답에 사탕, 사람의 눈, 우리 아버지의 대머리, 열쇠 구멍… 등과 같은 것이 있는가? 우리는 정답 찾기에 익숙하져 있어 그 이상의 창의적 사고가 어렵다.

6) 논리적 · 비판적 사고 능력

창의적 문제해결에는 아이디어들을 생성해 내는 것이 중요하지만 이것만으로 충분하지 않다. 왜냐하면 생성해 낸 아이디어를 다듬고 선택하며 결정해야 하기 때문이다.

> 비판적 사고와 창의적 사고는 완전한 별개의 것이 아니다. 훌륭한 비판적 사고는 그 성질상 창의적이며, 훌륭한 창의적 사고에는 항시 진행 중인 산출을 비판적으로 평정하고 향상시키는 것이 포함된다.

자료나 요소들의 의미나 관계를 따져보고 그럴 듯한 결론에 이르는 것은 논리적 사고 때문에 가능하다. 창의력을 개발하기 위한 논리적 사고 훈련을 하기 위하여 '논리 문제'를 연습해 보거나 작품이나 연출을 디자인 해보도록 할 수 있다. 창의적 사고를 하는 데 있어서 분석력, 종합력, 평가력은 모두 필요하다. 블룸(Bloom)의 교육목표 분류 차원에서 보면 분석력과 평가력은 논리적 사고력이고 종합력은 협의의 창의력이다. 논리력을 개발하기 위한 교과학습에서는 내용을 요소나 부분들로 분석해 보고, 특징들을 찾아보고 몇 가지 행동이나 현상에서 어떤 재미있는 일반적인 형태 및 일정한 패턴이 있는지 또는 인과관계를 파악할 수 있도록 한다.

그리고 종합력을 기르기 위해서는 부분들을 종합하여 전체적인 계획을 세워 보고 가설이나 이론을 만들고 일반화해 보고 디자인을 설계해 보도록 할 수 있다. 평가력을 개발하기 위해서는 아이디어나 작품을 정확성, 가치, 유용성 등에 따라 평가해 볼 수도 있다. 창의적 문제해결에는 이들 능력이 균형 있게 종합적으로 개발되어야 한다.

7) 새로운 가치를 창조할 수 있는 능력

사고도 한 가지 양식의 행동이다. 그러나 그것은 글을 쓰거나 달리기를 하는 것과 같은 행동은 아니며 다음 2가지 점에서 차이가 난다. 사고는 지식과 표상을 다루고 처리하는 추상적인 정신과정이라는 것이고 또 하나는 그러한 과정을 통해서 의미를 만들어 간다는 것이다. 다시 말하면 사고는 속성상 추상적이고 그 목표와 기능이 의미 생산에 있다.

어떤 현상이나 대상이 어째서 존재하는가? 왜, 필요로 하는가? 어떤 의미를 가지는가를 묻고 거기에 대하여 사고하는 것이 더 근본적인 가치를 지닌다. 다시 말하면 어떤 대상이나 현상의 근원에 있는 이미지, 의미, 이상, 이유와 가치를 찾는 것이며 그것이 대상이나 현상 자체보다 훨씬 더 중요하다. 이를 우리는 개념(Concept)의 추구 또는 개념화라고 부른다.

부가가치란 자기의 과제 즉, 현재 만들고 있는 제품이나 서비스에다 고객이 원하는 새로운 가치 개념을 창조하고 부가하는 것을 말하며 그것은 바로 기업이 생명력을 가질 수 있는 기본임을 강조해야 한다. 에드워드 드 보노(Edword De Bono)는 비즈니스 사고와 관련하여 컴페티션(Com-petition, 경쟁)과 서페티션(Sur-petition, 경쟁초월)을 비교하여 설명한다. 그러면서 창조적인 가치 제조의 중요성을 강조하였다. 여기서 가치 제조는 가치 창조와 가치 형성을 의미한다. 컴페티션은 여러 사람들이 하나의 경주를 앞 다투어 쫓아가는 것을 의미한다. 서페티션이란 다른 사람들과 같은 경주를 다투는 것이 아니라 그 이상을 넘어서 자기 자신만의 레이스를 달려가는 것을 의미한다. 많은 남들이 같이 달리는 레이스를 넘어 자신만의 레이스를 달린다는 말은 비즈니스에서 남들을 넘어선 새로운 가치를 창조하는 것을 의미한다. 결국 서페티션은 가치 독점을 창조하는 것이다.

생존하기 위하여 경쟁하는 것은 필요하다. 경쟁할 수 없고 경쟁적이지 못하면 생존할 수가 없다. 그런데 왜 경쟁에 문제가 있는가? 믿기 어려운 역설 하나는 만약 당신이 경쟁만을 추구하면 당신은 진정으로 경쟁력 있는 사람이 되지 못한다. 하던 대로 열심히만 하는 것은 물론이고 현재의 제품이나 서비스가 가지고 있는 가치를 한 번도 의문하지 아니하고 현재의 과제중심적 사고만 고집하면 기술력을 높이거나 비용을 절감하는 일에 비록 성공한다해도 그것은 경쟁의 수준을 벗어나지 못한다. 이러한 사람이나 비즈니스는 새로운 가치의 제품이나 서비스가 등장하면 매우 빠르게 몰락하기 쉽다. 핵심의 용어는 생존이다. 생존하려면 경쟁해야 할 필요가 있다는 말은 결코 틀리지 않는다.

그러나 앞으로는 생존하기 위한 계획만 세우고 있는 조직은 조만간 망할 것이고 대신에 성공을 위하여 계획하는 조직만이 생존해 갈 것이다. 경쟁은 비즈니스가 생존하는 데 필요한 한 가지이지만 그것만으로 충분한 것이 아니다. 경쟁은 생존을 위해 필요한 기저선(Baseline)의 한 부분일 뿐이다. 성공하려면 경쟁을 넘어 서페티션으로 넘어 갈 수 있어야 한다. 즉 서페티션은 새로운 가치 독점을 창조하기 위한 것이다. 가치 독점은 개념의 주도하에 이루어지고 개념들은 가치에 대한 것이고 서페티션도 역시 가치에 대한 것이다. 미래의 서페티션은 가치에 달려 있다. 결국 비즈니스가 성공하려면 소비자가 원하는 가치를 제공해 줄 수 있어야 한다. 다시 말하면 소비자에게 팔릴 수 있는 가치를 마련할 수 있어야 한다. 이것은 모두 창의적 사고를 통해서만 가능하다. 비용 절감이나 질 향상 등등은 모두가 기저선을 유지하는데 필요한 것들이다.

☞ 사례 1-7 ☜	"당신은 자신의 일에 어떤 의미를 부여하는가? 비전을 가졌는가?"

어떤 사람이 거리를 걸어 가다가 공사 일을 하고 있는데 세 사람의 근로자를 만났다. 이들은 모두 돌을 쪼개는 일을 하고 있었다. 그는 첫번째 사람에게 지금 무엇을 하고 있느냐고 물었다. 그 사람은 "돌을 쪼개고 있습니다"라고 대답하였다. 같은 질문을 두번째 사람에게 물었다. 그 사람은 "먹고 살 것을 벌고 있어요"라고 대답하였다. 그리고 같은 질문에 대하여 세번째 사람은 "성당을 짓고 있지요"라고 대답하였다. 세번째 사람은 비전을 가지고 있음이 분명하다. 그는 자기가 하고 있는 일이 가지고 있는 의의 내지 의미를 더 넓게 이해하고 있다. 결국 비전이란 '개념화와 존재의 의미'를 보여주는 것이라고 말할 수 있다.

출처: 김영채(1999).

학 습 평 가

Q 3. 다음 보기 내용은 창의적 사고에 필요한 기초적인 능력 중, 무엇에 관한 것인지 맞는 번호를 괄호 안에 쓰시오. (　　)

< 보 기 >

- 더 많은 수의 아이디어를 생산할 수 있다.
- 진행의 효율성이 향상된다.
- 아이디어들을 서로 창의적으로 조합시킬 수 있는 기회를 가지게 된다.
- 의사결정의 내용이 더 나아진다.
- 개인 간의 갈등을 줄인다.
- 우리 것 내지 주인의식을 갖고 조직에 대한 충성심이 높아진다.

① 질문할 줄 아는 능력
② 시각을 바꿔서 볼 수 있는 능력
③ 판단을 유보하고 통제하는 능력
④ 문제의 범위를 확대할 수 있는 능력

Q 4. 서로 관련된 것끼리 짝지어 선으로 연결해 보시오.

작업을 거꾸로 해본다 ●	● 문제의 범위를 확대하는 능력
기차사업을 운송사업으로 정의해 본다 ●	● 서페티션(Sur-petition, 경쟁초월)
새로운 가치를 창조하고 가치를 독점하는 것이다 ●	● 변형
고객이 원하는 새로운 가치 개념을 창조하고 부가하는 것 ●	● 시각을 바꿔 볼 수 있는 능력
어떤 한 가지를 보고서 다른 가능성을 지각할 줄 아는 능력 ●	● 부가가치

학습활동 ⇨ 토론

D 1. 팀별로 아래의 6가지 직업 중, 1개를 선택하여 선택한 직업의 기존 개념을 나열해 보시오. 그런 다음에 팀원 각자가 새로운 가치를 1개씩 창조해 부여해 보시오. 그리고 그러한 가치 창조를 부여하게 된 동기 및 이유를 설명하시오.

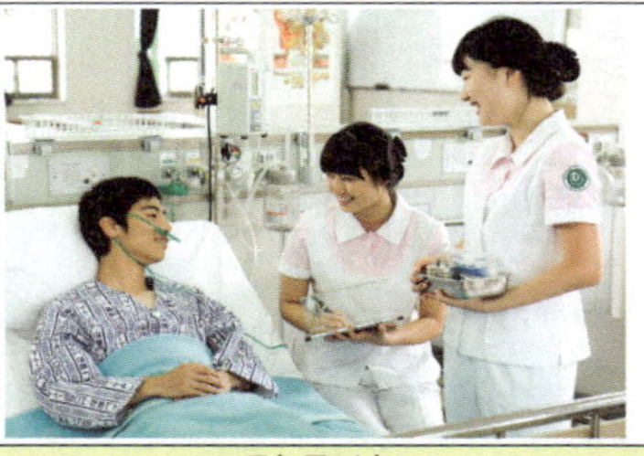

간호사

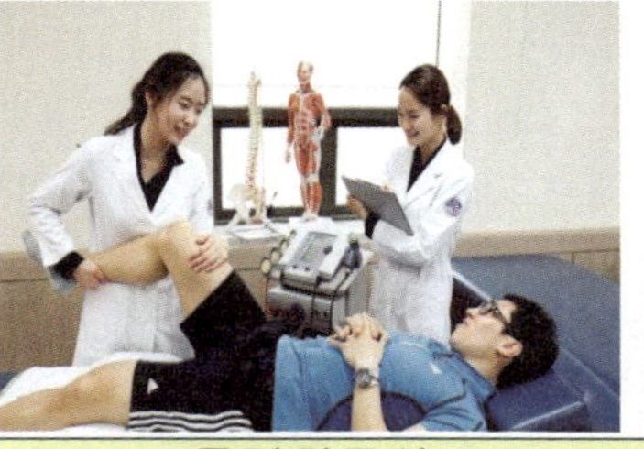

물리치료사

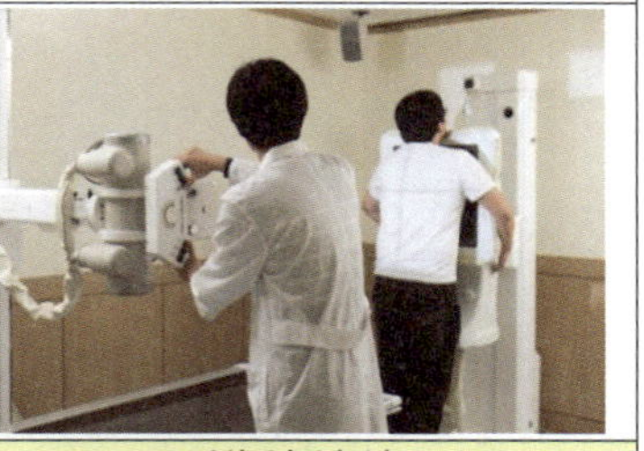

방사선사

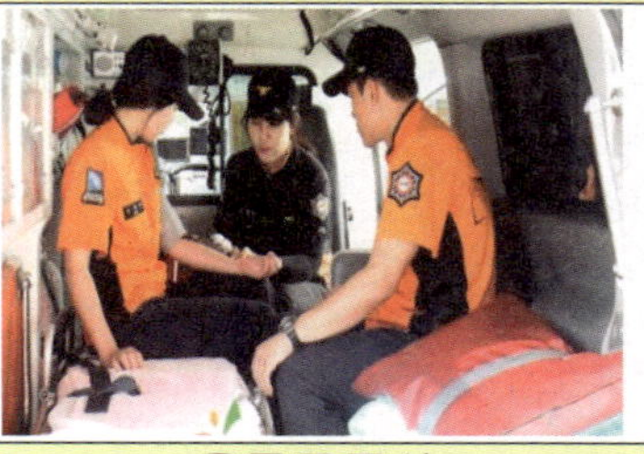

응급구조사

유치원교사

의무기록사

1 단계 ▶ 1가지 직업을 선택하시오.

-

↓

2 단계 ▶ 선택한 직업에 대한 기존의 개념 및 가치를 분석하여 나열해 보시오.

-
-
-
-

↓

3 단계 ▶ 팀별로 기존에 없는 새로운 가치를 팀별로 3-5개 정도 창조해 보시오.

-
-
-
-
-

↓

4 단계 ▶ 그러한 가치를 창조하게 된 동기 및 이유를 설명하시오.

-
-
-
-

↓

5 단계 ▶ 팀별로 창조한 가치와 창조하게 된 동기 및 이유를 정리하여 발표한다.

- 발표에 대한 반론이나 질문에 대해 응답한다.
- 누군가 보다 나은 아이디어를 내면 이를 추가한다.

****

정 답	3. ③

정 답	4. 아래와 같음

작업을 거꾸로 해본다.	문제의 범위를 확대하는 능력
기차사업을 운송사업으로 정의해 본다.	서페티션(Sur-petition, 경쟁초월)
새로운 가치를 창조하고 가치를 독점을 창조하는 것이다	변형
고객이 원하는 새로운 가치 개념을 창조하고 부가하는 것	시각을 바꿔 볼 수 있는 능력
어떤 한 가지를 보고서 다른 가능성을 지각할 줄 아는 능력	부가가치

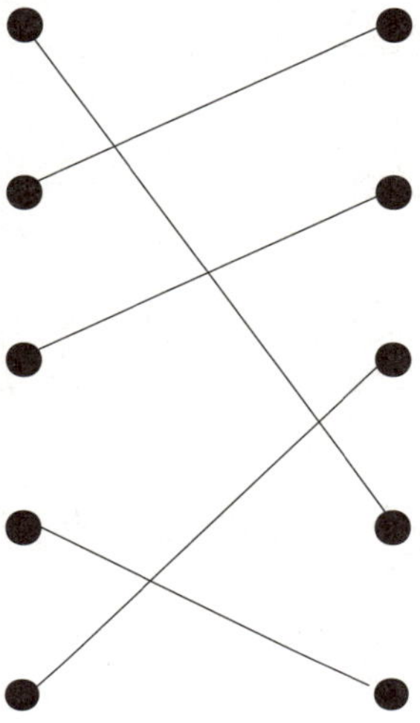

02 Chapter
창의적인 사람은 어떤 특성과 행동을 지녔는가?

1. 창의적인 사람의 성격 특성

- 틀에 박힌 양식을 싫어한다.
- 지능이 보통 이상이다.
- 언어 지각력이나 공간 지각력이 높다. 2가지가 다 높을 수도 있다.
- 기억력이 뛰어나고 인생경험을 잘 활용한다.
- 예리한 분별력과 관찰력이 있다.
- 지능이 높다고 해서 반드시 창의력도 높은 것은 아니다.
- 감정을 억압하고 억제하기보다는 자연스럽게 표현하는 편이다.
- 경험에 대해 개방적이다.
- 자신의 감정과 느낌에 대해 개방적이라 여성적인 경향이 있는 편이다.
- 어떤 일에 대해 판단하는 것보다는 감지하는 것을 더 좋아한다.
- 지성과 감성을 갖춘 사람이다.
- 독립적인 성격을 갖고 있다.
- 하찮은 것에 무관심하고 중요한 것에 의미를 부여한다.
- 복잡하고 도전할 만한 일을 좋아한다.

출처: Mackinnon(1962)

2. 창의적인 사람과 비창의적인 사람의 생활습관 비교

창의적인 사람의 생활습관	비창의적인 사람의 생활습관
• 여러 가지 가능한 정답들을 찾는다.	• 하나의 정답을 찾는다.
• 문제해결하는 것을 재미있어 하며 아이디어들을 장난한다.	• 문제해결은 심각한 비즈니스라 생각하여 엄숙하게 접근한다.
• 실수란 창의적 과정에서 생길 수 있는 자연스러운 부산물로 받아들인다.	• 가능한 실수를 하지 않으려고 노력한다.
• 문제에 매달려 지치면 의도적으로 휴식을 갖는다.	• 문제에 매달려 지치더라도 계속하여 해결을 시도한다.
• 여러 출처로부터 정보를 얻는다.	• 전문가의 충고만 듣는다.
• 여러 가능성을 보여줄 수 있는 하나의 출처로써 유머 감각을 사용한다.	• 떠오르는 아이디어가 우수하다고 생각되더라도 말하지 않는다.
• 피드백을 감사하는 마음으로 받아들인다.	• 당신을 지지하거나 의견을 같이하는 사람에게만 아이디어를 말한다.
• 엉뚱한 질문도 쉽게 한다.	• 어떤 것이 이해되지 않아도 입을 다문다.
• 계획, 제품, 서비스 등 모든 것에 어떻게 개선할 수 있을지 살핀다.	• 깨지지 않았으면 고치려 하지 않는다.
• 아이디어 수첩을 준비하여 좋은 아이디어라고 생각되는 것을 모두 기록한다.	• 아이디어를 적어두는 일은 귀찮아서 하지 않는다.

출처: 김영채(1999)

3. 창의적인 사람의 행동 특징

• 독립적	• 호기심	• 자신감	• 유머감각
• 위험감수	• 애기 같음과 장난기	• 정력적	• 넓은 관심
• 열성적	• 반성적	• 자발성	• 철저함
• 모험심			출처: 전경원(2000)

※ 위대한 발명가들의 생애에서 발견할 수 있는 대표적인 특징 2가지는 '강한 독립심과 끈기'이다. 출처: Mattimore(1994)

※ 당신은 창의적인 사람인가? 아닌가? 해당하는 칸에 '○'로 표시하시오. →		▼
• 창의적인 사람은 독립적으로 작업하기를 좋아한다.	1	
• 만약 … 이라면, 어떻게 될까? 라고 질문하는 사람이다.	2	
• 아이디어로 가득 차 있다.	3	
• 상상적이며 자신이 무엇인 것처럼 생각해 보기를 즐긴다.	4	
• 매우 언어적이며, 말이 유창하다.	5	
• 아이디어와 사고가 융통성이 있다.	6	
• 끈질기고 인내심 있고 그리고 포기하지 않으려 한다.	7	
• 만들고 구성하고 그리고 재구성한다.	8	
• 한꺼번에 몇 개의 아이디어를 같이 다루고 처리한다.	9	
• 통상적이고 자명한 일을 싫어하고 짜증낸다.	10	
• 외적인 자극이 없어도 시간을 보낼 수 있다.	11	
• 옷을 바꿔 입기를 좋아한다.	12	
• 주어진 과제 이상으로 더 하려고 한다.	13	
• 직접 실험을 해보고 의도한 것과는 다른 어떤 것이 나타는지를 알아보고 싶어한다.	14	
• 자기가 발견 또는 발명한 것에 대하여 말하기를 즐긴다.	15	
• 같은 일을 하더라도 표준적인 절차와는 다른 방법으로 할 수 있는지를 찾으려고 한다.	16	
• 새로운 어떤 것을 시도해 보려는 것을 두려워하지 않는다.	17	
• 관찰을 할 때 시각뿐만 아니라 다른 감각들도 모두 사용한다.	18	
• 남들과 다르게 보이기 때문에 생길 수 있는 일들을 개의치 않는다.	19	
※ 당신의 창의적인 성향은 어느 정도인가? (√)로 표시 강( ) • 보통( ) • 약( )	( )개	

출처: Torrance(1981)

비창의적인 사람의 생활습관은 여러 가지의 아이디어를 생성해 내는데 도움이 되지만 거꾸로 방해되고 억압하는 수도 있다. 가능하면 우리들은 비창의적인 사람의 생활습관을 버리고 창의적인 사람의 생활습관을 지향해야 할 것이다. 그리고 사람들은 하고 있는 일, 그 자체가 좋아서 일할 때 과제에 훨씬 더 창의적으로 반응한다. 또한 창의성은 환경적 맥락을 떠나서는 말할 수 없다. 한 개인을 둘러싼 환경적 맥락이 창의적 사고를 북돋우고 고무시키는 환경을 가졌는가 아닌가에 따라 창의성은 생겨나거나 향상되며 말살되기도 한다. 당신은 창의적인 생활습관을 가졌는가? 혹은 창의성을 고무시키는 인적 및 물적 환경 맥락에 둘러 싸여있는가? 아니면 창의성을 저해하고 방해하는 환경적 맥락에 놓여져 있는가?

4. 창의적 사고의 태도

1) 창의적 사고를 위한 태도

• 창의적 사고를 할 줄 아는 기능과 전략을 배워서 개발해야 한다. 그것은 근육을 개발하는 것이며 창의적 사고 과정의 방법 내지 요령을 익히는 것이다. 구체적으로 보면 그것은 발산적 사고 도구와 수렴적 사고 도구, 창의적 문제해결과정을 익히는 것이 된다.

• 창의적 사고에 사용할 수 있는 지식이 충분해야 한다. 과제에 대한 깊은 이해는 비판적 사고 및 창의적 사고의 필요조건이다.

• 창의적 사고는 태도 개발이 중요하다. 창의성의 6가지 자원 즉, 지능, 지식, 사고스타일, 성격, 동기, 문화적 환경 중 지능과 지식을 제외한 나머지는 모두 태도와 관련된 것이다.

• 창의적 사고를 위해서는 적극적 사고 또는 긍정적인 사고를 가져야 한다. '하면 된다'는 강한 열정과 위험, 저항, 반대에 직면하여 지칠 줄 모르는 집념을 가지는 것이 포함된다.

• 적절한 자극과 보상을 받아 의욕적이어야 하며 일이 즐겁고 재미있어야 한다. '해봐야 되지 않는다'는 무력감 속에서는 머리가 창의적으로 움직이지 않는다.

• 창의적 사고를 위해서는 항상 새로운 방식을 추구하는 태도를 지녀야 한다. 하던 대로 기존의 방식대로 일을 처리하는 것은 편리하며 충분하나 창의적 사고는 어떤 것이든 가능한 새로운 방식으로 사고하기를 선호하는 태도가 필요하다. 새로운 것은 지금의 것과는 다른 어떤 것이며 있던 대로 하던 대로의 것이 아니다.

• 창의적인 사고를 위해서는 폭 넓은 사고를 지향하는 태도를 지녀야 한다. 즉 자기 시각뿐만 아니라 다른 사람의 시각까지 포함하여 문제를 바르게 지각하는 태도를 의미한다. 그러므로써 부정확하거나 부분적인 것만 보는 미흡한 사고를 방지할 수 있다.

• 창의적 사고를 위해서는 새롭고 모험적인 일에 도전하고 일상생활에서 변화를 주려는 태도를 가져야 한다. 즉, 삶이 너무 통상적이고 너무 습관적이란 느낌이 들면 그것은 바로 좀 신선한 양념(시각, 자극, 요소) 같은 것을 집어넣어 볼 시간이 되었다는 것이다.

2) 창의적 사고를 저해하는 내부요인

- **평가될 것이라는 생각**: 작업 내용이 평가될 것이라는 것에 대해 지나치게 신경을 쓰는 사람은 그렇지 않은 사람에 비해 창의성이 떨어진다.

- **감시 감독의 눈 의식**: 작업을 할 때 누군가 감시한다는 생각을 하는 사람이 감시에 별로 신경을 쓰지 않는 사람에 비해 창의성이 부족하다.

- **보상만을 추구하는 사람**: 눈에 보이는 보상만을 생각하며 일하는 사람들이 보상에 별로 신경을 쓰지 않는 사람에 비해 창의성이 저조하다.

- **경쟁을 조장하는 위협적인 분위기**: 경쟁을 해야 한다는 위협적인 분위기 속에서 일하는 사람이 경쟁을 강조하지 않는 사람들보다 창의성이 떨어진다.

- **선택이 제한되어 있는 경우**: 과제를 수행할 때 선택이 제한되어 있는 사람보다 자유롭게 선택할 수 있는 사람이 더 창의성이 뛰어나다.

- **외적인 동기유발에 집착하는 경우**: 일을 할 때 외적인 요소에 집착하는 사람이 내적인 요소에 대해 생각하는 사람에 비해 창의성이 떨어진다.

출처: Amabile(1996)

3) 창의적 사고의 장애요인

- 문제는 진술되어 있는 대로 해결해야 한다는 생각은 창의적 사고를 방해하는 장애요인이다. 이를 극복하기 위해서는 왜, 그것이 문제라고 생각되는지를 당신 자신과 남들에게 열심히 물어보는 것이다. 문제해결을 시작할 때 '왜' 또는 '이유'를 질문하는 것은 창의적 사고 및 창의적 해결에 이르는 강력한 방법 중의 하나이다.

- 어떤 것에 대하여 한가지로만 보는 습성이 생겨 거기에 한가지의 기능만을 부여하는 것을 기능고착(Functional fixedness)이라고 하는데 이는 창의적 사고를 방해하는 장애요인이다. 예컨대 연필은 글을 쓰기 위한 것이고 숟가락은 밥 먹는데 사용하는 것만으로 보는 습관 등이 기능고착 및 고정관념과 비슷한 것이다. 우리는 어떤 핵심적인 단어나 구절을 듣거나 읽으면 하나의 이미지에 빠져 버리는 경향이 있다. 그 한 가지 이미지에 기능적으로 고착되면 창의적 사고는 어렵다.

• 창의적 성과는 운수의 문제이지 노력의 문제가 아니라는 신념은 창의적 사고를 방해하는 장애요인이다. 우리들은 많은 창의적인 성과가 운수나 재수의 문제로 인상을 가지기 쉽다. 그러나 창의적 성과를 이루어 내기까지 지불한 오랜 시간 동안 집념을 갖고 엄청난 끈기와 노력 및 사색, 교육에 대해서는 과소평가하는 경향이 있다. 에디슨(Edison)이 '천재는 99%의 노력과 1%의 영감이다' 라고 말했다는 것은 누구나 쉽게 들을 수 있지만 그것을 진실로 받아들이는 사람은 드물다. 에디슨(Edison)은 전구를 발명하기까지 이 지구 전체의 3분의 1에 해당하는 물질을 태우는 실험을 했고 4만 번의 시도 끝에 실험을 성공시켰다.

• 나는 창의적이지 않으며 창의력은 향상될 수 없다는 신념은 창의적 사고를 방해하는 장애요인이다. 기본적으로 우리는 누구나 어느 정도는 창의적이다. 적어도 어떤 무엇에 대하여서는 남보다 뛰어나다. 개인에 따라 창의적인 잠재력에 차이가 있지만 적절한 훈련과 연습을 통하여 창의력을 더욱 더 개발할 수 있다는 것을 보여주고 있다.

• 실패하면 바보같이 보인다는 신념은 창의적 사고를 방해하는 장애요인이다. 성공의 핵심은 실패한 결과라도 그것을 실패로 받아들이지 않고 피드백(Feedback)으로 받아들이는데 있다. 토마스 에디슨(Thomas Edison)은 전구 필라멘트를 만들면서 수 없이 실패했는데, 그 덕분에 수 백가지의 물질을 알게 되었으며 결국 1,094개의 특허를 획득할 수 있게 되었다.

• 해결책이 없다는 신념은 창의적 사고를 방해하는 장애요인이다. 즉, '그것은 할 수가 없어'라고 말하는 것은 해결을 위한 탐색을 처음부터 잘라 버린다. 반면에 '그것을 어떻게 할 수 있을까?' 라고 말하는 것은 성공하기 위한 다음 단계를 찾아보도록 독려한다.

• 내가 통제할 수 없다는 신념은 창의적 사고를 방해하는 장애요인이다. 기업이나 조직의 직위나 직급에 상관없이 통제 가능한 범위가 있고 통제 밖의 범위가 있다. 그러면 어떻게 해야 하는가? 당신이 통제할 수 있는 영역에다 집중하는 것이다. 현재 당신이 있는 자리에서 현재 가지고 있는 것을 가지고 당신이 할 수 있는 것을 창의적으로 시도해 보는 것이다. 그런데 스스로 '지금의 체제가 바뀌지 않는 한 혁신이란 어림없지!', '내가 창의적으로 할 수 있는 것은 없어' 라고 말하는 것은 아무런 도움이 되지 않는다.

• 과제중심적인 사고(task-driven thinking)는 창의적 사고를 방해하는 장애요인이다. 많은 사람들이 기존의 규칙과 절차, 정책, 프로그램(프로젝트), 하던 일에 완전히 매몰되어 있다. 그래서 그 틀에서 벗어나 거꾸로 지금 하고 있는 것에 대하여 질문해 보려고 하지 않는다. 즉 하는 일에 대한 구체적인 목표진술이 결여되어 있다.

• 오랫동안 주위에 있었거나 해 오던 방법은 맞고 옳은 것이며 그것이 최선이라고 여기는 생각도 창의적 사고를 방해하는 장애요인이다. 이러한 가정의 대표적인 본보기로 사람들은 흔히 태양이 지구의 주위를 도는 것이 아니라 지구가 태양의 주위를 돈다고 믿은 코페르니쿠스(Copernicus)와 지평선 너머를 항해한 콜룸부스(Columbus)를 든다. 자신도 모르는 사이에 우리는 기존의 방식에 많이 조건화 되어있는 경우를 본다. 따라서 우리는 창의적 사고를 하려면 해 오던 관행과 원리에 도전해 보고 그것에 맞는지를 새삼스럽게 질문해 보아야 한다.

• 한 가지 해답이면 충분하다고 생각하고 여러 개의 대안들을 찾는 것을 비효과적이라고 생각하는 태도는 창의적 사고를 방해하는 장애요인이다.

• 상황과 조건이 바뀌었는데도 지금까지 통상적인 방법으로 해오던 방식을 되풀이하는 태도는 창의적 사고를 방해하는 장애요인이다.

• 하나의 해답이 떠오르면 그것으로 만족해 버리는 습관은 창의적 사고를 방해한다. 습관적으로 떠오르는 하나의 해답에서 사고를 멈춰 버리면 그 이상을 찾아보지 아니하게 된다. 조직에서 반짝이는 단기 사고만을 격려하고 보상하면 장단기적인 비전이나 계획보다는 임시 처방만 쌓이게 될 것이다. 충동적인 한 개의 해답이 아니라 사려 깊은 몇 개의 해답을 찾아야 한다.

Tip 2-1	삶이 너무 습관적이라 생각되면 다른 생활방식으로 바꿔보는 것은 창의적 사고에 도움이 된다.
※ 항목별로 실행 날짜를 정해 한 달 동안 실천해 봅시다.	날짜 정하기
• 아침에 평소 오가던 출근길을 다른 길로 바꿔 본다.	20 / /
• 머리 스타일을 지금까지 해보지 못한 다른 스타일로 바꿔 본다.	20 / /
• 옷 색깔을 지금까지 입어보지 못한 색깔의 옷으로 바꿔본다.	20 / /
• 자주 마시던 차를 다른 차로 주문하여 마셔본다.	20 / /
• 평소 나가지 않던 모임에 나가 내 생각과 행동을 표현해 본다.	20 / /
• 새로운 식당에서 점심식사를 한다.	20 / /
• 신문만 읽던 습관에서 잡지 및 만화책을 읽어본다.	20 / /
• 모르는 분야의 책을 읽는다.	20 / /
• 모르는 사람을 초대하거나 같이 이야기 나누는 기회를 가진다.	20 / /
• 한 번도 가 본적이 없는 곳으로 버스여행을 한다.	20 / /
• 한 번도 가 본적이 없는 곳에서 주말을 보낸다.	20 / /

☞ 사례 2-1 ☜	• 변화를 감지하거나 인식하지 못하면 대응을 할 수가 없다. • 변화의 시간을 놓치거나 변화에 잘 대응하지 못하면 큰 화를 입을 수 있다. • 변화의 골든타임을 잘 감지하고 변화하려는 의지가 중요하다.

'삶아진 개구리의 비극'은 좋은 교훈

개인이나 기업조직이 환경 변화에 맞추어 가고, 한 걸음 더 나아가 남보다 앞서서 대처하는 것은 쉬운 일이 아니다. 세상 환경에는 혁명적으로 변하는 것도 없지 않다. 그러나 대부분은 민감한 의식이 없으면 느끼지 못하게 조금씩 변화한다. 온도가 올라 죽을 지경이라야 비로소 죽는 줄 아는 식으로 깨닫지 못하고 하던 대로 즐기다가 마침내는 별 볼일 없는 모습으로 전락하기 쉽다. '삶아진 개구리의 비극'은 우리에게 좋은 교훈이 될 수 있다.

개구리는 뜨거운 물에 집어 넣으면, 즉각 뛰쳐 나오려 한다. 그러나 실내 온도 정도의 물이 든 냄비에 넣어 두면, 도망가려고 하지 않는다. 그런데 냄비 밑에 둔 히터의 온도를 서서히 올리면 재미있는 현상이 일어난다. 30도에서 40도가 되어도 개구리는 가만히 있으면서 오히려 기분 좋은 듯이 눈을 가늘게 뜬다. 그러다 온도가 계속해서 올라가면 마침내 뜨거운 물속에서 늘어져 버린 개구리는 냄비에서 탈출할 힘을 잃어버리고 삶아지고 만다. 언제든지 뛰쳐 나올 수 있었는데 왜 가만히 있다가 '삶아진 개구리'가 되어 버렸는가? 그것은 개구리 체내의 위험 감지기관이 갑작스런 변화에만 반응하고 서서히 일어나는 변화에는 대응할 수 없는 구조 때문이라고 한다.

개인이나 기업도 구태의연한 기존의 방식만을 안일하게 고집하다가 문제 및 변화를 감지하지 못하면 나중에 이를 해결하거나 대처할 때는 이미 때가 늦는 경우가 발생할 수 있다. 조그만 문제나 변화 상황도 놓치지 않고 항상 민감하고 적극적인 사고방식 및 다른 시각으로 보는 태도를 가져야 할 것이다.

출처: 미국 코넬대학의 스콧(Scott) 교수가 시행한 개구리 실험으로 흔히 변화에 대응하지 못할 경우 큰 화를 입을 수 있음을 비유적으로 나타냄.

삽화: 고은별(2015)

4) 창의적 사고에 대한 오해

① 창의적 사고는 선천적으로 타고난 소수의 천재나 영재들에서만 나타난다.
▶ NO! 정도의 차이는 있지만 창의적 사고는 모든 사람에게서 나타난다.

② 창의적 사고는 후천적 노력에 의해 배울 수 없고 개발이 불가능하다.
▶ NO! 창의적 사고는 후천적 노력에 의해 배울 수 있고 개발이 가능하다.

③ 창의적 아이디어는 노력을 하지 않아도 떠오른다.
▶ NO! 창의적 아이디어는 노력을 해야만 떠오른다.

④ 전문가만이 창의성을 발휘한다.
▶ NO! 아마추어도 창의성을 발휘할 수 있다.

⑤ 창의적 사고를 하는 사람은 정신적으로 이상한 사람이다.
▶ NO! 창의적 사고를 하는 사람은 건강한 사람이다.

⑥ 지능이 높으면 높을수록 비례하여 창의적 사고도 높아진다.
▶ NO! 지능이 비례하여 창의적 사고도 높아지는 것은 IQ 120 정도까지 이다. 그러나 지능이 120을 넘어서면 창의성과는 별로 관련성이 없다. 즉 IQ가 150 또는 200이라고 해서 창의성도 지능 120일 때 보다 꼭 높아지는 것은 아니다.

⑦ 사람의 나이가 적을수록 창의력이 높다.
▶ NO! 그렇지 않다.

⑧ 창의적으로 문제를 해결하기 위해서는 발산적 사고만 필요하고 논리적 사고와 비판적 사고는 필요 없다.
▶ NO! 창의적으로 문제를 해결하기 위해서는 문제의 원인이 무엇인가를 분석하는 논리적 사고 뿐만 아니라 어느 아이디어가 질적으로 더 나은 아이디어인지 평가하는 비판적 사고가 필요하다.

⑨ 창의적인 사고를 하는 데는 우수한 성적이나 지식은 별로 필요가 없다.
▶ NO! 창의적인 사고를 하는데도 지적 능력이나 지식은 많은 도움이 된다.

⑩ 창의적인 것은 완전히 새로운 것이다.
▶ NO! 완전히 새로운 것만을 의미하지는 않는다.

5. 창의력 향상시키기

아이디어가 떠오르면 즉시 메모하는 습관을 지녀라

아이디어는 예상치 못한 시간에 문득 떠오른다. 항상 즉시 메모하는 습관을 지녀라. 그렇지 않으면 아이디어는 곧 사라진다.

항상 지식에 관심을 갖고 탐색하며 자신에게 질문하는 습관을 가져라

항상 지식에 관심을 갖고 탐색하며 자신에게 질문하는 태도는 창의적 행동의 가장 밑바탕이 된다. 지금 당신이 과제를 하고 있다면 혹은 문제를 해결해야 한다면 어떤 방법으로 해결하는 것이 가장 재미있고 효율적이며 최고의 성과를 낼 수 있는지 자신에게 질문하라.

자신의 전문영역 이외에 다른 전문영역을 접하고 교류하라

자신의 전문영역 또는 한 전문분야의 지식과 아이디어, 개념을 다른 전문분야의 것과 접하고 교류하며 접목시켜라. 이를 통해 또 다른 차원의 향상된 새로운 아이디어를 창출하라.

지금까지 경험하지 못한 새로운 방식으로 일하라

편견과 선입견을 극복하고 새로운 관점으로 문제를 바라보라. 경직되고 틀에 박힌 일 방식이서 벗어나라. 대신에 신나고 재미있게 일할 수 있는 새로운 방식을 찾아라.

<table>
<tr><th colspan="2">자신과 다른 사람의 아이디어에 열린 마음, 민감한 반응, 수용적 태도를 가져라</th></tr>
<tr><td>
</td><td>새로운 해결책이나 아이디어가 실행할 수 있도록 모든 부분이 갖추어진 채로 나오기는 드물다. 즉 새로운 아이디어는 미비하다. 이를 적극적으로 수용하고 계속적인 관심을 지속시키는 가운데 다양한 가능성을 발견하고 확장시켜 정교한 아이디어로 개발하라.</td></tr>
<tr><th colspan="2">항상 관찰하라(공통점과 차이점을 찾아라)</th></tr>
<tr><td></td><td>문제와 상황에서 독특하고 구별되는 특징뿐만 아니라 공통점과 차이점을 찾아보도록 하라. 관련성을 더 많이 밝힐수록 독창적인 결합과 창의적 해결책을 이룰 수 있는 기회가 더 많아질 것이다.</td></tr>
<tr><th colspan="2">너 자신 스스로를 알고 이해하는 법을 배워라</th></tr>
<tr><td></td><td>자신의 강점, 기술, 약점, 싫어함, 편견, 기대 두려움, 선입견을 배움으로써 자신에 대해 깊이 이해하라.</td></tr>
<tr><th colspan="2">당신의 분야에 뒤떨어지지 않도록 항상 자신을 학습시키고 발전시켜라</th></tr>
<tr><td>
</td><td>오늘날의 문제를 해결하기 위하여 어제의 기술을 사용하지 않도록 잡지, 저널, 그 밖의 다른 문헌들을 읽어라. 항상 최첨단 지식이나 능력, 최신 정보를 유지하라.</td></tr>
</table>

항상 유쾌하고 신나는 기분 좋은 분위기를 유지하라. 그리고 유머감각을 가져라	
	즐겁고 기분이 좋거나 여유로울 때 더욱 창의적일 수 있다. 유쾌하고 신나는 분위기로 창의성를 자극하라. 유머로 긴장을 풀고 편안감을 주어 아이디어가 잘 떠오르게 하라.
창의적인 다양한 취미를 가져라	
	취미는 당신이 여유를 갖는데 도움이 될 수 있다. 수수께끼를 풀거나 게임을 하는 것 모두 당신의 마음을 능동적이게 한다. 능동적인 마음은 창의적 성정을 위하여 필수적이다.
용기와 자신감을 가져라	
	패러다임의 선구자가 되어라. 문제를 해결할 수 있다고 가정하라. 해결책의 통로를 가로막고 있는 장애물을 극복하기 위한 끈기를 가져라.
위험을 감수할 자세를 취하라	
	실패에 대한 두려움은 성공률이 낮고 위험한 해결책 도출에 장애가 되지만 성공적 해결책을 도출하는 데 큰 영향을 끼칠 것이다. 실패할 가능성이 있는 방식과 이러한 실패에 어떻게 대처할 것인가를 대략적으로 생각해 두는 것은 창의성을 방해하는 장애물을 줄일 수 있다.

삽화: 고은별(2015)

학습활동 ⇨ 토론

D 1. 창의적인 사람이 되는데 방해되는 자신의 습관 및 행동에 대해 의견을 나누고 앞으로 어떤 방식으로 개선할 것인지에 대해 생각을 공유해 보자.

학 습 평 가

Q 0. 아래에 있는 사각형의 안을 볼펜이나 연필을 사용하여 색칠해 보시오.

[그림 2-1] '사각형의 안 색칠하기' 문제

학 습 평 가

※ 다음 각 문항의 내용을 읽고 '맞다(T)', '틀리다(F)'로 대답해 보시오.

Q 1. 시간을 내어 문제를 다시 이해해 보면 혁신적인 해결을 발견할 가능성이 더 커진다. (맞다 / 틀리다)

Q 2. 돈이 부족한 것이 문제인 것처럼 보이면 문제를 재정의 하는 것 보다 진술되어 있는 그대로 문제를 해결해야 한다. (맞다 / 틀리다)

Q 3. 혁신은 대개 한 개의 아이디어가 아니라 여러 아이디어를 요구한다. (맞다 / 틀리다)

Q 4. 예산이 빠듯할 때는 창의력은 사용하지 말아야 한다. (맞다 / 틀리다)

Q 5. 여태껏 해오던 방법의 이면에 있는 이유를 의문을 해보면 혁신적인 개선책을 얻는데 도움이 된다. (맞다 / 틀리다)

Q 6. 습관적이고 통상적인 것은 모두 나쁘다. (맞다 / 틀리다)

Q 7. 항시 똑 같은 절차에 따라 일하는 방법이 좋은 방법이다. (맞다 / 틀리다)

Q 8. 모든 문제에는 단 한 개의 정답이 있다. (맞다 / 틀리다)

Q 9. 일반적으로 사람들은 이론이나 아이디어 보다는 숫자가 들어있는 문제를 다룰 때 더 편안해 한다. (맞다 / 틀리다)

Q 10. 문제가 생기면 바로 그날 문제를 해결해 버리는 것은 좋은 습관이다. (맞다 / 틀리다)

학 습 평 가

※ 다음 각 문항의 내용을 읽고 맞는 것은 괄호 안에 ○, 틀린 것은 ×로 답하시오

Q 11. 창의적 사고는 선천적으로 타고난 소수의 천재나 영재들에서만 나타난다. ( )

Q 12. 창의적 사고는 후천적 노력에 의해 배울 수 있고 계발이 가능하다. ( )

Q 13. 창의적 사고는 노력을 해야만 아이디어가 떠오른다. ( )

Q 14. 지능이 높으면 높을수록 창의력도 비례하여 높아진다. ( )

Q 15. 나이가 적을수록 창의력이 높다. ( )

Q 16. 창의적으로 문제를 해결하기 위해서는 문제의 원인이 무엇인가를 분석하는 논리적 사고가 필요하다. ( )

Q 17. 창의적 사고는 아이디어만 많으면 되고 아이디어의 유용성을 따지는 것은 의미가 없다. ( )

Q 18. 창의적인 사고는 지적 능력이나 지식과는 관련이 없다. ( )

Q 19. 창의적 사고를 하기 위해서는 고정관념을 버리고 문제의식을 가져야 한다. ( )

Q 20. 창의적 사고의 6가지 자원은 지적 능력, 지식, 사고양식, 성격, 동기형성, 환경적 맥락이다. ( )

****

정답

0. 사각형 안에 색칠을 마쳤는가? 아래에 있는 A와 B중 어느 것에 가까운가?

A B

[그림 2-1] '사각형의 안 색칠하기' 문제

0. 대부분의 학생들은 사각형 안에 깔끔하게 칠하는 것으로 조건화 되어서 A와 같이 반응한다. 이러한 행동은 분명한 구조적인 장면에서는 도움이 되겠지만 창의적인 문제해결을 필요로 하는 것에서는 오히려 장애가 될 수 있다.

정 답	
	1. T 2. F 3. T 4. F 5. T
	6. F 7. F 8. F 9. F 10. F

정 답	
	11. × 12. ○ 13. ○ 14. × 15. ×
	16. ○ 17. × 18. × 19. ○ 20. ○

03 Chapter
창의적 사고의 개발방법은 무엇인가?

창의적인 문제해결을 위해서는 발산적 사고와 수렴적 사고를 균형 있게 사용할 수 있어야 한다. 또한 창의적인 문제해결을 진행하는 과정에서 발산적 사고와 수렴적 사고는 필요에 따라 번갈아 가면서 서로 보충적으로 사용된다. 즉, 창의적인 문제해결 과정에서 우선, 다양한 아이디어를 찾기 위해 발산적 사고가 필요하지만 궁극적으로 산출된 아이디어 중에서 가장 좋은 아이디어를 선택하기 위해서는 수렴적 사고가 필요하다. 다시 말해서 일련의 과정을 거쳐 나온 많은 아이디어 중에 하나의 질 좋은 아이디어를 선택하고 실제로 실행에 옮길 때 문제가 되지 않는지 고려하여 최종적으로 나온 아이디어를 수용하게 된다. 수렴적 사고는 발산적 사고에서 생성해 낸 여러 가지 아이디어 대안 또는 가능성들을 분류하고 좁히고 평가하여 가장 재미있고 효과적인 것을 선택해 내는 것이다.

발산적 사고는 유의미한 새로운 결합과 조합, 연결을 만들어 아이디어를 표현하고 생산해 내는데 사용한다. 여러분이 발산적 사고를 할 때, 많은 다양한 독특한 가능성들을 생각하거나 이미 만들어진 대안을 정교화하고 확대시킨다. 수렴적 사고를 할 때는 즉 비판적 사고를 통하여 여러분은 아이디어들의 가능성을 사정하고 대안들을 비교·대비하며 추론하고 연역한다. 그리고 효과적인 판단이나 결정을

<표 3-1> 발산적 사고와 수렴적 사고 비교

발산적 사고	수렴적 사고
➡ 유의미한 새로운 결합을 만들고 표현 ➡ 아이디어 생산 ➡ 다양하고 독특한 가능성을 생각 ➡ 대안을 정교화 & 확대	➡ 대안 분석, 평가 ➡ 비판적 사고를 통해 아이디어 가능성 사정 ➡ 대안들 비교, 대비, 추론, 연역 ➡ 효과적인 판단, 결정 위해 대안 선택하거나 다듬음

내리기 위하여 대안들을 선택하거나 다듬는다. 또한 발산적 사고와 수렴적 사고는 창의적인 문제해결과정 1단계부터 6단계까지 필요에 따라 적용된다. 발산적 사고를 개발하는 기법에는 브레인스토밍(Brainstorming), 결점열거법, 결점제거법, 희망열거법, 색다른 용도법, 목록표 작성법, 카탈로그 기법, 스캠퍼 기법, 조합법, 6가지 사고모자 기법, TRIZ, 시네스틱 등이 있다. 수렴적 기법에는 ALU, PMI, P-P-C 등이 있다. 수렴적 사고 기법은 논리적 사고와 비판적 사고와 의미가 일맥 상통하고 문제해결 과정에서 빈번하게 다루어지므로 여기서는 창의적 사고와 밀접한 관련이 있는 발산적 사고 기법에 대해서만 다루고자 한다.

다양한 발산적 사고 기법을 설명하기 전에 문제인식 및 과제 정의로부터 이를 해결하기 위한 아이디어 생성과정에서의 발산적 사고의 적용 그리고 아이디어 선별과정에서의 수렴적 사고의 적용을 거쳐 문제해결에 이르기까지 전 과정을 이해하기 쉽게 그림으로 나타내면 그림 3-1과 같다.

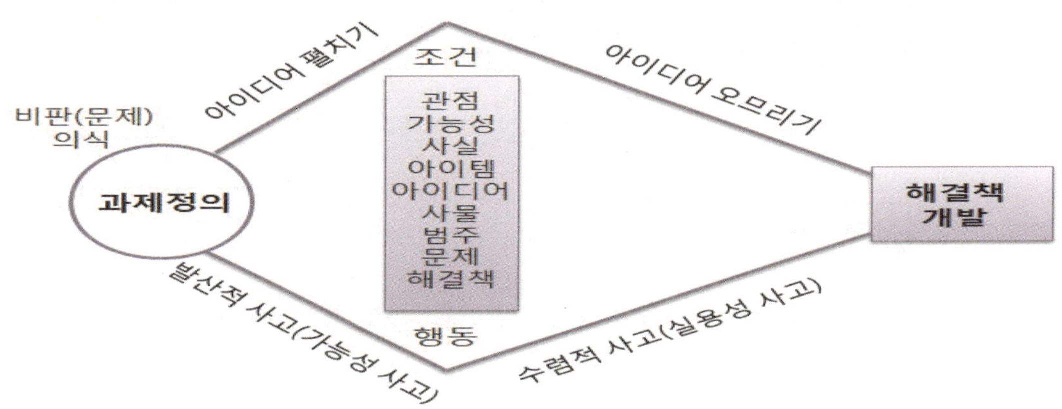

[그림 3-1] 문제해결 진행과정에서 발산적 사고와 수렴적 사고의 작용

> 그림 3-1은 문제 해결과정에서 발산적 사고와 수렴적 사고가 어느 시점에서 어떻게 작용하고 연결되는지 쉽게 파악할 수 있도록 보여주고 있다. 이를 살펴보면 문제상황에 직면하여 비판적 사고를 통해 문제를 정확히 인식 및 파악하고 정의한 다음 이에 대한 해결책 아이디어를 발산적 사고를 통해 가능한 많이 도출해낸다. 다음에는 도출한 아이디어를 조건이나 행동을 고려하여 효과적인 좋은 유용한 아이디어를 논리적 사고를 통해 선별한다. 다음에는 이를 다시 수렴적 사고를 통해 검토하고 가장 효과적인 아이디어를 선정하여 창의적으로 문제를 해결할 수 있다. 따라서 문제해결 과정에서 발산적 사고와 수렴적 사고가 모두 필요하고 각자 쓰임이 다르면서 양자가 상호 보충적으로 기능 및 작용함을 알 수 있다. 또한 창의적인 아이디어는 문제를 해결하는 전 과정에서 일어나고 학습되며 발휘되는 것으로 설명할 수 있다.

1. 브레인스토밍(Brainstorming, BS)

브레인스토밍에 대해 구체적으로 설명하기 전에 창의적인 문제해결 과정에서 브레인스토밍이 활용되는 경로 및 과정에 대한 큰 그림을 이해하는 것이 필요하다. 그림 3-2는 브레인스토밍이 창의적인 문제해결 과정에서 문제와 관련된 아이디어 도출과정에서 쓰이는 경로를 도식화하여 잘 나타내 주고 있다.

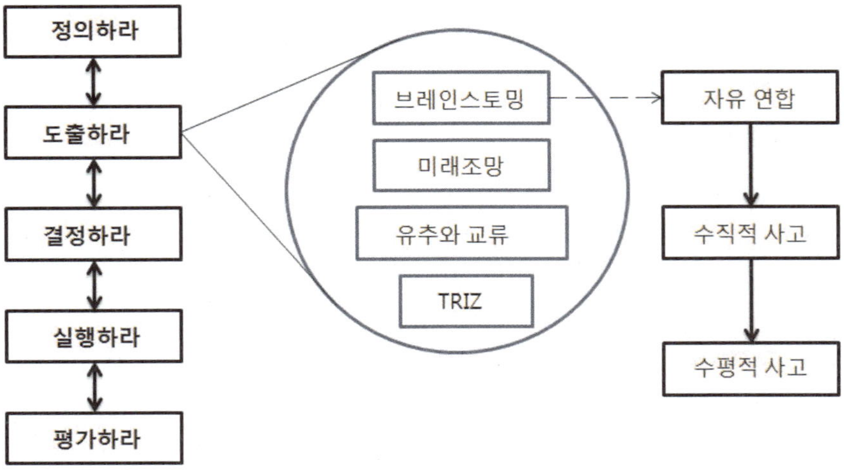

[그림 3-2] 창의적인 문제해결 과정에서 브레인스토밍의 적용 및 전개 과정

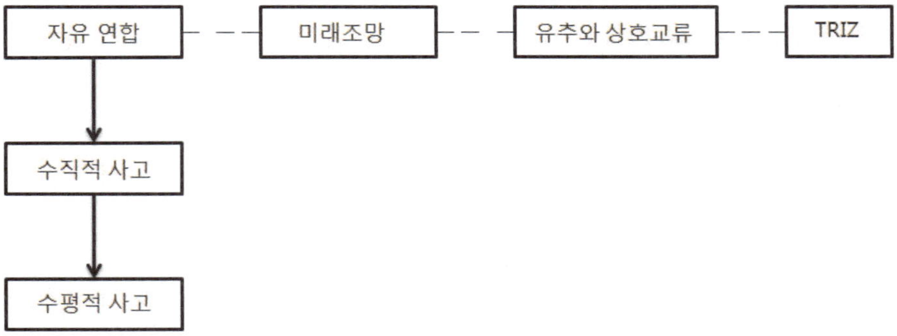

[그림 3-3] 브레인스토밍을 통한 아이디어 결합 및 도출 경로

그림 3-3은 브레인스토밍이 다음 단계로 전개되고 발전하는 과정을 개략적으로 보여준다. 브레인스토밍이 이루어지면 자유로운 연합으로 단계가 진전된다. 다음에는 아이디어의 초기 목록을 검토하고 재설정하여 확장하는 오스본(Osborn)의 일람표를 사용하여 수직적 사고로 전환된다. 그리고 임의의 자극과 타인의 관점을 사용하는 수평적 사고로 이동하게 된다. 마지막으로 미래 조망, 유추, 상호교류, 그리고 트리즈(Triz)로 전개 및 몰입하여 문제해결을 도출한다. 이와 같이 브레인스토밍은 문제해결 전체 과정에서 필요시마다 여러번 전개되고 그 과정에서 계속 다른 아이디어와 조합하여 더 새롭고 질 높은 2단계, 3단계의 창의적이고 의미 있는 질 좋은 아이디어가 도출되는 브레인스토밍이 이루어진다.

이 장에서는 창의적 사고와 밀접한 관련이 있는 다양한 발산적 사고 기법을 이해하고 실제로 연습해보는 기회를 갖고자 한다. 제일 먼저 브레인스토밍에 대해 기술하고자 한다. 브레인스토밍 기법은 발산적 사고의 기본도구이고 가장 오래 된 것이며 현재까지 가장 광범위하게 사용되고 있다. 이 기법은 1939년 실업가였던 알렉스 오스본(Alex Osborn)이 개발한 것이다. 집단의 구성원들이 하나의 구체적인 문제에 초점을 두고 가능한 대로 많은 수의 아이디어를 구두로 말하는 것이 보통이지만 성원들이 수줍어하거나 부자연스러워 할 때는 아이디어를 종이에 써서 제출할 수도 있는데 이것을 브레인 라이팅(Brain Writing) 기법이라 한다.

브레인스토밍은 아이디어를 많이 생성해 내는데 목적이 있기 때문에 여러 가지 의견이나 아이디어가 있을 수 있는 장면이면 어디서든 사용할 수 있다. 하지만 다소 혁신적인 아이디어를 원할 때 훨씬 적합하다. 브레인스토밍을 제대로 이용하려면 사전에 이 기법에 대한 이해와 준비가 잘 되어야 한다. 그리고 토의가 초점을 유지할 수 있게 진행이 효과적으로 이루어져야 한다. 주로 집단 토의에서 사용할 수 있는 기법이지만 개인이 혼자서 사용할 수도 있다. 어떤 문제를 창의적으로 해결하기 위하여 계획된 모임에서 미리 계획하여 사용할 수도 있고 사전계획 없이 수시로 자연스러운 필요 때문에 사용할 수도 있다.

1) 진행방법

- 주제를 구체적이고 명확하게 정한다.

논의하고자 하는 주제는 구체적이고 명확하게 주어질수록 많은 아이디어가 도출될 수 있다. 예를 들어 “현장 사고를 줄이기 위해서”라는 주제보다는 “구성원 전원에게 안전헬멧을 착용하는 방법”이라는 주제가 주어졌을 때 좋은 아이디어가 나오기 쉽다.

※ 사전에 브레인스토밍을 계획하는 경우는 참가 예정자들에게 적어도 1주일 전까지 회의에 대한 전체적인 안내 자료를 보내준다.

- 구성원의 얼굴을 볼 수 있는 좌석배치와 큰 용지를 준비한다.

구성원들이 얼굴을 서로 간에 마주 볼 수 있도록 앉는다. 따라서 사각형이나 타원형으로 책상을 배치해야 하고, 칠판에 모조지를 붙이거나, 책상위에 큰 용지를 붙여서 아이디어가 떠오를 때마다 적을 수 있도록 하는 것이 바람직하다.

- 구성원들의 다양한 의견을 도출할 수 있는 사람을 리더로 선출한다.

브레인스토밍을 할 때는 구성원들이 다양한 의견을 제시할 수 있도록 편안한 분위기를 만드는 리더를 선출해야 한다. 직급이나 근무경력에 따라서 리더를 선출하는 것은 딱딱한 분위기를 만들 수 있기 때문에 분위기를 잘 조성할 수 있는 사람을 직급에 관계없이 리더로 선출해야 한다. 특히 리더는 사전에 주제를 잘 분석하고 다양한 아이디어를 산출 할 수 있도록 하는 방법을 연구해야 한다.

- 구성원은 다양한 분야의 사람들로 5-8명 정도로 구성한다.

브레인스토밍은 혼자서 해도 무방하고 2-3명, 6-7명 정도도 좋고, 때에 따라서는 수백명이 함께 참여할 수도 있다. 인원 수에 규제를 둘 필요는 없지만 성인은 5-8명 또는 12명 내외가 적정 인원이고 아동을 대상으로 할 때는 보통 4-6명 정도의 소규모 집단에서 경험하도록 하는 것이 좋다. 주제에 대한 전문가를 절반 이하로 구성하고, 그 밖에 다양한 분야, 남녀노소, 베테랑과 초심자 등이 섞이도록 하여 문제에 대한 폭넓은 시각을 갖고 다양한 아이디어를 산출할 수 있도록 한다. 그리고 인원수는 짝수보다는 홀수가 좋다. 그 이유는 브레인스토밍이 끝난 후에 아이디어를 평가할 때 찬성과 반대의 수가 동일한 경우를 피하기 위해서이다.

- 브레인스토밍의 2가지 원리와 4가지 규칙을 따라야 한다.

① 2가지 원리

- **판단을 유보한다.**

  가장 최선의 결정을 하기 위해 필요하다. 시간이 좀 걸리더라도 모든 가능성을 열어 놓고 심사숙고하는 태도를 지녀야 한다.

- **아이디어의 양이 질을 높인다.**

  아이디어의 수가 양적으로 많을수록 질적으로 우수한 아이디어가 나올 확률이 높으므로 구성원들 개개인이 가능한 많은 아이디어 수를 산출하도록 독려하는 것이 중요하다.

② 4가지 규칙

- **창출된 아이디어를 비난하거나 평가해서는 안 된다(비판은 금물이다).**

  즉 아이디어에 대한 산출을 저해하는 비판이나 평가 또는 판단을 마지막까지 피해야 한다. 따라서 어떠한 아이디어가 제시되더라도 이를 비판하지 않아야 한다.

- **아무리 우스꽝스러운 아이디어라도 수용해야 한다(자유로운 분위기를 유지한다).**

  창의적인 사고는 자유로운 분위기에서 일어난다. 자유로운 느낌이나 생각을 표현하게 함으로써 두뇌활동은 더욱 촉진되고 더 많은 양의 아이디어를 낼 수 있다. 그러므로 다소 어리석어 보이거나 엉뚱하거나 유머스러운 아이디어도 수용해야 한다.

- **아이디어는 많을수록 좋다(질보다 양을 추구한다).**

  많은 양의 아이디어가 더 중요하다는 것이다. 많은 양의 아이디어 속에서 질 높은 아이디어가 나올 수 있다고 보기 때문이다.

- **이미 제안된 아이디어로부터 다른 아이디어를 이끌어 낼 수 있도록 한다(2개 이상의 아이디어를 결합 및 조합하여 보다 향상된 제3의 아이디어를 내놓을 수 있어야 한다).**

  이미 생성된 아이디어들을 결합 및 조합시켜 향상된 다른 아이디어를 만들어 내고 독자성과 실현 가능성을 고려한 최적의 개선 방안을 찾을 수 있도록 한다. 이 규칙은 남의 아이디어에 편승한다는 의미로 '히치하이크(hitchhike)' 또는 '무임승차'라고 불러지기도 한다. 타인의 아이디어로 착안하여 자신만의 아이디어를 생각해 내거나 2개 이상의 아이디어를 결합하여 제3의 아이디어를 내놓는 것을 의미한다.

브레인스토밍 진행시에는 누구나 무슨 말이라도 할 수 있도록 해야 하며 발언하는 내용은 요약해서 잘 기록함으로써 내용을 구조화할 수 있어야 한다. 브레인스토밍을 하는 과정에 시간제한은 없으나, 보통 1시간 정도 진행하며 브레인스토밍에 대한 경험의 유무, 주제, 연령 등에 따라 융통성 있게 조절하는 것이 필요하다. 특히 다른 아이디어와 조합 및 연합하여 브레인스토밍(2단계 또는 3단계의 브레인스토밍)하여 도출하는 진행과정에서 아이디어를 범주로 분류하고 구분하며 나열하여 체계적으로 정리하는 것이 필요하다. 즉 브레인스토밍을 통해 나온 많은 아이디어를 유목화(범주화)하여 분류하는 작업을 해야 하는데 이 때 생선뼈 도표라고 불리는 형태로 아이디어를 분류해서 정리하면 매우 편리하다. 생선뼈 도표는 도출된 많은 다이디어를 간편하게 정리하여 제시해 줌으로써 전체 아이디어를 한 눈에 파악하는 것을 용이하게 해준다. 또한 유목화한 아이디어를 통해 다음 단계의 아이디어로 발전시키기 위한 세부적인 접근을 할 수 있도록 도와준다.

아래 보기는 “어린이 운동장에 낡은 자동차 1대를 운동장 장비로 활용하는 방안”에 대한 브레인스토밍을 “부속품, 채색, 차 한 대” 3가지 범주로 나누어 도출한 아이디어를 생선표 도표를 활용해서 즉시 바로 정리한 것이다. 이처럼 생선표 도표를 활용하는 것은 모든 아이디어를 한 눈에 가시화 하는데 매우 큰 도움이 될 수 있다. 또한 브레인스토밍을 마친 후, 생선표 도표를 검토하여 도출된 아이디어를 검토할 수 있다. 생선표 도표를 활용하고자 하는 경우, 아래의 그림 A처럼 오른쪽에 있는 타원형 안에 실제문제를 적는다. 다음에는 왼쪽으로 생선의 척추와 같은 사선을 그리면서 그림 B처럼 도출된 아이디어를 해당 범주의 척추에 하나씩 채워가는 방식으로 정리해 나간다. 한 번 활용해보라. 매우 편리하다.

<보 기>

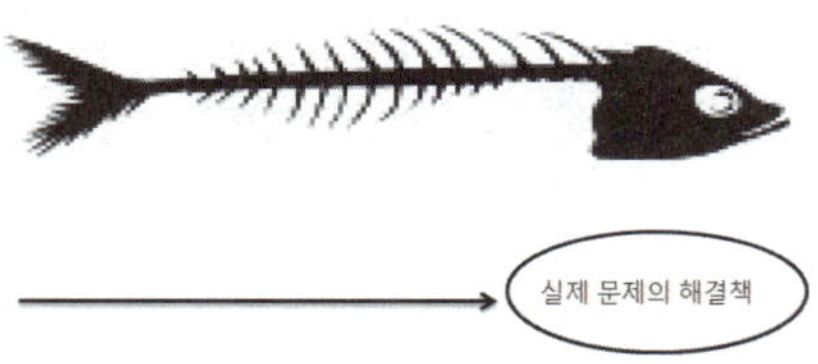

[그림 A]

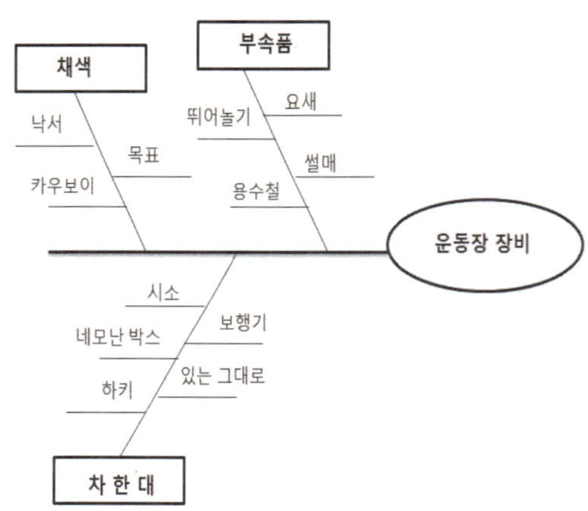

[그림 B]

※ 생선뼈 도표를 활용하고 작성하기 위해서는 다음과 같은 과정을 거친다.

1. 도표의 오른쪽에 있는 상자 혹은 원 안에 실제 문제를 적는다. 다음으로 실제 문제가 있는 곳부터 시작해서 왼쪽으로 사선(척추)을 그린다.
2. 잠재적 해결책들을 몇 개의 범주로 분류하고 그것들을 표의 아래나 위에 정렬한다. 주요 범주에서 대각선으로 척추까지 선을 연결한다. 이러한 선들이 생선뼈 도표의 주요 골격을 형성한다.
3. 도표에서 뼈를 따라서 주요 범주와 관련된 잠재적 해결책들을 배열한다.

※ 생선뼈 도표에서 종종 사용되는 다른 범주들로는 ‘인력, 장비, 방법, 재료, 환경이 있다. 정보를 고르거나 정리하는 이 활동은 해결과정에서 매우 가치가 있다.

- 발언은 누구나 자유롭게 할 수 있도록 해야 하며, 발언 내용을 기록한다.
- 리더(사회자)는 다음의 사항들을 유의하여 아이디어 생성이 효과적으로 이루어지도록 한다.

- 분위기는 편안하고, 재미있고, 자유분방해야 한다.

- 독창적인 새로운 아이디어뿐만 아니라 다른 사람의 아이디어를 발전시킨 것도 환영한다. 그래서 모든 사람들이 참여토록 한다.

- 어떤 아이디어라도 좋으며, 황당하고 의외적인 것일수록 더 좋다.

- 여기서는 아이디어의 질 보다는 수가 더 중요하다. 목표하는 아이디어 수(대략 20개 또는 30개)를 미리 정해 놓고 할당된 시간 내에 거기에 도달하도록 할 수도 있다.

- 아이디어 생성을 위한 시간을 적절하게 정한다(20분~30분 정도). 집단이 너무 소극적이고 아이디어 생성이 활발하지 못하면 5분 정도의 시간을 더 주고, "아주 엉뚱하고 터무니없는 것 같은 이야기는 없을까요?"라고 말한다(이런 아이디어들 가운데 수정하면 현실에 적합한 보석이 있을 수 있다.)

- 아이디어 생성 단계에서는 다른 사람이 말하는 아이디어가 어떠한 것이든 간에 판단하거나 비판하거나 또는 윽박지르는 것을 허용하지 않는다. 사회자는 생산적이지 못한 말이 튀어나오지 못하도록 특별히 신경을 써야 한다.

  예를 들면, '그건 이미 해 봤지만 안 되던 걸', '뻔한 이야기를 하는 군', '저걸 아이디어라고' 등등….

  생성해 낸 아이디어를 평가하는 시간은 별도로 있다는 것을 주지시킨다.

- 사회자가 친근하게 사용할 수 있는 말을 예시하면 다음과 같다.

• 그것을 어떻게 하면 될까요?
• 그 아이디어를 당신의 하는 일(직업)과 관련시켜 생각해 보는 것은 어떨까요?
• 이 아이디어를 다른 것과 조합시킬 수는 없을까요?
• 좀 더 말해 봐요.
• 어떻게 다르게 사용할 수 있을까?
• 여러분들이 말한 것을 내가 모두 적었나요?
• 이 아이디어를 더욱 발전시킬 수 없을까요?
• 그렇게 하면 어떻게 될까요?

2) 진행절차

① 사전활동

• 토의 진행자인 리더(사회자)와 토의 내용을 받아 적을 기록자를 1명씩 선정한다. 하지만 경우에 따라 기록자를 2명으로 하여 교대로 적을 수 있다. 또한 아이디어를 빠뜨리지 않고 기록하기 위해 녹음이나 칠판, 커다란 기록지를 준비하는 것이 바람직하다.

• 브레인스토밍 시작 전에 약 5분 정도 워밍업(Warming-up)을 하여 두뇌 회전 준비운동을 하는 것이 좋다. 워밍업에 사용되는 주제(문제)는 간단하고 금방 아이디어를 떠올릴 수 있는 '가볍고 좀 우스운' 주제를 1-2개 연습문제로 풀어보게 한다. 이는 분위기의 냉기를 깨뜨리고 마음이 편안하도록 하기 위한 것이다. 다루려는 '실제 문제'를 제시하기 전에 리더는 브레인스토밍의 규칙을 설명해야 한다. 표 3에 제시된 아이디어 생성을 위한 5분 브레인스토밍을 참고하여 그림 3-4에 제시된 워밍업을 위한 브레인스토밍 주제 4개 중, 1-2개를 선택하여 브레인스토밍을 실제로 시도해 보시오. 그리고 산출한 아이디어를 소집단 브레인스토밍 기록지에 나열해 보시오.

② 본 활동

• 토의할 주제를 모든 사람에게 알려 준다. 구성원이 머리를 맞대고 그 자리에서 주제를 정해 보는 것도 좋은 방법이다. 또는 토의 주제를 며칠 전에 공고할 수도 있다.

• 토의가 시작되면 손을 들어 의사 표시를 하고 리더의 허락을 받은 뒤, 한 번에 한 사람씩 발언한다. 만약에 '히치하이킹' 경우라면 '히치하이킹'이라고 말하고, 즉시 발표할 수 있도록 한다.

• 리더는 발언자의 아이디어에 대해 비난하거나 비웃는 사람이 있을 때 호루라기, 종, 빨간 깃발 등을 사용하여 주의를 준다.

• 10-15분가량 지났는데 아이디어가 계속해서 나오지 않을 때는 리더가 그때가지 나온 내용을 읽어 주고 그것을 바탕으로 새로운 생각을 떠올릴 수 있도록 도와준다.

• 어느 정도 토의가 진행되고 나서 아이디어를 내는 사람이 더 이상 없다면 리더는 참가자에게 토의를 마쳐도 좋은지 물어보고, 모든 사람이 동의할 경우에는 발표된 아이디어를 모아서 정리해본다. 그리고 추가하고 싶은 내용이나 의문나는 내용이 있으면 더 발표한 후 토의를 끝낸다.

③ 사후활동

• 브레인스토밍 활동 후에는 평가시간을 갖는 것이 좋다. 평가방법의 예를 들자면, 브레인스토밍이 끝난 후에 구성원은 모든 아이디어를 기록한 복사물을 받게 된다. 이것은 나중에 더 깊이 탐구하여 생각을 결합하고 앞으로 유용한 아이디어의 최종적 선택을 위해 사용될 수 있다. 이러한 평가와 선택은 브레인스토밍 시간 후에 각각의 구성원이나 선발된 위원이 하도록 한다. 뒤늦게 떠오른 아이디어나 사고에 대해서는 브레인스토밍 후에 재정리의 시간을 갖는 것도 좋은 생각이다. 평가되거나 최종 선택된 아이디어를 실행하기 위하여 계획을 세우고, 아이디어를 발전시키고, 이행하도록 소집단이나 대집단 활동을 하게 된다. 이를 위하여 제2차 브레인스토밍이 진행될 수도 있다. 예를 들어 그림 3-4의 주제 2의 '만약에 나에게 낡은 자동차가 한 대 있다면'으로 브레인스토밍을 한 결과, '유치원 놀이터에 낡은 자동차를 갖다 놓겠다. 그래서 어린이들이 놀 때, 낡은 자동차를 다양한 방법으로 재미있게 갖고 놀도록 하고 싶다'라는 특별한 의미있는 아이디어가 나올 경우 '유치원 놀이터에 낡은 자동차를 활용하는 방안'으로 2차 브레인스토밍을 할 수 있을 것이다.

④ 유의 사항

브레인스토밍을 진행하는 과정에서 문제 상황이 발생할 수 있다. 예를 들면 자신이 생각한 아이디어를 집단구성원에게 발표하는 시간까지 기다리는 대기시간으로 인해 아이디어가 차단된다든가, 다른 구성원의 사고 영향을 받아서 유사한 특정 패턴으로 사고가 정형화 및 획일화 될 수 있다. 또 규칙이 완전히 이해되지 않은 상태라면 평가에 대한 불안이 발생할 수 있으며, 집단이 공동으로 아이디어를 낼 때, 내가 아니더라도 누군가 문제에 대한 해결책을 내놓을 것이라는 기대로 인하여 비참여적인 행동을 나타낼 수 있다. 그러므로 리더는 브레인스토밍 하기 전에 구성원의 성격, 직업적 특성, 연령 등을 토의 주제에 따라 어떻게 집단을 구성하여 진행할 것인지 충분히 고려해야 한다.

브레인스토밍의 주제는 생각의 자유를 허용할 수 있는 정도로 폭이 넓어야 한다. 예를 들면 "회사 구성원의 결속력을 증진시킬 수 있는 방법은 무엇인가?" 혹은 "모두가 다니고 싶은 즐겁고 신나는 회사로 만드는 방안은?" 라는 질문을 하는 것이 좋다. 브레인스토밍은 어느 곳이든 어느 영역이든 누구든 아무런 부담없이 자유롭게 질문하고 아이디어를 산출할 수 있는 장점이 있다. 또한 누구든 접근하기 쉽고 편안한 분위기에서 사고를 촉진하고 짧은 시간에 많은 아이디어를 산출할 수 있는 가장 많이 사용되고 효과적인 창의적 사고를 촉진하는 발산적 사고 기법이다.

<표 3-2> 아이디어 생성을 위한 브레인스토밍

<참가자들에게 브레인스토밍을 위한 전달사항>

- ▶ 브레인스토밍 주제 4가지 중에서 1가지를 선택하라
- ▶ 아이디어를 많이 생각해 내는 것이 목적이다. 아이디어의 질은 따지지 말고 무조건 많은 아이디어를 자유롭게 만들어 보라.
- ▶ 떠오른 아이디어는 모두 적어라. 그것을 판단하거나 비판하지 말라.
- ▶ 긴장을 풀고, 장난기 있게 하며, 심지어는 바보같이 순진하려고 애써 보라.
- ▶ 시각(견해)를 바꾸어 보라(마치 당신이 종이인 것처럼, 사막에서 길을 잃은 것처럼, 오케스트라의 지휘자인 것처럼 …하여 ~을 시도해 보라).
- ▶ '…이라면' 질문을 해 보라(예: 만약 '연필 속이 비워 있다면 어떻게 될까?', '만약 연필이 아주 크다면, 아주 작다면, 또는 둥글게 만든다면… 어떻게 될까?' 등등)

주제 1
연필의 다른 용도

주제 2
만약 낡은 자동차가 한 대 있다면

주제 3
동그랗고 말랑말랑한 공을 신체에 활용하는 방안

주제 4
만약 나에게 날개가 달렸다면

[그림 3-4] 브레인스토밍 주제

<브레인스토밍 > ★ 1. 연필을 다른 용도로 활용할 수 있는 방안은 ?

※ 시간은 5분입니다. 이제 시작해 보세요.

<표 3-3> 소집단 브레인스토밍 기록지

• 날 짜	
• 리더자	
• 기록자	
• 참가자	
• 주 제	
• 아이디어	01.
	02.
	03.
	04.
	05.
	06.
	07.
	08.
	09.
	10.
	11.
	12.
	13.
	14.
	15.

<브레인스토밍> ★ 2. 만약 나에게 낡은 자동차가 한 대 있다면?

※ 시간은 5분입니다. 이제 시작해 보세요.

<표 3-4> 소집단 브레인스토밍 기록지

• 날 짜	
• 리더자	
• 기록자	
• 참가자	
• 주 제	
• 아이디어	01.
	02.
	03.
	04.
	05.
	06.
	07.
	08.
	09.
	10.
	11.
	12.
	13.
	14.
	15.

<브레인스토밍> ★ 3. 동그랗고 말랑말랑한 공을 신체에 활용하는 방안은?

※ 시간은 5분입니다. 이제 시작해 보세요.

<표 3-5> 소집단 브레인스토밍 기록지

• 날 짜	
• 리더자	
• 기록자	
• 참가자	
• 주 제	
• 아이디어	01.
	02.
	03.
	04.
	05.
	06.
	07.
	08.
	09.
	10.
	11.
	12.
	13.
	14.
	15.

<브레인스토밍> ★ 4. 만약 나에게 날개가 달렸다면 ?

※ 시간은 5분입니다. 이제 시작해 보세요.

<표 3-6> 소집단 브레인스토밍 기록지

• 날　짜	
• 리더자	
• 기록자	
• 참가자	
• 주　제	
• 아이디어	01.
	02.
	03.
	04.
	05.
	06.
	07.
	08.
	09.
	10.
	11.
	12.
	13.
	14.
	15.
	16.
	17.
	18.

2. 결점열거법

결점열거법은 미국의 제너럴 일렉트리사의 자회사 호르포인트 회사에서 나온 발상법으로 토론자가 모여서 제품의 아주 작은 흠이라도 모조리 열거하면서 가능한 많은 단점을 찾아내는데서 시작되었다. 결점 자체를 찾는 것이 창의성이라고 말할 수는 없지만, 이렇게 결점을 떠올리다 보면 이를 해결하기 위해 다양한 해결책을 생각해 내게 되고 새로운 아이디어를 찾아낼 수 있게 된다. 현재의 상태에 만족하지 않고 결점을 들춰내는 것에서 시작하여 새로운 아이디어를 찾는 방법을 '결점열거법'이라고 한다. 결점열거법은 매번 새로운 문제점을 찾아내어 브레인스토밍을 하여 더욱 좋은 제품을 개선하거나 태도 등을 개선해 보는 발상법으로 내용이 쉽고 진행하기가 간단하다. 결점열거법을 진행할 때는 첫째, 대상을 제시하거나 구성원과 함께 주제를 선택해 본다. 둘째, 선택된 대상의 결점을 찾는다. 셋째, 더 나아가서는 결점을 찾는데 그치지않고 보완하기 위해서 어떻게 바뀌면 좋을 것인가에 관련된 아이디어를 산출해 보는 것이 좋다.

주제 : 정수기의 불편한 점(결점, 흠)을 찾아보세요.

- 공간을 너무 많이 차지한다.
- 수도꼭지가 너무 높은 데 있다.
- 물이 컵에 제대로 안 떨어진다.
- 물이 너무 차갑다.
- 물이 너무 뜨겁다.
- 주변에 물이 흥건하게 고여 더럽다.
- 정수기 속의 물이 더럽다.

[그림 3-5] 결점열거법의 적용 예시

리더는 활동을 진행하기 전에 제시할 주제의 결점을 나열해 보고, 분석해 보는 것이 필요하다. 진행 중에 아이디어가 잘 나오지 않을 경우, 리더는 미리 분석해 놓은 것을 토대로 적절한 때에 힌트를 주어 적극적으로 도와줄 수 있도록 한다.

주제 : 세탁기의 불편한 점(결점, 흠)을 찾아보세요.

-
-
-
-
-
-
-
-
-
-
-

[그림 3-6] 결점열거법의 적용 활동

3. 결점제거법

결점제거법은 먼저 모든 결점들을 나열하고 난 다음 단계로 결점을 제거시킬 수 있는 아이디어를 생각해 낸다. 창의력이란 완전히 새로운 것을 만들어내는 능력만을 의미하지는 않는다. 기존의 것을 향상시키거나 재설계하는데 창의력이 필요하다. 그리고 그것의 결점을 찾아내고 결점을 보완해야 한다. 그러나 결점에 대한 불평으로 끝나지 않고 그 결점을 제거하려는 의도적인 노력을 해야 한다.

결점에는 2가지 관점이 있다. 하나는 두드러져 눈에 쉽게 띄는 결점이고 다른 하나는 있어야 할 것이 없는 경우이다. 두 번째 경우의 결점은 찾기 힘든 경우가 많다. 예를 들면 도로에서 옆의 다른 차량의 운전자와 대화가 필요한 경우가 발생하는데 다른 차와 접촉할 장치는 단지 깜박이 이외는 아무 것도 없다. 그런데도 불평을 하는 사람은 거의 없다. 이 기법은 비판을 요구하는 논술을 써야하거나 새로 제안된 아이디어를 개선시키는데 효과적으로 사용할 수 있다.

2가지 절차를 거치는데 첫 번째 절차는 먼저 모든 결점들 즉, 흠이 되거나 잘못된 것, 있으면 더 좋을 것 등을 나열한다. 두 번째는 찾아서 나열한 결점을 하나씩 차례대로 제거할 방법을 강구한다. 앞의 결점열거법에서 이미 정수기의 결점으로 열거한 사항에 기초하여 정수기의 결점을 제거하는 방법을 찾아내어 나열해본다.

주제 : 정수기의 불편한 점(결점, 흠)을 제거해 보세요

- 부피를 보다 단순하고 가볍게 줄인다.
- 수도꼭지 높이 조절을 가능하게 한다.
- 수도꼭지와 컵이 일직선이 되도록 고정시킨다.
- 차가움, 따뜻함 양자를 조절 가능케 한다.
- 흘러내린 물이 자동으로 아래로 흐르도록 처리한다.
- 정수기 물의 청결도를 알 수 있는 장치를 부착한다.

[그림 3-7] 결점제거법의 적용 예시

리더는 활동을 진행하기 전에 지난번에 실시한 결점열거법에서 도출된 결점을 분석해서 각각의 결점에 대한 제거법을 사전에 알고 진행하는 것이 필요하다. 그리고 진행하는 동안 아이디어가 잘 나오지 않을 경우, 리더는 미리 찾아서 알고 있는 제거법을 토대로 적절한 때에 힌트를 주어 적극적으로 도와줄 수 있도록 한다.

주제 : 세탁기의 불편한 점(결점, 흠)을 제거해 보세요.

-
-
-
-
-
-
-
-
-
-
-

[그림 3-8] 결점제거법의 적용 활동

4. 희망열거법

희망열거법은 하고 바라는 희망을 찾아보는 것으로 만족한 사물이나 상황에 대해 좀 더 바람직한 눈으로 희망사항을 나열해 아이디어를 이끌어 내는 기법이다. '이런 것이 있으면 좋겠다', '이렇게 되어주면 좋겠다'는 희망을 생각해 보는 것이다. 이는 적극적인 방법으로 창의적인 문제해결을 해보게 하는 것이다. 이렇게 희망사항을 열거하다 보면 리더가 기대했던 것 이상의 것을 얻을 수 있다. 희망열거법을 진행할 때는 첫째, 대상을 제시하거나 자유롭게 선택해 볼 수 있다. 둘째, 대상에 대한 희망사항을 떠올려 본다. 이렇게 하다보면 편리하게 개선할 수 있는 좋은 아이디어를 얻을 수 있다. 더 나아가서 희망에 따라 변화된 대상을 표현해 볼 수 있도록 한다.

주제 : 이런 신발이 있으면 좋겠다

▶

- 재미있는 소리가 나는 신발
- 발 냄새가 나지 않는 신발
- 떨어지지 않는 신발
- 굽이 닳지 않는 신발
- 넘어지는 것을 방지할 수 있는 신발

[그림 3-9] 희망열거법의 적용 예시

주제 : 이런 신발이 있으면 좋겠다.

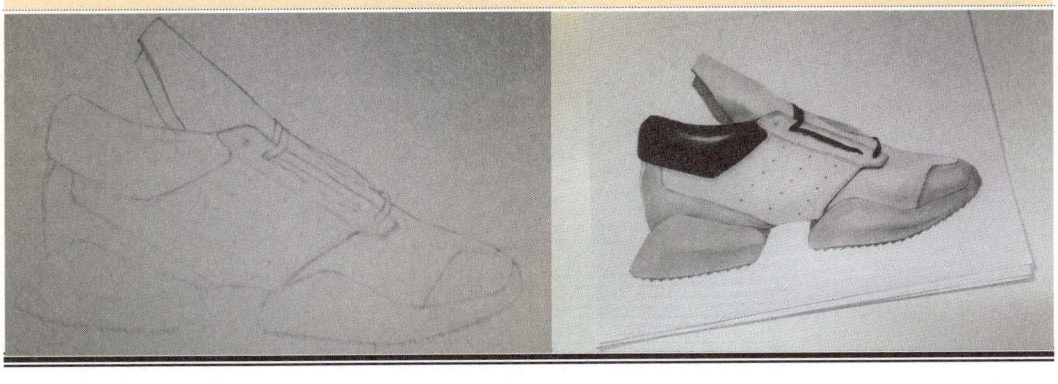

[그림 3-10] 희망열거법의 적용결과에 의한 변화된 신발 그리기 예시

리더는 구성원들이 자유분방한 분위기에서 활발한 사고가 일어날 수 있도록 유도해 주고, 나열된 희망 아이디어를 보고, 보완하기 위해 아이디어를 다시 생각하여 적극적인 아이디어가 나오도록 유도한다.

주제 : 이런 시계가 있으면 좋겠다.

▶

-
-
-
-
-
-
-
-

[그림 3-11] 희망열거법의 적용 활동

주제 : 이런 시계가 있으면 좋겠다.

[그림 3-12] 희망열거법의 적용결과에 의해 변화된 시계 그리기

5. 색다른 용도법

색다른 용도법은 원래의 용도 외에 다른 용도로 사용할 수 있는 방법을 찾아보게 하는 것으로, 창의적 사고의 개발에 많은 도움이 된다. 즉, 원래용도 이외의 다른 용도로 전환시키는 능력을 발전시켜 궁극적으로는 창의성을 신장시킬 수 있도록 한다. 토란스(Torrance)가 개발한 창의성 검사 도구에는 '색다른 용도법(Unusual uses)'이라는 활동이 있는데, 주로 주변에서 흔히 볼 수 있는 물건을 원래의 용도 이외의 방법으로 사용하도록 아이디어를 유도하는데 주안점을 두고 있다. 토란스(Torrance)는 7가지 종류의 활동을 통해서 창의성을 측정하고 있는데, 그 중에 한 가지가 '깡통을 색다른 용도로 사용하기'와 '상자를 색다른 용도로 사용하기'로 구성되어 있다. 전자는 B형 검사도구이고 후자는 A형 검사도구인데 각각 채점방식이 다르다. 실제로 색다른 용도 법에서는 빈 깡통이나 상자 뿐 아니라 신문지나 종이 한 장을 가지고도 훌륭한 활동을 할 수 있다. '신문지의 용도는 무엇인가?'라는 활동이 창의성 검사의 한 활동으로 제시된 것도 있다.

색다른 용도법의 진행방법은 다음과 같다. 첫째, 어떤 사물을 제시한다. 구성원이 흥미를 갖도록 유도하기 위해 재미있는 설정을 해주는 것이 좋다. 예를 들면 제2의 인물이나 드라마 속 주인공을 등장시켜서 우리가 살지 않는 미지의 세계나 장소에서 이 물건이 색다르게 사용된다면 어떤 용도일까 생각하게 한다. 아이디어를 떠올린다. 이 활동을 전개할 때는 무엇보다도 구성원이 자신의 생각을 자유롭게 이야기 할 수 있는 분위기를 조성해 주고 구성원의 생각을 수용하고 격려해 주는 것이 중요하다.

색다른 용도법에서는 다른 사람들이 생각할 수 없는 특이한 생각을 할 수 있도록 격려해 주어야 한다. 가지 수가 많은 것도 좋지만, 독특한 아이디어가 나올 수 있도록 유도하는 것이 중요하다. 처음에는 많은 가지 수를 떠올리려고 노력 하겠지만 시간이 지나면 독특한 아이디어를 내려고 노력하는 자세를 갖도록 하는 것이 필요하다. 그리고 색다른 용도법에서 환상적이고 불가능한 듯한 용도로 사용할 수 있는 아이디어가 기초적인 단계에서는 수용하지만 익숙해진 상태에서는 지양해야 할 사항이다. 실제로 토란스 창의성 검사는 이러한 반응에 점수를 주지 않고 있다. 예를 들면 상자로 사람 집을 만든다거나 경주용 차를 만드는 아이디어는 유창성(아이디어의 수) 점수로 계산되지 않는다.

그러나 동물이나 곤충의 집은 유창성 점수를 받을 수 있다. 그러므로 아이디어를 낼 때는 가지 수도 많고 여러 유형의 아이디어를 내는 것도 좋지만 너무 비현실적이거나 괴리감이 있는 것은 피하는 것이 필요하다. 셋째, 구성원들이 모든 아이디어를 살펴보고 그 중에서 가장 독특한 것은 무엇인지, 누가 아이디어를 가장 많이 떠올렸는지 등에 대하여 살펴볼 수 있다.

색다른 용도법을 처음 적용할 때는 일상생활에서 흔히 볼 수 있는 사물을 이용하면 친근감을 주고 또 나름대로 재미있는 방법을 상상할 수 있는 장점이 있다. 처음에는 익숙하고 간단한 것에서 시작하여 복잡하고 어려운 것으로 확장해 갈 수 있도록 계획하는 것이 좋다.

문제 : 칫솔로 이 닦는 것 외에 다른 용도로 사용할 방법은?

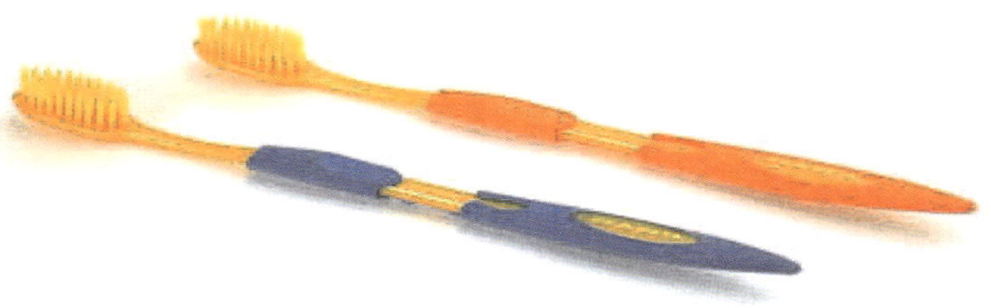

01. 구둣솔	11.
02. 구두주걱	12.
03. 머리빗	13.
04. 옷 터는 솔	14.
05. 악기채	15.
06. 망치	16.
07. 효자손	17.
08. 젓가락	18.
09. 엄마 회초리	19.
10. 장난감	20.

[그림 3-13] 색다른 용도법 적용 예시 및 적용 활동

6. 목록표 작성법(Listing Techniques)

목록표 작성법은 화이팅(Whiting)이 창안한 '강제결합법(Forced Relationship)'의 하나로 억지로 관계를 맺어보도록 하는 방법으로 어떤 사물이나 아이디어를 색다르게 생각해보는 능력을 계발하도록 돕는 연합사고 활동이라고 할 수 있다. 즉,

문제를 창의적으로 해결하기 위해 전혀 관계가 없어 보이는 아이디어나 물건을 강제로 연관시키는 훈련방법을 통해 창의적 사고를 신장시키고자 한다. 강제결합법에는 목록표 작성법, 카탈로그 기법, 집중된 관계, 임의의 강제결합법 등이 있다. 여기서는 목록표 작성법을 다루고자 한다. 목록표 작성법을 진행할 때는 첫째, 문제를 제시하고 목록을 만든다. 먼저 구성원에게 문제를 제시한 후, 여러 가지 사물이 목록화 되어 있는 표를 나눠준다. 표는 리더가 미리 준비해 온 것일 수도 있고 리더와 구성원이 함께 만들 수도 있다. 이러한 목록은 제시된 문제와는 아무런 관계가 없는 것이 좋다. 문제를 소개하기 전에, 먼저 목록을 준비하는 이유는 구성원들이 관계있는 사물을 고르는 경향을 줄일 수 있기 때문이다. 둘째, 제시된 목록을 문제와 차례로 연결시켜 본다. 이 때, 사물끼리 연결 지을 필요는 없다. 자유연상법을 사용하여 처음 떠오르는 생각에 의해 관계를 지으면 된다. 이렇게 관계 지어진 것의 평가는 아이디어를 결합하는 과정에서는 하지 않도록 한다. 셋째, 아이디어를 평가한다. 관계 지은 아이디어를 모두 기록한 다음에 구성원들은 그것을 보고 수정 가능한지 혹은 그 아이디어를 발전시킬 수 있는지 또는 실행에 옮길 수 있는 것인지를 평가해 본다. 이때 평가는 플러스(+) 또는 마이너스(-) 표시로 기록할 수 있다.

문 제
편식을 줄이려면

목록 표
왕 자
고무줄
화장지
신 문
냄 비

목 록	연결내용	평 가
왕 자	편식을 하지 않을 때마다 아동의 기분이 좋아지도록 '왕자'라고 불러준다.	+
고무줄	편식을 하지 않을 때마다 예쁜 색 고무줄을 선물로 준다.	+
화장지	밥을 먹을 때 입 주변을 화장지로 깨끗이 닦아준다.	-
신 문	신문에서 편식을 하여 영양실조에 걸린 기사를 읽어준다.	+
냄 비	편식을 하면 냄비로 시끄러운 소리를 만들어 들려준다.	+

[그림 3-14] 목록표 작성법 적용 예시

문 제
흡연을 줄이려면

목록 표
- 공 주
- 사 과
- 선글라스
- 데이트
- 자 전 거

목 록	연 결 내 용	평 가
공 주		
사 과		
선글라스		
데이트		
자 전 거		

[그림 3-15] 목록표 작성법 적용 활동

7. 카탈로그 기법

카탈로그 기법은 앞에서의 목록표 작성법과 매우 유사하다. 첫째, 문제의 진술이 이루어져야 한다. 둘째, 문제 해결책과 연결시켜 생각해 볼 사물을 무작위로 카탈로그로부터 뽑아 관계를 구성해본다. 이 때, 카탈로그 페이지를 무작위로 펼쳐 보고 어떤 사물이든 임의로 뽑아 쓸 수 있다. 그리고 이 사물은 문제의 진술에 맞춰서 관계를 볼 수 있는 것이다. 셋째, 표로 작성했던 앞 방법과 같이 평가, 발달, 실행의 단계를 거친다.

문 제
새로운 친구를
사귀려면?

카탈로그	연 결 내 용	평 가
	공을 가지고 새로 만난 친구와 재미있게 놀이한다.	+

[그림 3-16] 카탈로그 기법 적용 예시 및 적용 활동

8. 스캠퍼(SCAMPER) 기법

스캠퍼 기법은 오스본(Osborn)이 제안한 동사 체크리스트를 보완하여 밥 에버리(Bob Eberle)가 고안하였다. 스캠퍼 기법의 각 내용은 외우기도 쉽고 실생활에 많은 도움을 주기 때문에 창의성 함양에 널리 사용되어 왔다. 스캠퍼 기법은 7개 단어의 약자로 구성되어 있으며, 특정 대상이나 특정 문제에서 출발해서 그것을 변형시키는 방법으로 아이디어와 상상력을 동원하도록 도와주는 체크리스트 기법이다. 이 기법을 활용하면 용도를 개발하거나 품질을 개선하거나 실용성을 증진하는 등의 아이디어 계발에 유용하다. 스캠퍼 기법을 진행하기 위해서는 7개 약자에 대한 의미를 정확하게 이해할 필요가 있다.

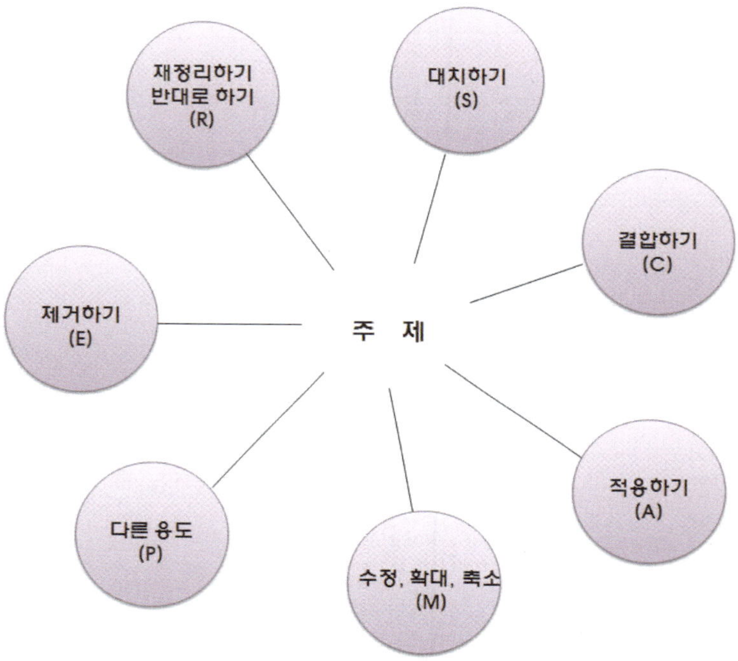

[그림 3-17] 스캠퍼 기법의 7가지 관점을 활용한 아이디어 전개

그림 3-17은 스캠퍼 기법의 7가지 관점을 활용하여 아이디어를 전개를 할 수 있도록 한 눈에 볼 수 있도록 펼쳐서 그림으로 나타낸 것이다. 스캠퍼 기법을 쉽게 이해하고 접근하여 적용하는데 도움이 될 것이다. 그리고 스캠퍼 기법을 진행할 때는 다음과 같은 점에 유의하여야 한다. 첫째, 문제나 주제를 확인한다. 둘째, 문제나 주제를 스캠퍼 목록에 맞추어 어떤 새로운 아이디어가 나올 수 있는지 살펴본다. 가능한

모든 창의적인 생각을 표현해 볼 수 있도록 한다. 스캠퍼의 7가지 관점을 잘 활용할 수 있는 질문을 사용하여야 한다. 예를 들면 'TV'를 스캠퍼 기법의 주제로 활용한다면 스캠퍼 기법의 7가지 관점에 적합한 다음과 같은 질문을 할 수 있어야 한다.

SCAMPER 기법
• S: (Substitute? **대치시키면?**) - **대치하기** 다른 누구로?, 다른 무엇으로?, 다른 성분으로?, 다른 재료로?, 다른 과정으로?, 다른 에너지로?, 다른 장소로?, 다른 접근법으로, 다른 음성으로?… • C: (Combine? **결합하면?**) - **결합하기** 혼합하면?, 합금하면, 아이디어를 조합하면, 구색을 갖추면, 앙상블을 만들면? 목적을 합하면?, 단원을 조합하면?… • A: (Adapt, **맞도록 고치면?**) - **적용하기** 번안하면? 각색을 하면? 이것과 비슷한 것은?, 이것은 어떤 아이디어를 시사하는가? 과거의 것과 비슷한 것은?, 베낄 수 있는 것은?, 내가 흉내낼 수 있는 사람은?… • M: (Modify-Magnify-Minify, **수정-확대-축소하면?**) - **수정 · 확대 · 축소하기** 확대시키면?, 빼면, 변형시키면, 의미, 색깔, 소리, 향기, 형태 등을 바꾸면?, 빈도를 높이면?, 더 강하게 하면, 더 길면, 생략하면?, 간소화?, 분리?, 작게(가볍게, 쉽게, 짧게)하면?, 속도를 늦추면?, 분할하면?, 횟수를 줄이면? • P: (Put to other uses?, **다른 용도는?**) - **다른 용도로 사용하기** 다른 사용 용도는?, 수정하면 다른데 사용 가능?, 맥락을 바꾸면? 모양, 무게 또는 형태로 보아 다른 용도는?… • E: **제거하기**(Eliminate?, **제거하면?**) - **제거하기** 이것을 없애 버리면? 부품 수를 줄이면?, 압축시키면?, 낮추면?, 더 가볍게 하면?, 없어도 할 수 있는 것은?… • R: **재정리하기**(Rearrange-Reverse?, **재정리-반대로 하면?**) - **재정리하기-반대로 하기** 거꾸로 하면?, 반대로 하면?, 역할을 바꾸면?, 위치를 바꾸면? 다른 순서는? 보조를 바꾸면?, 스케줄을 바꾸면?, 원인과 결과를 바꾸면?…

- S(대치하기) : 'TV 대신 사용할 수 있는 것은?'
- C(결합하기) : 'TV 에 어떤 기능을 결합하면 TV가 더욱 잘 팔리게 될까?
- A(적용하기) : 'TV의 리모컨을 쉽게 찾기 위해서는 어떻게 해야 할까?'
- M(수정하기) : '텔레비전을 더 작게 만들 수 있을까?'
- P(다른 용도로 사용하기) : 'TV를 다른 용도로 활용할 수 있을까?'
- E(제거하기) : 'TV에서 없애도 되는 불필요한 기능은 무엇일까?
- R(재정리하기 반대로 하기) : 'TV 모양을 새롭게 창조해 보자'

이와 같이 스캠퍼 기법은 주어진 질문의 패턴에 따라 사고를 전개 시키므로 초보자도 쉽게 활용할 수 있고 문제 인식을 습관화할 수 있다. 주변에서 나타나는 불편한 점을 볼 때마다 '좀 더 가벼우면?, 좀 더 길면?' 하는 식으로 질문을 던져보면 일상생활을 편리하게 해 줄 유용한 아이디어를 만들어 낼 수 있다.

그리고 스캠퍼 기법을 활용할 때는 스캠퍼 주제와 관련된 7가지의 질문을 하나씩 말하고 바로 사물을 개선하는 활동을 시작하기 보다는 이에 앞서서 각 질문 목록에 해당하는 내용을 일상생활이나 주변의 경험에서 찾아보는 활동을 먼저 하는 것이 좋다. 이는 스캠퍼 기법에 대한 충분한 이해를 도울 수 있을 뿐 아니라 스캠퍼 기법이 생활 속에서 어떻게 적용되고 있는지 쉽게 알 수 있는 기회가 된다.

예를 들면 축소하기가 적용된 물건은 휴대전화, 이어폰, 휴대용 헤어 드라이기, 소형 라디오 등이 있다는 것을 찾을 수 있도록 한다. 또 시간을 단축하여 조리할 수 있는 것으로는 컵라면, 3분 카레, 햇반 등이 있다. 또한 대치하는 것으로는 유리컵은 종이컵으로, 약수터가 정수기로, 뒤주가 플라스틱 쌀통으로, 안경은 콘택트렌즈로, 모유가 분유로, 창호지 창문을 이중창문으로 등등을 찾아보는 활동이 선행되면 참가자들은 훨씬 쉽게 질문에 적응하고 아이디어를 촉진할 수 있다. 따라서 7가지 관점의 질문을 하기 전에 1가지 질문마다 워밍업으로 유사한 사례 찾아보기를 먼저 한 뒤에 주제 및 문제와 관련된 주제로 들어가면 훨씬 진행이 수월하다.

다음 장에 제시된 그림 3-18의 스캠퍼 기법 활동지에 '우산'을 주제로 스캠퍼 기법을 적용하여 창의적인 아이디어를 산출하여 그 결과를 스캠퍼 기법 활동지의 각 빈칸에 작성해 보자. 활동지는 20분 동안에 작성하도록 한다. 참가자들의 진행 상황을 보면서 시간이 더 필요한지 참가자에게 의견을 물어 보고 시간을 5분씩 늘려 나간다.

활동 : 우산을 스캠퍼 기법 요소에 따라 바꿔 보세요.

우산

대치

결합

적용

변형

다른 용도

제거

반대, 재정리

[그림 3-18] 스캠퍼 기법 활동지

1. 대치하기(Substitute)

무엇으로 대치할 것인가?

- 큰 토란잎을 모자처럼 머리에 씌워요.
- 신문지를 우산처럼 만들어요.
- 박스로 막아요.
- 가방으로 가리고 가요

2. 결합하기(Combine)

무엇으로 결합할 것인가?

- 비닐커튼을 달아서 몸 전체가 비에 젖지 않도록 해요.
- 게임기를 달아서 심심할 때 해요
- 프로펠러를 달아서 날 수 있게 해요
- 손전등을 달아서 어두울 때 비춰요

3. 적용하기(Adapt)

목적이나 조건에 맞게 어떻게 조절할 것인가?

- 우산대의 높이를 키에 따라 조절가능하게 만들어요.
- 손잡이에 안마기를 달아요.
- 비가 들어오지 않게 크게 만들어요.
- 손잡이가 안 미끄러지게 만들어요.

4. 수정하기(Modify), 확대하기(Magnify), 축소하기(Minify)

어떻게 수정하고 확대하고 축소할 것인가?

- 우산대 중간에 발판을 접었다 폈다 할 수 있게 만들어서 스카이콩콩처럼 점프해요.
- 별모양 우산으로 만들어요(수정하기).
- 크게 만들어서 배로 타고 놀아요(확대하기).
- 작게 만들어서 팽이로 돌리고 놀아요(축소하기).

5. 다른 용도로 사용하기(Put to other uses)

다른 용도로 사용한다면?

- 손이 닿지 않는 곳의 물건을 꺼낼 이용해요
- 모래 놀이할 때 우산으로 땅을 파요.
- 도둑을 잡을 때 사용해요.
- 팽이, 방패, 바람개비, 지팡이, 칼싸움.

6. 제거하기(Eliminate)

제거하는 것은 어떠한가?

- 받침대 철사와 손잡이 제거하고 노끈과 돌덩이를 매달아 낙하산처럼 하늘로 던져요.
- 윗부분에 구멍을 내서 투명하게 해서 하늘이 보이게 만들어요.
- 손잡이 부분을 없애요.

7. 재정리하기(Rearrange), 반대로 하기(Reverse)

어떻게 하면 순서, 형식, 구성을 바꿀 수 있나? 반대로 하는 것은 어떠한가?

- 천정에 매달아 팥주머니 던지기 놀이해요.
- 뒤집어 옷을 걸게 해요.
- 우산 끝에 과자를 달아서 과자 따먹기를 게임을 해요.
- 아기들이 잠잘 때 침대 위에 걸어줘요.

삽화: 고은별(2015)

[그림 3-19] 스캠퍼 기법을 우산에 적용한 예

그림 3-18의 우산과 관련된 스캠퍼 기법 활동지 작성이 끝나면 그림 3-19 혹은 옆에 있는 사람이 작성한 것과 서로 아이디어를 비교하고 공유하는 시간을 갖는다. 어떤 아이디어가 보다 질 좋은 문제해결인지, 아니면 보다 창의적인 방법인지, 또는 보다 경제적인지 등에 대해 종합적으로 분석해 보는 시간을 갖는다.

9. 조합법

조합(Combination)이란 별개로 존재하는 두 개 이상의 아이디어를 하나로 묶어 각각의 가치를 합한 것보다 더 값진 것을 생성하는 과정이다. 조합법의 기법은 기존의 아이디어를 2개 이상 조합하여 제3의 새로운 아이디어를 생성하는 것이다.
이 기법의 유용성은 이미 많은 유명 발명품들이 조합법의 기법을 이용하여 만드어졌다는 것이 이를 증명한다(예: 최초의 자동차 = 세발자전거 + 휘발유 엔진). 그럼, 어떤 것들을 조합시켜야 할까?, 경우에 따라서는 전혀 무관한 것들을 조합시켜 볼 수도 있고 또 경우에 따라서는 가능한 유용한 것들을 조합시켜 볼 수 있다. 또한 더욱 값어치 있는 아이디어가 생성되려면 어떤 조합이 필요한지를 고려하여 조합을 고려하고 시도해 볼 수 있다.

절차는 ① 조합시킬 수 있는 것들을 결정한다. ② 조합시킨 결과를 음미해본다. 이 2가지 과정에 의해 이루어진다.

조합법의 이해 및 적용 활동

- **조합법 개념:** 창의적 아이디어를 생성하는 또 하나의 과정은 조합이다. 별개로 존재하는 제품들을 하나로 묶어 각각 가지고 있는 가치보다 더욱 값진 것을 만들어 내는 과정이 조합이다.

- **조합법 성공 사례**
  - 집이라는 아이디어와 자동차라는 아이디어를 조합하여 이동식 집이라는 아이디어가 생겨났다(예: 캠핑카).
  - 물고기라는 아이디어와 소시지라는 아이디어의 조합으로 오뎅이라는 아이디어가 생겨났다.
  - 전화라는 아이디어와 TV라는 아이디어의 조합에서 비디오폰이 생겨났다.
  - 자전거와 휘발유라는 아이디어를 조합하여 오토바이가 생겨났다.

- **조합법 적용 활동**
  - 학교라는 아이디어와 호텔이라는 아이디어를 조합하여 어떤 아이디어가 생겨날까?

☞

- 어린 소년 하나가 급류에 빠졌다. 이 소년을 구조하는데 이용할 수 있는 것은 다음 보기 중, 2가지뿐이다. 어느 것 2가지를 이용해야 할 것 같은가?

<u>보기 : 우산, 축구공, 밧줄, 낚시대, 자전거</u>

☞

- 다음 보기에 있는 모든 것을 조합하여 이들 모두가 들어가는 이야기를 만들어 보라.

보기 : 절름발이개, 경찰, 껌 하나, 2명의 제복 차림의 간호사

☞ 이야기를 한 문장씩 만들어 봅시다.

•
•
•
•
•
•
•
•
•
•
•
•
•

- 다음 보기에 있는 것 중, 2개를 조합하여 새로운 어떤 것을 만들어 보라. 이런 식으로 해서 몇 개의 쌍이 가능한가?

보기 : 롤러스케이트, 쓰레기통, 사다리, 빗자루, 천막, 페인트 붓, 정원용 호스

☞ 단어 2개씩 조합해서 새로운 아이디어를 만드는데 몇 쌍의 조합이 이루어졌는가?

총 ( ) 쌍

☞ 2개씩 쌍을 의미 있게 조합하여 새로운 아이디어를 5개 정도 생성해 봅시다. 2개의 단어를 쓰고 새로운 아이디어를 보기와 같이 쓰시오.

보기 : 사다리 + 빗자루 = 사람의 키에 따라 길이 조절이 가능한 밀걸레

•
•
•
•

학 습 평 가

※ 아래 각 문항의 내용을 읽고 맞는 답의 번호를 보기에서 골라 써넣으시오.

<보 기>

① 브레인스토밍	② 스캠퍼 기법	③ 색다른 용도법
④ 결점열거법	⑤ 목록표 작성법	⑥ 카탈로그 기법
⑦ 희망열거법	⑧ 조합법	⑨ 결점제거법
⑩ 히치하이킹(Hitchhiking)		

Q 1. 관계가 없는 아이디어나 물건을 강제로 연관시켜서 아이디어를 내는 기법 3가지는?
(/ /)

Q 2. 물고기라는 아이디어와 소시지라는 아이디어를 합하여 오뎅이라는 아이디어를 내는 기법은? ( )

Q 3. 브레인스토밍에서 다른 사람의 아이디어에 착안하여 자신만의 아이디어를 내거나 2개 이상의 아이디어를 결합하여 제3의 아이디어를 내놓는 것을 무엇이라고 하는가? ( )

Q 4. 브레인스토밍에서 지켜야 할 4가지 규칙에 해당하지 않은 것은? ( )
① 창출된 아이디어를 비난해서는 안 된다.
② 아이디어는 많을수록 좋다
③ 아이디어의 수 보다 질 좋은 아이디어를 내는 것이 더 중요하다.
④ 아무리 황당하고 우스운 질문이라도 수용해야 한다.

Q 5. 유리컵이 종이컵으로, 약수터가 정수기로, 안경이 콘택트렌즈로 변화된 것은 스캠퍼 기법 중에서 어느 것에 적용한 것인가? ( )
① 축소하기
② 대치하기
③ 결합하기
④ 제거하기

****

정 답	1. ⑤, ⑥, ⑧ 2. ⑧ 3. ⑩ 4. ③ 5. ②

04 Chapter
논리적 사고란 무엇인가?

1. 논리적 사고의 필요성

우리는 일상생활 및 직장에서 의사소통을 위해 매일 순간순간 메시지를 교환한다. 그러한 과정에서 우리는 타인에게 어떻게 하면 내 생각을 논리정연하고 설득력 있게 정리해서 말할 수 있을까 혹은 어떻게 내 생각을 잘 정리해서 쓸까를 고민한다. 그리고 스스로는 논리적으로 말하는 것, 논리적으로 쓰는 것에 신경을 쓰면서도 자신의 생각이 마음먹은 대로 상대방에게 전해지지 않는다고 고민을 하는 직장인이 적지 않다. 이와 같이 우리는 타인에게 또는 직장 상사에게 무엇인가 생각이나 일에 대한 내용을 설명하거나 보고하며 전달해야 하는 경우가 종종 있다. 이 때 바로 우리는 논리적인 사고가 요구되고 굉장히 필요하다는 것을 느낄 수 있다.

논리적인 사고를 잘하는 사람은 의사소통을 순조롭게 잘 하여 타인에게 쉽게 자신의 의견을 이해시키고 설득시킬 수 있다. 또한 일에 있어서도 문제가 무엇인지 모순을 발견하고 분석하고 평가하는 일에서도 탁월한 능력을 발휘한다. 따라서 논리적 사고를 하지 않는 사람보다 훨씬 수월하게 일을 진행시켜 일을 성사시키거나 더 큰 성과를 낼 수 있는 가능성이 높다.

특히 직업인은 직장생활에서 논리적으로 자신의 계획이나 주장을 수립하고 다른 사람을 설득시켜야 하는 경우가 있다. 똑같은 내용을 담은 기획안이라고 할지라도 논리적인 설명을 하느냐, 그렇지 못하느냐에 따라 받아들이는 사람의 반응은 많은 차이를 보일 수 있다. 그럼, 직업인에게 논리적 사고란 무엇일까? 논리적 사고는 직장생활 중에 지속적으로 요구되는 능력이다. 업무수행 중에 자신이 만든 계획이나 주장을 주위 사람에게 이해시켜 실현하기 위해서는 체계적인 설득과정을 거쳐야 하는데 이 때 필요로 하는 것이 바로 논리적 사고이다. 아래 사례들을 통해 논리적 사고의 필요성을 알아보도록 하자.

☞ **사례 4-1** ☜ "상대방이 기대하는 설득력 있는 답변"

K광고회사의 최상무는 고객사 신제품 광고 프로젝트를 진행한 팀과 최종 리뷰미팅을 가졌다. 새로운 광고가 마음에 들지 않았던 최상무는 담당 홍과장에게 질문했다. "이 광고가 전하고자 하는 메시지가 무엇이죠?" 그러자 홍과장은 "제가 말씀 드리고 싶은 것은 ○○○입니다"라고 답변했다. 하지만 최상무는 여전히 듣고 싶었던 답변을 제대로 들을 수 없었다. 무엇이 문제일까?

먼저, "제가 말씀 드리고 싶은 것은 …"이라는 말로 답변을 시작해서는 안 된다. 어찌보면 종이 한 장 차이일 수도 있지만 관점을 바꿔야 한다. '내가 말하고 싶은 것'이 아니라 '내가 답변해야 하는 과제에 대하여 상대방에게 전달해야 하는 메시지'가 중요한 것이다.

최상무가 이러한 질문을 했다면 홍과장은 이에 대해 첫째, 나에게 주어진 과제를 충실히 해냈는가, 둘째, 상대방이 무엇을 기대하고 있는가를 확인해야 한다. 이는 어떠한 일이든 과정마다 항상 생각하고 고민해야 하는 부분이다.

실제로 이러한 사례는 비일비재하다. 이 때문에 과제를 원점서 다시 시작하는 등 로스비용(금전적인 손실액)이 많이 발생하고 있는 것이다. 논리적인 사고를 한다는 것은 결국 상대방이 원하는 정확한 답변을 설득력 있게 해낼 수 있느냐, 없느냐의 여부에 달려 있다.

학습활동 ⇨ 사례발표

D 1. 일상생활에서 논리적인 사고 및 논리적인 언변술이 부족하여 문제가 발생한 적이 있었던 경험을 서로 공유해 보자.

D 2. 일상생활에서 논리적인 사고 및 논리적인 언변술로 일을 성사시키거나 원하는 것을 이룬 적이 있는가? 있었다면 그 경험을 공유해 보자.

학습활동 ⇨ 논리적 사고 연습 1

D 1. 논리적인 사고는 이슈를 명확히 하는 것이 중요하다. 이슈라는 것은 지금 생각해서 결론을 내야 할 논점은 무엇인가라는 의미로 보다 구체적으로 생각하거나 논의하는 내용을 명확히 하게 된다. 다음 사례 4-2를 읽고 주어진 질문에 답해 봄으로써 사고를 연습해 보자.

☞ 사례 4-2 ☜

A : 20대에 제안할 수 있는 일이란 어떤 것일까? 작은 업무 개선이라도 좋지 않을까?

B : 일전에 어떤 경영자와 이야기 했을 때, "이익을 내도록 할 수 있었음에도 불구하고 회사 안에서, 담당할 사람이 없다는 이유로 착수하지 못한 일이 있었어. 그것을 찾아내서 구체적으로 제안할 걸"이라는 말을 들었는데…

C : 그렇지만 같은 제안이라도 제안하는 사람에 따라 받아들여질지 어떨지 분명하지가 않아. 어떤 친구에게 기회가 돌아가도록 상사로 하여금 생각이 들게 하려면, 기본적인 일을 실수 없이 처리하고 새로운 관점의 제안을 들고 왔을 때, 가능하지 않을까?

B : 아마도 젊을 때는 모두 틀에 짜인 일을 하게 되는 경우가 많아서 귀찮다고 생각하는 일이 많겠지? 그래서 모순점이 생기는 것은 아닐까? 더욱 일을 하고 싶어하는 마음을 가지고 있으면서도 사람은 귀찮은 일을 하지 않으려고 하지.

C : 그렇게 생각하면 충분히 그럴 수 있다고 생각하는데, 스스로 아주 귀찮아한다든지, 누구든 했으면 좋겠다고 생각하는 일을 '간단한', '누구라도 할 수 있는' 일로 바꿔 갈 수 있는 계획을 생각한다면 좋지 않을까?

논리적 사고 연습 1

Q 1. 사례 4-2에서 세 사람은 무엇에 대해서 이야기하고 있는지 이 대화에서 가장 중심이 되는 이슈를 적어 보자.

Q 2. Q1 질문에 대한 대화 다음에 당신이 세 사람을 향하여 '결국 지금까지 이야기하고 있었던 것은 '[~ 는 ~ 이다]'라는 것인가?' 라고 질문한다면, 어떠한 질문을 할 것인가?

Q 3. Q2 질문에 스스로 대답한다면 어떻게 대답할 것인가? 자신의 의견과 그 이유를 간략하게 제시해 보자.

****

정 답	1. 세 사람의 대화의 중심이 되는 이슈는 간단하고, 귀찮은 일을 제안하는 방법이다. 2. 지금까지의 대화는 '사소한 일이라도 구체적인 계획을 세워서 제안하는 것이 필요하다'라는 질문으로 정리할 수 있다. 3. Q2의 질문에 대한 대답은 조직 내에서 각 개인은 맡은 업무의 중요성이 각기 다르며, 각 위치에서 개선을 위해서 사소한 것이라도 계획을 세워서 추진하는 일이 중요하다고 할 수 있다. 따라서 현재 내가 맡은 업무에서 발생할 수 있는 문제들을 계획을 세워서 제안하는 것이 중요하다.

2. 논리적 사고의 개념

우리는 일상생활 속에서 매일 논리를 접하고 있다. 사실 우리가 말하는 것은 모두 논리적이거나 논리적인 것과 무관한 것들 중의 하나이다. 어떤 사람이 "나는 체중이 늘었어. 나는 덜 먹어야 해." 라고 말할 때 그는 논리적인 진술을 하고 있는 것이다. 그리고 어떤 사람이 "나는 여행을 좋아 한다"라고 말할 때 그는 논리적인 것과 무관한 진술을 하고 있다. 여기서 "논리적인 것과는 무관하다"는 것은 '비논리적'이라는 것을 의미하지는 않는다. 비논리적인 진술은 논리의 규칙들을 위반한 것인데 비하여 논리적인 것과 무관한 진술은 논증이나 논쟁의 수준을 벗어난 것이다. "나는 여행을 좋아 한다"는 진술은 논리적인 것과 무관한 진술에 해당되며, 논리의 규칙들은 그런 진술들에는 적용되지 않는다.

논리적 사고는 적절한 이유나 증거에 입각한 사고이다. 즉 합리적 사고, 타당한 사고, 모순이나 오류를 범하지 않는 사고, 논리의 규칙에 따르는 사고를 말한다. 한마디로 논리적 사고는 바른 판단과 인식을 얻을 수 있도록 이치에 맞도록 생각하는 방법 및 생각의 옳고 그름을 알 수 있도록 해주는 법칙, 나침반과 같은 것이라고 할 수 있다. 즉 말이나 내용, 글, 일이 앞뒤가 모순이 없이 인과관계가 성립하는 사고를 말한다.

논리적 사고력이 없다면 아무리 많은 지식을 가지고 있더라도 자신이 만든 계획이나 주장을 주위 사람들에게 이해시켜 실현시키기 어려운데, 바로 이 때 다른 사람들을 설득하여야 하는 과정에서 필요로 하는 것이 논리적 사고이다. 앞의 사례 4-1과 4-2에서 제시된 내용은 직장생활에서 흔히 겪게 되는 상황으로, 논리적인 사고의 중요성을 일깨워준다. 논리적인 사고는 사고의 전개에 있어서 전후의 관계가 일치하고 있는가를 살피고, 아이디어를 평가하는 능력을 의미한다. 이러한 논리적 사고는 다른 사람을 공감시켜 움직일 수 있게 하며, 주위를 설득하는 일이 훨씬 쉬워진다.

3. 논리적 사고의 구성요소

논리적인 사고를 하기 위해서는 다음 그림과 같이 생각하는 습관, 상대 논리의 구조화, 구체적인 생각, 타인에 대한 이해, 설득 이 5가지의 구성요소가 필요하다.

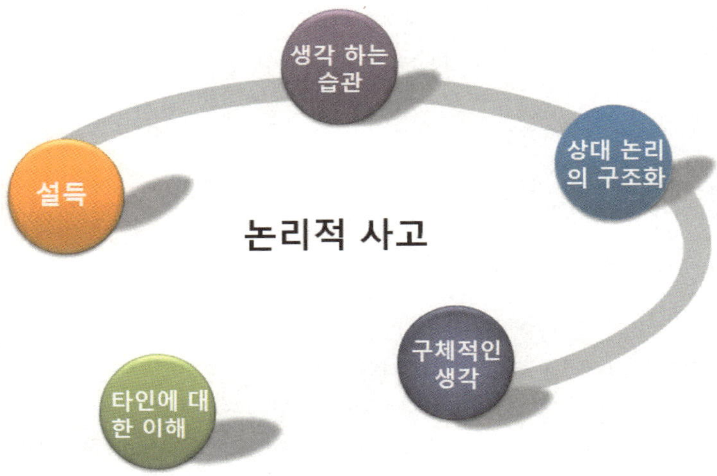

[그림 4-1] 논리적 사고의 구성요소

1) 생각하는 습관

> 논리적 사고에 있어서 가장 기본이 되는 것은 늘 생각하는 습관을 들이는 것이다. 생각할 문제는 우리 주변에서 쉽게 찾아볼 수 있으며, 특정한 문제에 대해서만 생각하는 것이 아니라 일상적인 대화, 회사의 문서, 신문의 사설 등 어디서 어떤 것을 접하든지 늘 생각하는 습관을 들이는 것이 중요하다. '이것은 조금 이상하다', '이것은 재미있지만, 왜 재미있는지 알 수 없다'라는 의문이 들었다면, 계속해서 왜 그런지에 대해서 생각해 보아야 한다. 특히 이런 생각은 출·퇴근 길, 화장실, 잠자리에 들기 전 등 언제 어디서나 의문을 가지고 생각하는 습관을 들여야 한다.

2) 상대 논리의 구조화

상사에게 제출한 기획안이 거부되었을 때, 자신이 추진하고 있는 프로젝트를 거부당했을 때, '왜 그럴까? 왜 자신이 생각한 것처럼 되지 않을까?, 무엇이 부족한 것일까?'하고 생각하기 쉽다. 그러나 이 때 자신의 논리로만 생각하면 독선에 빠지기 쉽다. 이 때에는 상대의 논리를 구조화하는 것이 필요하다. 상대의 논리에서 약점을 찾고 자신의 생각을 재구축한다면 분명히 다른 메시지를 전달할 수 있다. 자신의 주장이 받아들여지지 않는 원인 중에 상대 주장에 대한 이해가 부족한 경우가 있을 수 있다.

3) 구체적인 생각

상대가 말하는 것을 잘 알 수 없을 때에는 구체적으로 생각해 보아야 한다. 업무 결과에 대한 구체적인 이미지를 떠올려 본다든가, 숫자를 적용하여 표현을 한다든가 하는 방법을 활용하여 구체적인 이미지를 활용하는 것은 단숨에 논리를 이해할 수 있는 경우도 많다.

4) 타인에 대한 이해

상대의 주장에 반론을 제시할 때에는 상대 주장의 전부를 부정하지 않는 것이 좋다. 동시에 인격을 부정해서는 안 된다. 예를 들어 "당신이 말하고 있는 것의 이 부분은 이유가 되지 못한다"고 하는 것은 주장의 부정이지만, "이런 이유를 설정한다면 애당초 비즈니스맨으로는 불합격이다"라고 말하는 것은 바람직하지 못하다. 반론을 하던 찬성을 하던 논의를 함으로써 이해가 깊어지거나 논점이 명확해지고 새로운 지식이 생기는 등 플러스 요인이 생기는 것이 바람직하다.

5) 설득

논리적인 사고는 고정된 견해를 낳는 것이 아니며, 더구나 자신의 사상을 강요하는 것도 아니다. 자신이 함께 일을 진행하는 상대와 의논하기도 하고 설득해 나가는 가운데 자신이 깨닫지 못했던 새로운 가치를 발견하고 생각해 낼 수 가 있다. 또한 반대로 상대에게 반론을 하는 가운데 상대가 미처 깨닫지 못했던 중요한 포인트를 발견할 수 있다.

설득은 공감을 필요로 하지만 설득은 논쟁을 통하여 이루어지는 것이 아니라 논증을 통해 더욱 정교해진다. 이러한 설득의 과정은 나의 주장을 다른 사람에게 이해시켜 납득 시키고 그 사람이 내가 원하는 행동을 하게 만드는 것이며 이해는 머리로 하고 납득은 머리와 가슴이 동시에 공감되는 것을 말하고 이 공감은 논리적 사고가 기본이 된다.

학 습 평 가

Q 1. 논리적 사고를 구성하는 5가지 구성요소는 생각하는 습관, (   ), 구체적인 생각, 타인에 대한 이해, (   ) 이다.

Q 2. 논리적인 사고의 구성요소에서 자신의 사상을 강요하지 않고 자신이 함께 일을 진행하는 상대와 의논해 가는데 자신이 깨닫지 못했던 새로운 가치를 발견하고 생각해 낼 수 있는 과정은? (   )

① 타인에 대한 이해
② 설득
③ 고정관념
④ 논리의 구조화

Q 3. 다음 진술의 괄호 안에 알맞은 말을 보기에서 골라 넣어라.

[보기] 창의적 사고력, 논리적 사고력, 비판적 사고력

(   )은 직장생활에서 지속적으로 요구되는 능력이다.
(   )이 없다면 아무리 많은 지식을 가지고 있더라도 자신이 만든 계획이나 주장을 주위 사람들에게 이해시켜 실현시키기 어려운데' 이 때 다른 사람들을 설득하여야 하는 과정에서 필요로 하는 것이 (   )이다.

Q 4. 다음은 논리적 사고를 하기 위해 버려야 하는 생각은? (   )

① 타인에 대한 이해
② 설 득
③ 고정관념
④ 논리의 구조화

****

정 답	1. 상대 논리의 구조화, 설득	2. ②
	3. 논리적 사고력	4. ③

4. 일상생활과 논리적 오류

"천만 명이 본 영화라면 '와, 얼마나 재미있기에…' 하는 생각 드시죠? 그럼, 천만 명이 쓰는 카드라면 '와, 얼마나 좋은 카드이기에'하는 생각 안 드세요? 천만인의 카드 XX 카드." 한 유명 카드회사의 홍보문구다. 이런 마케팅 전략으로 카드회사는 큰 돈을 벌었을지 모른다. 하지만 안타깝게도 이 카드회사의 주장은 논리적 오류로 가득 차 있다. 특정 카드를 1,000만 명이 넘게 사용하는 이유는 회사가 독점적 지위를 갖고 있기 때문일 수도 있고 품질과 직접 관련이 없는 유통망이나 마케팅 효과 때문일 수도 있다. 또 1,000만 명이 넘는 사람이 이 회사의 카드를 갖고 있다고 하더라도 실제 물건을 살 때는 다른 회사 카드를 사용할 수도 있다. "천만 명이 사용하면 좋은 카드"라는 것에는 사실상 인과관계가 없는 셈이다. 다수 대중이나 군중을 활용해서 어떤 주장의 타당성을 펴는 것은 명백한 논리적 오류다.

일상생활에서 우리가 접하는 수많은 말 가운데 상당수는 이처럼 논리적 오류로 가득 차 있다. 특히 이런 논리적 오류를 밥 먹듯 활용하면서 혹세무민(惑世誣民)하는 정치인도 있다. 하지만 논술 시험에서는 이런 논리적 오류가 용납되지 않는다. 일상생활에서 자주 발견되는 논리적 오류를 살펴보자.

☞ 사례 4-3 ☜	● 권위나 인신공격에 의존한 논증

정치인들이 활용하는 전형적 수법이다. '제정신을 가진 사람이라면 그런 주장을 펼 수 있겠는가?'라는 말처럼 상대방의 주장이 아니라 상대방의 인격을 공격하는 게 대표적인 사례다. 위대한 성인이나 유명한 사람의 말을 활용해 자신의 주장을 합리화하려는 것도 오류가 될 개연성이 높다. 어떤 사람이 "대한민국 최고의 권위자인 XXX박사도 이런 말을 했습니다."라고 말한다면 자신의 논리적 취약점을 덮으려는 것이 아닌지 의심해 볼 필요가 있다. 같은 맥락에서 동정이나 연민에 의존하는 논증도 오류로 빠질 수 있다.

☞ 사례 4-4 ☜	● 허수아비 공격의 오류

상대방의 주장과는 전혀 상관없는 별개의 논리를 만들어 공격하는 경우도 있다. 법정에서 많이 활용되는데 일례로 '피의자는 평소 사생활이 문란했고 마약을 복용한 경력도 있습니다. 따라서 살인 혐의로 기소돼야 합니다.'란 주장을 살펴보자. 얼핏 '사생활 문란-마약-살인'은 연관성이 있어 보이지만 개별적 인과관계를 입증해야 설득력을 얻을 수 있다. 자칫 논리가 빈약한 경우 이렇게 엉뚱한 다른 문제를 공격해 이익을 취하는 경우가 많다. 토론에서 이런 오류를 능수능란하게 활용하는 사람이 많은데 당하지 않으려면 원래 논점과 완전히 다른 주제라는 점을 분명히 지적해 줘야 한다.

☞ 사례 4-5 ☜	● 무지의 오류

'담배가 암을 일으킨다.'는 확실한 증거는 없다. 따라서 정부의 금연정책은 잘못이다.' 얼핏 들어 보면 그럴 듯해 보이지만 증명되지 않았다고 해서 그 반대의 주장이 참인 것은 결코 아니다. '실제 신이 존재하는가?'란 문제처럼 증명할 수 없거나 증명이 어려운 경우도 부지기수다. 수많은 사이버들이 흔히 저지르는 논리적 오류다.

☞ 사례 4-6 ☜	● 결합·분할의 오류

'머리카락 하나가 빠지면 대머리가 되지 않는다. 두 개가 빠져도, 100개가 빠져도 그렇다. 따라서 1만개가 빠져도 대머리가 되지 않는다.' 이는 대표적인 결합 오류의 사례다. 하나의 사례에는 오류가 없지만 이처럼 여러 사례를 잘못 결합하면 완전히 오류에 빠지게 된다. 반대로 한 트럭에 실린 모래가 무겁기 때문에 한 알의 모래도 무겁다고 주장하는 것은 분할의 오류다. 논리적 주장을 확대하거나 반대로 쪼개서 적용할 경우 흔히 오류에 빠질 수 있다.

☞ 사례 4-7 ☜	● 성급한 일반화 오류

'한국인은 노예근성이 있다. 남자는 늑대다, 흑인은 지능이 떨어진다.' 이런 식의 주장은 성급한 일반화 오류에 빠진 경우다. 특정한 몇몇 사례만을 토대로 일반화했기 때문이다. 돌팔이 약장수들이 질병 치료에 성공한 몇몇 사례를 토대로 물건을 팔 때 사용하는 전형적인 논리도 성급한 일반화 오류에 기반하고 있다.

☞ 사례 4-8 ☜	● 복합 질문의 오류

형사가 피의자에게 "또다시 이런 죄를 지을 것인가?"라고 묻는 경우가 있다. 하지만 이 질문은 '예'나 '아니오.' 어떤 답을 하더라도 피의자에게는 불리해지게 된다. '예'라고 대답하면 말할 것도 없고 '아니오'라고 답해도 이미 죄를 지었다는 것을 인정해 버리는 셈이기 때문이다. 이런 공격에서 자신을 방어하려면 복합 질문으로 인한 오류가 생겼음을 지적하고, '죄를 지었는가?'란 질문과 '또 이런 죄를 지을 것인가?'란 질문을 반드시 분리해야 한다고 주장해야 한다.

☞ 사례 4-9 ☜	● 과대 해석의 오류

문맥을 무시하고 과도하게 문구에만 집착할 경우 논리적 오류에 빠지게 된다. 성경에 나오는 '이웃을 사랑하라'는 말을 문구대로 과대 해석할 경우 도피 중인 중범죄까지 보호해 주는 오류를 범할 것이다. 일상생활에서 '퇴근 길에 조심 하세요'라는 가족의 말을 퇴근 길 말고는 조심하지 말라'는 의미로 받아들이는 것도 이런 오류에 빠진 것이다.

☞ **사례 4-10** ☜ ● 애매성의 오류

'여자는 남자보다 약하다. 따라서 여자는 오래 살지 못한다.' 여기서 '약하다'는 말은 지극히 애매하다. 키가 작다는 것인지, 힘이 약하다는 것인지, 질병에 잘 걸린다는 것인지 수백까지 해석이 가능하다. 이런 애매함으로 이후 주장은 논리적 오류에 빠지게 된다. 또 "살인자는 벌을 받아야 한다. 사형 집행관도 살인자다. 따라서 사형집행관도 벌을 받아야 한다."라는 주장은 명확한 언어로 표현한 것 같지만 불법적 살인자와 공무상 사형을 집행해야 하는 입장을 명확히 구분하지 않았기 때문에 애매한 언어를 사용한 오류에 포함된다.

☞ **사례 4-11** ☜ ● 연역법의 오류

연역법은 'A=B, B=C, so A=C'와 같은 삼단논법을 칭하는 말이다. 그런데 자칫 논리적으로 완벽해 보이는 삼단논법도 오류에 빠질 수 있다. 일례로 'TV를 자주 보면 눈이 나빠진다. 철수는 TV를 자주 안 본다. 따라서 철수는 눈이 나빠지지 않는다'는 논법의 오류를 보자. TV를 자주 보면 눈이 나빠진다는 대전제와 'TV를 자주 보지 않는 사람은 눈이 나빠지지 않는다'는 주장은 별개이기 때문이다.

이 외에도 일상생활에서 찾아볼 수 있는 논리적 오류는 무수히 많다. 특히 대중을 선동하거나 정치적, 경제적 이익을 위해서 논리적 오류를 의도적으로 사용하는 사람들도 많다. 일상생활에서 흔히 볼 수 있는 주장들에 대해 논리적으로 문제가 없는 것인지 자주 생각해 봐야 한다. 그리고 우리에게 논리적 사고가 가능하다면 일상생활에서 널리 퍼진 논리적 오류에 대해 어느 정도는 허상과 진실이 무엇인지 밝히고 객관적이고 옳은 판단을 내리는 것이 가능하다.

이와 관련하여 일상생활에서 정치적, 경제적 이익을 위해 사회에 널리 퍼진 논리적 오류를 논리적 사고를 통해 분석하고 해석하여 사회의 허상과 진실 또는 현상과 본질을 어느 정도는 밝힐 수 있다는 것을 사례 4-12의 논리적 사고를 통한 논리적인 글쓰기로 예를 들어 제시하고자 한다. 이는 논리적 사고가 상황에 대한 올바른 인식과 현상을 제대로 파악하는데 얼마나 도움이 되는지를 알 수 있다.

학습활동 ⇨ 논리적 사고 연습 2

D 1. 논리적인 사고는 무엇이 거짓이고 진실인지 어느 정도 진위를 객관적으로 가릴 수 있게 도와준다. 또한 사람들이 잘못 오해하거나 왜곡한 것은 무엇인지, 어떤 근거를 통해 진실 여부를 판단할 수 있는지, 실증적인 자료를 보고 어떠한 의미있는 진실을 유추 및 도출할 수 있는지, 종합적인 결론 및 합당한 주장은 무엇인지 명확하게 판단할 수 있다. 다음 사례 4-12를 읽고 주어진 질문에 답해 봄으로써 논리적인 사고의 과정 및 신빙성 있는 자료를 통한 의미있는 내용의 유추 및 도출, 결론 주장 등에 대해 이해해 보자.

☞ 사례 4-12 ☜	무엇이 거짓이고 진실인지 논리적인 사고를 통해 도출해 봅시다

우리는 정직한 빵을 먹어야 한다

강 미 희

'10억 만들기', '경제 살리기', '부자아빠 되는 법', '재테크', '부동산 투자 노하우', '묻지 마 펀드' 등등. 이러한 말들은 최근 몇 년 동안 신문이나 TV 및 베스트 셀러 책에서 가장 자주 오르내리는 말이다. 마치 돈을 많이 버는 것이야말로 인생 최고의 가치인 양 온통 돈, 돈, 돈을 외치고 있다. 따지고 보면 이명박 당선인이 대통령으로 당선된 것도 대다수 국민들의 '경제 살리기'에 대한 강한 열망이 한 몫을 했다. 즉 국민들은 '돈만 많이 벌게 해 주면 최고지, 다른 것은 관심 없어'라는 심정으로 몇 가지 부도덕한 사실 및 부동산 투기 의혹에도 불구하고 75%의 높은 지지로 그를 17대 대통령으로 선택했다.

① 그럼, 이토록 우리 국민들의 생활이 과거에 비해 경기침체가 심하고 빈익빈 부익부도 더 초래되고 삶의 양적, 질적 측면에서 심각한 위험수위에 놓여있는 것인가? 이와 관련하여 조선일보 2008년 1월 13일자 신문에 실린 '2008년 대통령의 신년 인사회'에서 언급한 내용을 살펴보면 다음과 같다.

② "멀쩡한 경제 왜 살린다 하나?, 납득 안 된다. 죽은 놈이라야 살리는 것이지 살아 있는 놈을 왜 살린다고 하는지 모르겠다." 또 "주가가 세배나 올랐고 국민소득이 1만 2천불에서 2만불로 올랐다. 또한 사회 양극화 정도를 나타내는 전 국민 지니계수 통계를 2003년부터 시작했는데 지니계수는 2004년 이래로 더 올라가지 않았다."

③ 여기서 우리는 3가지를 파악할 수 있다. 첫째는 국민이 돈에 몰입해야 할 정도로 현재의 경제사정이 나쁘지 않다는 것이고 둘째는 국민이나 언론은 객관적인 통계자료 및 사실에 근거하지 않고 왜곡된 보도로 진실을 외면하고 이에 덩달아 국민들도 함께 돈의 필요성을 과하게 부풀리고 있다는 것이다. 셋째는 온 국민의 살림살이를 통계수치로 항상 주시하고 파악하고 있는 대통령의 책임있는 발언이라면 이는 그 어떤 자료보다도 신빙성이 있는 것은 자명하다는 것이다.

큰 일이다. 돈만 많이 벌면 속이고 거짓말을 해도 괜찮다는 사고가 우리 사회에 팽배하고 있다. 우리나라 국민소득과 경제지수가 10위인데 국가청렴도는 중국보다 뒤진 42위이고 국민의 63%가 정직하게 살면 잘 살 수 없다고 생각한다는 것이다. 6, 70년대 보릿고개 시절에는 '잘 살아 보세'가 국가적인 과제로 인권과 자유, 정직과 진실을 유보했다 할지라도 지금은 바야흐로 우리나라가 웰빙(Well-Being)시대로 접어들지 않았는가? 즉 옛날 보릿고개 시절처럼 찬밥, 더운밥 가리지 않고 먹는 시대가 아니라 음식을 먹어도 화학비료나 농약에 오염되지 않은 유기농 건강식품인지 아닌지 혹은 천연재료를 사용하여 만든 요리인지 아닌지 등을 따져보고 가려서 먹는 웰빙 붐(Boom)이 일고 있는 시대에 살고 있는 것이다. 그만큼 물질적인 측면에서 삶의 질은 매우 좋아졌다. 그렇다.

④ 이제는 배 고프다는 것을 핑계 삼아 장발장처럼 도둑질한 빵을 먹어서는 안 되는 시대이다. 또한 돈 고프다는 것을 핑계 삼아 수단과 방법을 가리지 않고 돈만 벌고 보자는 비도덕적 행태가 합리화 되어서는 안 된다. 즉 우리는 정직한 빵을 먹어야 한다.

역사학자 719명이 미국의 역대 대통령 41명을 지도력, 업적, 위기 관리능력, 정치력,

인사관리 5가지 측면에서 심층 분석한 책이 L-왔는데 1위는 아브라함 링컨이다. 여기서 중요한 것은 5가지를 종합해서 받은 능력 순위와 성품, 도덕성의 순위가 일치한다는 것을 발견한 점이다. 즉 대통령의 지도력과 그의 정직성은 따로 분리된 것이 아니라 하나로 연결되는 밀접한 관련성을 갖고 있다는 것이다. 정직한 사람이 능력이 있었고 도덕성이 있는 사람이 지도력도 함께 있었다는 것이다. 지도능력과 정직성은 정비례 한다는 결론이다. 힘과 용기, 능력, 지혜 이 모든 것의 뿌리가 정직함과 깨끗함에 있다는 것을 우리는 잊어서는 안 될 것이다. 성경에는 "정직한 자는 그 의로 인하여 구원을 얻으려니와 사특한 자는 자기의 악에 잡히리라(잠언 11: 9)" 하였다.

⑤ 우리는 인생의 한 순간순간마다 돈과 거짓, 탐욕으로부터 정직함과 양심을 지키려는 의지를 의도적으로 갖고 이를 지키기 위해 몸부림치는 아름다운 인간의 모습으로 살아가야 할 것이다. 결코 가치가 없는 무분별한 혼돈상태에서 삶의 주와 객이 뒤바뀐 채로 진흙탕 속에 삶이 머물러서는 안 될 것이다. 우리 모두 진흙탕을 정화하여 맑은 물을 흘러 내보내는 가치 지향적인 건강한 삶과 사회를 만들어 갑시다.

출처: 광주보건대학보, 십자로 칼럼(2008. 02).

논리적 사고 연습 2

Q 1. 사례 4-12에서 사람들이 잘못 인식하고 있거나 왜곡한 사실은 무엇인지 밑줄친 문장의 ①, ②, ③, ④, ⑤ 중에서 해당하는 번호를 쓰시오. (   )

Q 2. 사례 4-12에서 왜곡한 사실이 잘못된 것이라고 신빙성있는 근거를 제시한 내용은 어느 것인지 밑줄 친 문장의 번호 ①, ②, ③, ④, ⑤ 중에서 해당하는 번호를 쓰시오. (   )

Q 3. 사례 4-12에서 사실이 왜곡된 잘못된 것이라고 실증적인 자료를 근거로 재해석하여 의미있는 정보를 도출함으로써 확실하고 설득력있게 진실로 사실이 왜곡 되었음을 뒷받침 해주는 내용은 어느 것인지 밑줄 친 문장의 ①, ②, ③, ④, ⑤ 중에서 해당하는 번호를 쓰시오. (   )

Q 4. 사례 4-12에서 결론 및 합당한 주장은 무엇인지 밑줄 친 문장의 번호 ①, ②, ③, ④, ⑤ 중에서 해당하는 번호를 2개 쓰시오. (   )

****

정 답	1. ① 2. ② 3. ③ 4. ④, ⑤

05 Chapter
논리적 사고의 개발방법은 무엇인가?

어떤 동료나 상사의 얘기는 속속 들어오면서 머릿속에 구조가 그려지곤 한다. 이는 자신의 의견이나 주장을 다른 사람들이 받아들이고 이해하기 쉽도록 논리적으로 제시하기 때문이다. 그럼 논리적인 사고를 개발하려면 어떻게 해야 할 지 알아보자. 논리적인 사고의 시작은 주어진 정보로부터 확실히 말할 수 있는 것과 주어진 정보만으로는 말할 수 없는 것을 구별하는 것으로부터 시작된다. 다음 가전제품 회사에 근무하는 A와 B의 사례를 통해서 논리적 사고 개발의 필요성을 알아보자.

☞ 사례 5-1 ☜ 같은 정보에서 다른 결론이

가전제품을 생산하고 판매하는 W사에 다음과 같은 정보가 입수되었다. 한국과 일본의 대형 가전 메이커 사이에 전자레인지나 에어컨 등 백색 가전제품을 서로 공급하는 계획이 실시되었다.

- 저가격 제품의 대량생산으로 급부상하는 중국 메이커에 대항하기 위해 각자 자신 있는 제품이나 시장마다 영역을 나누어, 국제적인 분업 체계를 만들고자 하고 있다.

- 한국, 일본 메이커가 개별 제품마다 제휴, 합병한 예는 있지만, 서로 영역을 나눠 공존을 꾀하는 형태의 제휴는 드물다.

이와 같은 정보를 입수한 W사는 기획부서의 A와 B는 다음과 같은 결론을 내리게 되었다.

A : 한국과 일본의 가전 메이커에게 중국의 기업은 위협이 되고 있다.

B : 일본의 가전 메이커는 국제 경쟁력을 잃고 있다.

사례 5-1은 논리적 사고를 개발하는 방법에 대한 사례이다. 사례에서 A와 B는 주어진 정보로부터 논리적 사고과정을 통해서 각자의 결론을 내리고 있다. 그러나 A의 결론은 논리적으로 옳은 반면, B의 결론은 논리적인 결함을 가지고 있다. B

의 경우 일본의 제조업이 높은 인건비에 눌려 경쟁력이 상실되고 있다고 보지만 논리적으로 결함이 있는 경우로, 논리적 사고가 부족해서 내린 결론으로 볼 수 있다. 즉, 어느 문구에도 일본의 가전 메이커가 경쟁력을 잃어가고 있다는 논리적 근거를 찾을 수 없다. 그러므로 이는 없는 사실을 사실처럼 지레짐작하여 내린 결론으로 논리적 오류를 범한 것으로 볼 수 있다.

학습활동 ⇨ 논리적 사고 개발방법 연습

D 1. 논리적인 사고를 개발하는 방법은 상위 개념으로부터 하위 개념을 분류해 나가는 방법과 하위 개념으로부터 상위개념을 만들어가는 방법이 있다. 이 때, 논리적 사고를 위해서는 상·하위 개념 간에 비약이나 오류가 없어야 한다. 예를 들면 경비 삭감의 방법을 찾으라는 업무를 맡을 경우, 다음과 같은 논리적 사고 과정을 거칠 수 있다.

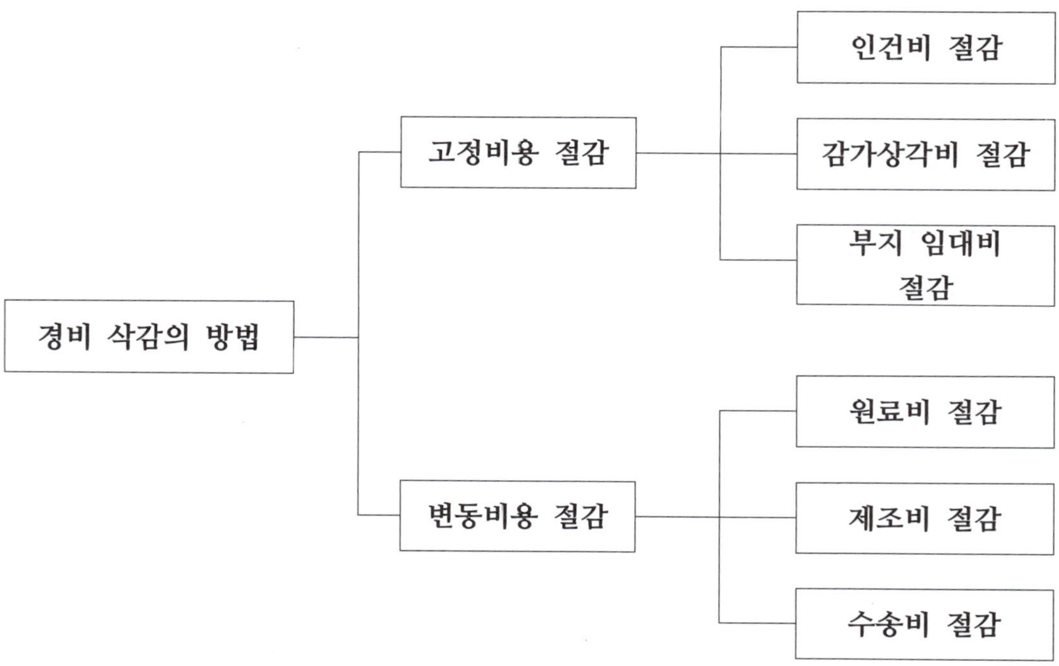

[그림 5-1] 경비 삭감의 방법을 모색하기 위한 논리적 사고의 전개 및 도출 방법

※ 그림 5-2의 도표를 활용하여 현재 자신이 맡고 있는 업무에서 겪고 있는 문제상황 한 가지를 선정해서 논리적인 전개 과정을 만들어 보자.

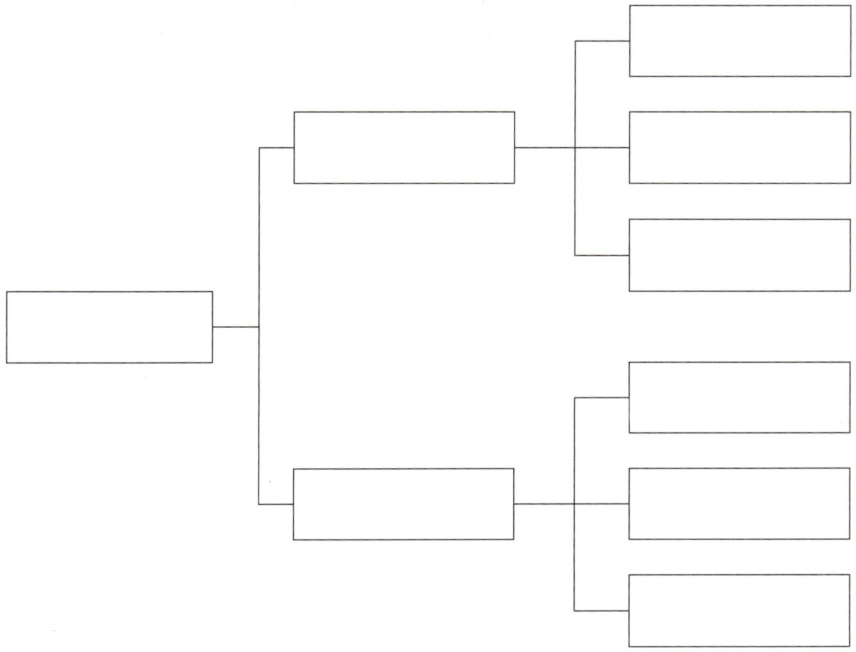

[그림 5-2] 자신의 문제를 분석해 보기 위한 논리적 사고의 전개 및 도출 방법

1. 피라미드 구조

논리적 사고를 개발하기 위한 방법은 여러 가지가 있으나, 그 중에서 가장 흔히 사용되는 방법은 피라미드 구조를 이용하는 방법과 So What 기법의 2가지가 있다. 피리미드 구조는 하위의 사실이나 현상부터 사고함으로써 상위의 주장을 만들어가는 방법으로 아래 그림 5-3과 같이 표현할 수 있다.

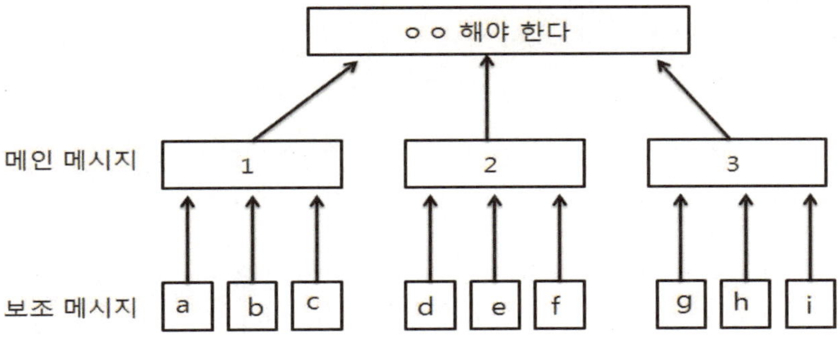

[그림 5-3] 피라미드 구조를 이용한 논리적 사고 전개 및 도출 방법

피라미드 구조는 보조 메시지들을 통해 주요 메인 메시지를 얻고, 다시 메인 메시지를 종합한 최종적인 정보를 도출해 내는 방법이다. 즉, 현재 제품 판매 메시지를 종합한 최종적인 정보를 도출해 내는 방법이다. 예를 들어 현재 제품 판매 업무를 맡고 있는 한 부서에서 발견할 수 있는 현상(보조메시지)이 제품 A의 판매부진(a), 고객들의 불만 건수 증가(b), 경쟁사의 제품 B의 매출증가(C)가 발견되었다고 한다면, 메인 메시지로 '우리 회사의 제품 A에 대한 홍보가 부족하고, 고객의 만족도가 떨어지고 있다(1)' 라는 것을 도출할 수 있을 것이다. 이러한 피라미드 구조를 사용함으로써 주변 사람들과 논리적인 이해를 도모할 수 있다.

2. So What 기법

'So What' 기법은 '그래서 무엇이지?'하고 자문자답하는 의미로 눈앞에 있는 정보로부터 의미를 찾아내어, 가치 있는 정보를 이끌어 내는 사고이다. 예를 들어 다음과 같은 상황이 발생하였을 때 어떻게 'So What'을 사용하여 논리적인 사고를 하는지 알아보자.

[상황]

① 우리 회사의 자동차 판매 대수가 사상 처음으로 전년 대비 마이너스를 기록했다.
② 우리나라의 자동차 업계 전체는 일제히 적자 결산을 발표했다.
③ 주식 시장은 몇 주간 조금씩 하락하는 상황에 있다.

[So What을 사용한 논리적 사고의 예]

a. 자동차 판매의 부진
b. 자동차 산업의 미래
c. 자동차 산업과 주식시장의 상황
d. 자동차 관련 기업의 주식을 사서는 안 된다.
e. 지금이야말로 자동차 관련 기업의 주식을 사야한다.

a부터 e는 세 가지 상황으로부터 그 의미나 내용을 사고한 예이다. 이 중에서 ①은 자동차 판매가 부진하다고 말하는데 그치고 있다. 그러나 상황 ②, ③에 제시된 자동차 판매 대수가 줄어들고, 자동차 업계 전체적인 실적이 악화되고 있으며, 이로 인해 주식시장도 악화되고 있다는 점은 a의 메시지에 포함되어 있지 않

다. 즉 a는 상황의 ①만 고려하고 있는 것으로 세 가지의 정보를 빠짐없이 고려하고, 또 모순이 없는 정보를 이끌어 내는 'So What'의 사고가 되지 않는다. b의 자동차 산업의 미래는 상황 ③의 주식시장에 대해서는 고려하고 있지 못하다. c는 주식시장에 대해서도 포함하고 있으며, 세 가지 상황 모두 자동차 산업의 가까운 미래를 예측하는데 상용될 수 있는 정보이기 때문에 모순은 없다.

그러나 자동차 산업과 주식시장이 어떻게 된다고 말하고 싶은 것이 전달되지 않는다. 'So What'의 사고에서 중요한 점은 '그래서 도대체 무엇이 어떻다는 것인가?'라는 것처럼, 무엇인가 의미 있는 메시지를 이끌어내는 것이다. c나 e는 '주식사지 말라' 혹은 '주식을 사라'라는 메시지가 있어 주장이 명확하며, 상황을 모두 망라하고 있으므로, 'So What'을 사용하였다고 말할 수 있다. 이상에서 살펴 본 바와 같이 'So What'은 단어나 체언만으로 표현하는 것이 아니라 주어와 술어가 있는 글로 표현함으로써 '어떻게 될 것인가?', '어떻게 해야 한다.' 라는 내용이 포함되어야 한다.

학 습 평 가

Q 1. 논리적 사고를 개발하는 방법으로 하위의 사실이나 현상부터 사고함으로써 상위의 주장을 만들어가는 방법을 ( ) 이라고 한다.

Q 2. 논리적인 사고를 개발하는 방법으로 '그래서 무엇이지'라는 물음에 답을 하면서 가치 있는 정보를 이끌어 내는 방법을 ( ) 이라고 한다.

Q 3. 논리적 사고를 개발하는 방법에서 'So What'기법을 설명하는 내용으로서 적절한 표현이 아닌 것은? ( )

① '어떻게 될 것인가?'
② '그래서 무엇이지?'
③ '왜 그렇지?'
④ '어떻게 해야 한다'

****

정 답	1. 피라미드 구조 기법 2. So What 기법 3. ③

06 Chapter
비판적 사고란 무엇인가?

1. 비판적 사고에 대한 바른 이해

비판적 사고 성향을 갖춘 사람은 습관적으로 이유를 꼬치꼬치 캐묻고, 잘 알고자 하고 근거를 중요시하며, 평가에 있어서 열린 마음을 가지고 있고 유연성이 있다. 또한 공정하고, 개인적 편견을 다룸에 있어서 성실하고, 판단을 내리는데 있어서 신중하고 기꺼이 다시 한 번 생각한다. 그리고 현안 문제들에 대하여 명료하고 복잡한 문제들을 다루는데 있어서 체계적이고 관련된 정보를 부지런히 찾는다. 준거를 선택하는데 있어서 합리적이고 집중하여 탐구하며 주제와 탐구의 상황이 허락하는 한 되도록 정확한 결과를 끈기 있게 추구한다.

반면에 무비판적 사고 성향의 소유자는 이유를 잘 묻지 않을 뿐더러 전후 사정을 잘 알고자 하지 않는다. 또한 근거를 중요시하지 않으며, 타인의 견해를 평가하는데 있어서 닫힌 마음을 가지고 있고, 경직되어 있으며, 편견을 해소하려고 노력하지 않는다.

일반적으로 인간은 비판적 사고 성향을 갖기보다는 무비판적으로 살아가기 쉽다. 모든 사람은 정도의 차이기 있기는 하지만 나름대로 편견을 가지고 있다. 스스로 의식하든지 아니면 의식하지 못하든지 각자의 고정관념에 싸여 스스로를 기만하고 있다. 우리는 자신의 사고가 충분히 정당하다고 생각한다. 우리가 언제나 틀릴 수 있다는 생각은 강력한 자기 정당화에 밀려 사라진다. 자기중심적 사고가 진리를 가로 막고 있는 것이다.

흔히 직장에서 비판적으로 생각하라고 하면, 남의 단점을 찾아내거나 부정적으로 생각하는 것으로만 인식하는 경향이 있다. 이는 어떤 문제를 분석하고 평가하는데 필요한 비판적 사고를 잘못 이해하고 있는 것이다. 직장인에게 필요한 비판적 사고란 무엇인지 사례를 통해 알아보자.

☞ 사례 6-1 ☜	비판하기
인사부에 근무하는 A에게 회사 전체의 인사시스템을 구축하라는 업무가 떨어졌다. A는 시간부족과 자료부족의 이유로 제대로 된 분석과 평가 없이 현황만을 제시한 기획서를 제출하였다. 부서 회의 시간에 동료 B로부터 기획서의 부족한 부분에 대한 지적을 받은 A는 감정이 상해서 B에게 너무 부정적인 시각을 가지고 있는 것이 아니냐고 되물었다. 그런데 며칠 뒤 A는 B가 작성한 기획서를 우연히 보게 되었다. B는 어떤 증거나 자료를 충분히 제시하고 객관적, 과학적으로 인사 시스템의 현재 문제점과 개선방안을 도출하고 있었다. 그제야 A는 B가 단순히 부정적으로 생각했던 것이 아니라, 문제의식이 체계적이고 논리적인 해결안으로 바뀌어 진다는 것을 알았다.	

사례 6-1은 비판적 사고의 의미가 무엇인지 제시하고 있다. 사례 1에서 A는 비판적 사고를 부정적으로 바라보고 있다. 만약 A에게 누군가가 조언을 한다면, A는 비판적 사고를 부정적으로 받아들일 것이며, 이로 인해 A의 업무 수행과 직장 생활에 많은 문제가 있을 것이다. 이러한 사례를 통해서 비판적 사고는 어떤 주장이 타당성을 갖추었는가를 관련요소를 기준으로 분석하고 평가하는 문제해결을 위한 바람직한 사고임을 인식할 필요가 있다.

2. 비판적 사고의 개념 및 의미

흔히 사람들은 비판적 사고를 부정적인 것으로 보는 경향이 있다. 비판적인 사고를 부정적으로 보려는 경향은 어떤 특정한 주제나 주장 등을 단순히 수동적이고 무비판적으로 받아들이기를 강요하는 분위기 때문이다. 이러한 비판적 사고에 대해서 흔히 가지고 있는 다음 생각들에 대해서 참(T)인지 거짓(F)인지를 구분함으로써 비판적 사고의 개념 및 의미를 알아보자.

학습활동 ⇨ 비판적 사고에 대한 개념 및 의미 알아보기	
1. 비판적 사고의 주요 목적은 어떤 주장의 단점을 파악하려는데 있다.	(　　)
2. 비판적 사고는 타고나는 것이지 학습할 수 있는 것이 아니다.	(　　)
3. 비판적 사고를 하려면 우리의 감정을 철저히 배제해야 한다.	(　　)
4. 맹목적이고 무원칙적으로 사고하는 것은 비판적으로 사고하는 것이 아니다.	(　　)
5. 비판적으로 사고하는 것은 어떤 주제나 주장에 대해서 적극적으로 분석하는 것이다.	(　　)

****

정답	
	1. F – 비판적 사고의 목적은 단순히 그 주장의 단점을 찾아내는 것이 아니라, 종합적인 분석과 검토를 통해서 그 주장이 타당한지 그렇지 않은지를 밝혀내는 것이다.
	2. F – 비판적 사고는 논증, 추론, 증거, 가치에 대한 문제의 핵심을 파악하는 방법을 학습을 통해 배울 수 있으며, 타고난 것이라고 할 수 없다.
	3. T – 비판적 사고를 하기 위해서는 우선 감정을 컨트롤할 필요가 있다. 중립적인 입장에서 어떤 주장이나 의견을 파악할 필요가 있다.
	4. T – 비판적 사고는 부정적으로 생각하는 것이 아니라 지식과 정보에 바탕을 둔 합당한 근거에 기초를 두고 하는 것이다.
	5. T – 비판적 사고를 하기 위해서는 적극적인 분석과 종합이 필요하며, 그러한 과정을 거친 후에 주장을 타당한 것으로 수용할지, 불합리한 것으로 거부할지를 결정하게 된다.

비판적 사고는 어떤 주제나 주장 등에 대해서 적극적으로 분석하고 종합하며 평가하는 능동적인 사고이다. 이러한 비판적 사고는 어떤 논증, 추론, 증거, 가치를 표현한 사례를 타당한 것으로 수용할 것인가 아니면 불합리한 것으로 거절할 것인가에 대한 결정을 내릴 때 요구되는 사고력이다. 비판적 사고는 지엽적이고 시시콜콜한 문제를 트집 잡고 물고 늘어지는 것이 아니라 문제의 핵심을 중요한 대상으로 한다. 비판적 사고는 제기된 주장에 어떤 오류나 잘못이 있는가를 찾아내기 위하여 지엽적인 부분을 확대하여 문제로 삼는 것이 아니라 지식, 정보를 바탕으로 한 합당한 근거에 기초를 두고 현상을 분석하고 평가하는 사고이다.

다음 사례 6-2와 6-3은 사회현상 및 사회적 이슈거리와 관련된 주제를 하나 포착하여 이에 대한 비판적 사고를 통한 글쓰기 결과물을 제시한 것이다. 즉 사회문제 및 사회현상의 이슈를 발견하고 이를 문제로 인식하여 문제의식을 갖고 비판적 사고를 통해 문제점 및 원인을 적나라하게 분석, 종합, 평가하고 해결책을 도출하고 대안을 제시하고 있다. 비판적 사고의 사례 6-2와 6-3에 대해 자세히 살펴보도록 하자.

☞ 사례 6-2 ☜	자신의 주장 및 문제의식을 비판적 사고를 통해 논리정연하고 설득력 있게 제시하고 이에 대한 해결책 및 대안을 제시해 봅시다.

인생은 외모로부터 시작된다?

김 현 미

21세기에 들어서 여러 분야에서 발전한 우리나라는 경제적으로 여유를 가지게 되면서 생존이 아닌 자기모습에 관심을 가지기 시작했다. 그러나 갈수록 자신에 대한 관심에 그치는 것이 아니라 외모에 집착하게 되었고 대중매체나 사회에서 조차 잘난 외모면 뭐든지 되는 쪽으로 몰아가기 시작했다.

2006년 전국 700만 명의 관객을 동원하며 크게 히트한 영화 '미녀는 괴로워'는 못 생기고 뚱뚱한 여주인공이 성형을 통해 최고의 미인으로 변화하면서 예쁘면 다 가능하고 용서가 된다는 것을 여실히 보여주고 있다. 실제로 대부분의 사람들은 외모지상주의에 사로잡혀 사람을 평가할 때 외모를 가장 우선시 한다. 이렇게 외모는 개인의 가치와 정체성을 대변하는 상징이 되어버린 것이다.

외모지상주의, 그것은 대체 무엇이기에 우리의 마음을 뒤흔들어놓고 있는가? 외모지상주의란 외모가 개인 간의 우열 뿐 아니라 인생의 성패까지 좌우한다고 믿어 외모에 지나치게 집착하는 현상 또는 그러한 사회풍조를 일컫는 용어이다.

많은 사람들이 외모에 집착하여 자신의 시간과 돈, 건강을 버리고 극단적인 경우 목숨까지 버리기도 한다. 통계에 따르면 최근 국내의 기업인사 담당자 761명을 대상으로 '인상이 면접에 미치는 영향'을 조사한 결과 '면접자의 인상을 채용 기준의 하나로 상당히 고려한다'는 답변이 무려 49%인 것으로 조사됐다. 인사 담당자의 75%는 면접 때 '지원자의 인상 때문에 감점을 준 경험이 있다'고 답했다. 그 뿐만 아니라 "취업을 하기 위해 성형수술을 선택하는 남자의 수가 늘고 있다"고 밝힌 성형외과 의사의 말을 통해 높은 취업의 벽을 넘기 위해 성형수술을 선택하는 남성의 비율도 늘고 있다는 것을 알 수 있다. 어느 새 아름다움은 취업을 준비하는 사람들에게도 개인적인 만족과 선택에 그치는 것이 아니라 경쟁사회에서 살아남기 위해 어쩔 수 없이 지녀야 하는 또 하나의 스펙이 된 것이다.

우리는 언제쯤 외적인 아름다움을 강조하는 현 사회와의 싸움에서 이길 수 있을까? 많은 사람들이 외모지상주의로 인해 생기는 여러 가지 문제들을 비판하고 그에 대한 우려의 목소리도 점차 높아지고 있지만 언론매체에서 조차 "44 사이즈 열풍, 다이어트 열풍, S라인 열풍, 몸짱 아줌마 열풍" 등 예전에는 들어보지도 못한 신조어까지 등장시켜 사람들의 관심을 끌고 있다.

이러한 열풍들이 문제가 되는 이유는 바로 부작용에 있다. 사람들은 처음에는 운동이나 가벼운 다이어트 요법 등을 통해 몸매를 가꾸다가 만족하지 않으면 막대한 시간과 돈을 들여 성형수술을 하고 그것도 모자라 몇 번씩이나 되풀이하여 외모를 가꾸는 데 열과 성을 다한다. 이 과정에서 강박증이 생기게 되고 심하면 신체변형 장애까지 일으키게 되는 것이다. 지금도 많은 사람들이 외모를 가꾸기 위해 수술대에 오르고 있다. 인간 내면의 가치를 소홀히 하고 단지 외모만을 선호하는 문화는 우리 사회의 부끄러운 자화상으로 인격을 가진 사람들이 외모에 의해 가치가 매겨진다는 사실은 우리를 슬프게 한다. '성형공화국'이라고 지칭되는 우리나라의 비뚤어진 외모지상주의를 일순간에 근절한다는 것은 말처럼 쉽지 않겠지만 이제 조심스레 첫 발을 내디뎌야 할 시점이 아닌가 싶다.

최근 이슈화가 되고 있는 '보이스 코리아'라는 프로그램이 있다. 최고를 찾아내기 위해 어떠한 선입견도 배제한 채, 오직 목소리로 승부하여 그 재능을 인정받는 것이다. 우리가 그토록 외모면 뭐든지 가능하다는 생각을 깨우칠 수 있는 예를 보여주는 것이다.

사람들이 한방 인생을 위해 로또에 전념하듯이 성형수술을 하여 예뻐지면 자신의 인생이 크게 달라진다는 생각은 누구나 하기 쉽다. 자기만족에 대한 수준에서의 성형은 괜찮지만 그것을 넘어선 내가 선호하는 어떤 한 사람과 똑같이 되려고 외모를 변화시키는 것은 스스로의 개성을 없애는 것일 뿐만 아니라 나 자신의 존재를 거부하는 것이다. 또한 무분별하게 외모지상주의를 확대해 온 기업이나 사회는 자신들의 막중한 사회적 책임을 인식하고 취업에 있어서 실력을 기준으로 삼아야 할 것이다.

'외모는 가죽 한 꺼풀'이라는 말이 있다. 우리는 그대로의 자신을 받아 들이고 사랑할 수 있는 마음가짐과 인간 내면의 아름다움이 최상의 아름다움이라는 것을 꼭 기억해야 할 것이다

※ 출처: 광주보건대학교 유아교육과 전공심화과정 '독서 토론 및 논술' 과목 수업의 비판적 글쓰기 결과물(2012. 03. 31).

☞ 사례 6-3 ☜	자신의 주장 및 문제의식을 비판적 사고를 통해 논리정연하고 설득력있게 제시하고 이에 대한 해결책 및 대안을 제시해 봅시다.

손 안의 마약 스마트폰

박 애 란

'스마트폰(Smart Phone)'은 우리말로 직역하면 '똑똑한 휴대폰'이다. 다시 말해서 스마트폰은 컴퓨터로 할 수 있는 작업 중 일부를 휴대폰에서도 할 수 있도록 개발된 휴대기기이다. 요즈음 주변 사람들을 보았을 때, 스마트폰이 없는 사람이 없을 정도로 거의 대부분의 사람들이 가지고 있다. 이러한 스마트폰에 대한 관심이 높아지면서 문제점 또한 나타나고 있는 상황이다.

방송통신위원회에서는 2011년 10월 28일 우리나라 스마트폰 가입자가 2천만 명을 돌파한 것으로 밝혔는데, 이는 5천만 인구의 40%가 스마트폰을 쓰고 있다는 말이다. 편리함과 실용성으로 현대인들에게 필수품이 되어버린 스마트폰은 들고 다니면서 인터넷으로 뉴스, 날씨 등을 검색하고 사진, 동영상도 촬영하며 편집까지 할 수 있는 매력이 있는 물건이다. 이러한 스마트폰을 아침에 눈 뜨자마자 가장 먼저 찾고, 화장실 갈 때, 밥 먹을 때도 손에서 놓지 않는다. 버스에서도, 컴퓨터 부팅 시간조차 참지 못해 스마트폰을 찾고 게다가 스마트폰을 멀리 놓아두었을 때는 초조해 하는 등 스마트폰 중독에 걸린 사람들이 늘어나고 있다. 또한 스마트폰을 많이 사용함으로써 통신비의 부담 증가, 정보노출과 사생활 침해, 음란물 노출, 스마트폰 비사용자들이 소외되면서 의사소통이 안 되는 문제점이 발생하고 있다.

SBS TV 8시 뉴스에서는 유아 스마트폰 중독 사례로 유치원의 유아들을 상대로 실험한 결과, 유아들은 장난감, 인형, 스마트폰 중에서 갖고 싶은 것 1가지를 선택하라고 했을 때 스마트폰을 선택하는 모습이 보였다. 하루 종일 스마트폰에 빠져 사는 아이기 있는가 하면 전원이 꺼지면 초조해하고 울음을 터뜨리는 아이도 있었다. 바로 부모들이 아이들에게 스마트폰을 주는 공급자로 부모들은 "아이들에게 스마트폰을 주면 울지도 않고 조용히 잘 있어서…" 등의 육아의 편리함 때문에 준다고 하였다.

이렇게 스마트폰 사용으로 인한 많은 문제점이 제기되고 있는데 이를 해결할 수 있는 대책은 없을까? 먼저 무엇보다도 중독이 되기 전에 조기 예방교육이 중요하다. 현재 경

기도 지역에서는 중·고등학교 150개 학교를 선정해서 4월부터 11월까지 스마트폰 중독 예방 교육 및 SNS(소셜네트워크 서비스) 역기능 예방 교육 그리고 스마트폰 사용 예절 교육 등을 시행할 방침이라고 한다. 이는 전국적으로 광범위하게 실시되어야 할 것이다. 부모들은 유아에게 스마트폰을 주는 대신에 다양한 자연체험이나 유익하고 재미있는 놀이활동을 경험할 수 있는 기회를 제공하고 도와주는 조력자가 되어야 할 것이다. 그리고 유용한 어플들이 있는 반면에 유해한 어플들도 많아 이를 방지하기 위해서는 각 통신사에서 스마트폰을 발급 받기 전에 성인인증 방식 강화, 유해성 정보를 담은 인터넷의 접속을 차단하는 프로그램을 설치한 후에 소비자에게 공급하는 방안 등을 생각해 볼 수 있다.

마약에 한 번 빠지면 헤어 나오기 어렵듯, 스마트폰의 잘못된 사용은 우리 손 안에 있는 마약이나 다름없다. 다양한 정보로 가득 찬 스마트폰의 세상도 좋지만 그 세상에만 갇혀 현실의 아름다운 하늘과 멋진 풍경 그리고 친구들 간의 오프 라인에서의 만남과대화, 소통을 놓쳐서는 안 될 것이다. 지금 당장 스마트폰에서 눈을 떼고 하늘을 한 번 올려다보는 것은 어떨까? 아니면 친구를 만나 이야기꽃을 피워 보는 것은 어떨까?

※ 출처: 광주보건대학교 유아교육과 전공심화과정 '독서 토론 및 논술' 과목 수업의 비판적 글쓰기 결과물(2012. 03. 31).

사례 6-2와 6-3의 비판적 사고를 통한 글쓰기 결과물을 살펴본 결과 이는 사회현상에 대한 비판적 사고를 통한 문제의식에서 출발하여 문제점을 분석 및 평가하여 결과를 해석한 다음 해결책을 도출하고 대안을 제시하는 단계별 과정을 거친 것을 알 수 있다.

이러한 사회적인 이슈거리, 사회현상, 사회문제에 대한 글쓰기는 자신과 다른 의견을 가진 사람들의 생각을 변화시킬 수 있을 정도로 상당한 수준의 실증적인 자료 및 논리적인 근거와 설득력이 있어야 한다. 직장에서 부딪치는 다양한 문제를 발견하고 해결하기 위해서는 비판적 사고를 통한 글쓰기 훈련으로 비판적 사고의 기초적인 학습경험을 잘 구축하는 것이 매우 중요하다.

여러분도 직면한 문제 및 언론매체(신문기사, 뉴스 등)나 사회생활에서 발견한 사회문제 혹은 직장에서 발생할 수 있는 문제상황을 선정하여 비판적 사고를 통한 비판적 글쓰기를 자주 시도해 보기 바란다.

07 Chapter
비판적 사고의 개발방법은 무엇인가?

1. 비판적 사고의 개발

비판적 사고를 개발하기 위해서는 지적 호기심, 객관성, 개방성, 융통성, 지적 회의성, 지적 정직성, 체계성, 지속성, 결단성, 다른 관점에 대한 존중과 같은 태도가 요구된다.

1) 지적 호기심

여러 가지 다양한 질문이나 문제에 대한 해답을 탐색하고 사건의 원인과 설명을 구하기 위하여 왜, 언제, 누가, 어디서, 어떻게, 무엇을 등에 관한 질문을 제기한다.

2) 객 관 성

결론에 도달하는데 있어서 감정적, 주관적 요소를 배제하고 경험적 증거나 타당한 논증을 근거로 한다.

3) 개 방 성

다양한 여러 신념들이 진실일 수 있다는 것을 받아들인다. 편견이나 선입견에 의하여 결정을 내리지 않는다.

4) 융 통 성

개인의 신념이나 탐구방법을 변경할 수 있다. 특정한 신념의 지배를 받는 고정성, 독단적 태도, 경직성을 배격한다. 우리는 모든 해답을 알고 있지는 못하다는 것을 이해하는 것이다.

5) 지적 회의성

모든 신념은 의심스러운 것으로 개방하는 것이다. 적절한 결론이 제시되지 않는 한 결론이 참이라고 받아들이지 않는다.

6) 지적 정직성

비록 어떤 진술이 우리가 바라는 신념과 대치되는 것이라 할지라도 충분한 증거가 있으면 그것을 진실로 받아들인다.

7) 체 계 성

결론에 이르기까지 논리적 일관성을 유지한다. 논의하고 있는 문제의 핵심에서 벗어나지 않도록 한다.

8) 지 속 성

쟁점의 해답을 얻을 때까지 끈질기게 탐색하는 인내심을 갖도록 한다. 증거, 논증의 추구를 포기함이 없이 특정 관점을 지지한다.

9) 결 단 성

증거가 타당할 땐 결론을 맺는다. 모든 필요한 정보가 획득할 때까지 불필요한 논증, 속단을 피하고 모든 결정을 유보한다.

10) 다른 관점에 대한 존중

내가 틀릴 수 있으며 내가 거절한 아이디어가 옳을 수 있다는 것을 기꺼이 받아들이는 태도이다. 타인의 관점을 경청하고 들은 것에 대하여 정확하게 반응한다.

학 습 평 가

Q 1. 어떤 주제나 주장 등에 대해서 적극적으로 분석하고 종합하며 평가하는 능동적인 사고를 (　　　　　　　　)라고 한다.

Q 2. 다음 중 비판적 사고를 발휘하는데 요구되는 태도가 아닌 것은? (　　　)
① 지적 호기심　② 객관성　③ 다른 관점에 대한 반박　④ 개방성

Q 3. 비판적 사고의 설명 중 설명이 맞지 않는 것은? (　　　)
① 비판적 사고의 주요 목적은 어떤 주장의 단점을 파악하려는데 있다.
② 비판적 사고를 하려면 우리의 감정을 철저히 배제해야 한다.
③ 비판적 사고를 부정적으로 생각하는 것이 아니라 지식과 정보에 바탕을 둔 합당한 근거에 기초를 두고 하는 것이다.
④ 비판적으로 사고하는 것은 어떤 주제나 주장에 대해서 적극적으로 분석하는 것이다.

Q 4. 비판적 사고의 개발을 위해 결론에 도달하는데 있어서 감정적, 주관적 요소를 배제하고 경험적 증거나 타당한 논증을 근거로 하는 태도는? (　　　)
① 지적 회의성　② 객관성　③ 체계성　④ 결단성

Q 5. 비판적 사고의 개발을 위해 개인의 신념이나 탐구방법을 변경할 수 있다고 보고 특정한 신념의 지배를 받는 것을 배격하는 태도는? (　　　)
① 고정성　② 독단적 태도　③ 경직성　④ 융통성

****

정 답	1. 비판적 사고　2. ③　3. ①　4. ②　5. ④

직업인들은 업무수행 과정에서 비판적인 사고를 하도록 요구받고 있다. 그러나 어떻게 하면 비판적 사고를 할 수 있는지 모르는 경우가 많다. 직업인들에게 필요한 비판적 사고를 개발하는 방법에 대해서 알아보자. 비판적인 사고를 갖추기 위해서는 주변에서 발생하는 사소한 일을 그냥 지나치지 않는 것이 중요하며, 사소한 발견에 대해서 의문을 가지고 지속적인 관심을 갖는 것이 필요하다. 다음은 우리가 아는 위대한 인물들이 사소한 의문에서 시작해서 위대한 발견을 한 사례이다. 사례를 통해서 비판적 사고를 위해서 필요한 것들을 생각해보자.

☞ 사례 7-1 ☜	사소한 발견

- **아이작 뉴튼:** 나무에서 떨어지는 사과를 보고 '만유인력의 법칙'을 발견하는 중요한 힌트를 얻음.
- **아르키메데스:** 목욕할 때 탕 속에서 물이 흘러넘치는 것을 보고 '아르키메데스의 원리'라고 부르는 부력의 원리를 발견.
- **갈리레오 갈릴레이:** 램프의 흔들림을 보고 '추의 등시성'을 발견
- **알푸레드 노벨:** 뉴트로 글리세린이 용기에서 새어 나와 규소토에 스며드는 것을 보고 '다이너마이트'를 발명.
- **알렉산더 플레밍:** 배양하고 있던 포도상 구균이 파란 곰팡이에 녹는 것을 발견하고 그 파란 곰팡이에서 페니실린을 추출해서 항생물질 개발.

사례 7-1에 제시된 5가지 사례들은 모두 비판적 사고를 통해 얻은 위대한 결과들을 제시해 놓은 것이다. 즉 비판적 사고가 시작되는 계기와 비판적 사고가 어떤 결과를 가져오는지에 대해 보여주고 있다. 각 사례의 인물들은 우리가 그냥 지나칠 수 있는 사소한 현상조차도 놓치지 않고 문제의식을 가지고 끊임없이 탐구한 결과, 위대한 발견을 할 수 있었음을 알 수 있다.

만약 그들이 그러한 사소한 현상을 경험했어도 이에 대해 무심코 지나치거나 더 깊이 생각하지 않고 생각을 진전시키지 않았다면 그리고 문제로 인식하지 않고 당연한 것으로 여겼다면 만유인력의 법칙이나 아르키메데스의 원리 등은 이 세상에 나오지 못했을 것이다.

우리는 7-1에 제시된 일련의 사례들을 통해 비판적 사고는 사소한 것이라도 관심을 갖거나 민감하게 반응하고 끈기 있게 깊이 생각해보는 것임을 알 수 있다. 또한 당연히 생각되는 현상이나 일에도 의문을 품어보는 문제의식을 갖는 것으로부터 비판적 사고는 시작된다는 것을 알 수 있다.

아래에 제시된 학습활동은 고정관념을 버리고 새로운 발상의 전환을 통해 비판적인 사고를 개발하기 위한 것이다. 즉, 비판적 사고는 고정관념이나 편견을 가지고 있어서는 안 되며, 문제의식과 발상의 전환이 필요함을 보여 준다. 제시된 활동은 개인의 생각에 따라 각자 답이 다를 수 있고 정답이 한 가지만 있는 것이 아니다. 예를 들면 '드라이어의 다른 용도는?'에 대해 스스로에게 질문을 던져보면 젖은 옷 말리기, 먼지 제거, 발가락 습기 제거 등을 들 수 있다.

학습활동 ⇨ 고정관념 ▶ 새로운 발상으로 전환 연습

D 1. 비판적 사고를 위해서는 특정한 문제에 대해서 가능한 많은 아이디어를 산출하고, 이러한 아이디어를 종합, 검토하여, 최선의 아이디어를 도출하는 일이 필요하며, 기존에 가지고 있는 생각의 틀을 벗어나는 것이 중요하다. 다음 제시되는 물건들의 용도를 가능한 많이 찾아서 기록해보자.

스테이플러	1. 서류 정리	2, 벽에 종이를 고정	3. 세탁소에서 옷을 구분
	4. ______	5. ______	6. ______

드라이어	1. ______	2. ______	3. ______
	4. ______	5. ______	6. ______

칫솔	1. ______	2. ______	3. ______
	4. ______	5. ______	6. ______

스카치 테이프	1. ______	2. ______	3. ______
	4. ______	5. ______	6. ______

2. 비판적 사고를 위한 태도

비판적인 사고를 하기 위해서는 어떤 현상에 대해서 문제의식을 가져야 하며 고정관념을 버려야 한다.

1) 문제의식

비판적인 사고를 위해서 가장 먼저 필요한 것은 문제의식이다. 문제의식이 왜 비판적인 사고에서 중요한지 다음 사례 7-2의 예를 통해 알아보자.

☞ 사례 7-2 ☜	문제의식을 갖고 계속적인 관찰과 끊임없는 질문을 해야…

2002년 노벨상을 수상한 다나카 코이치씨는 평범한 샐러리맨이라는 점에서 큰 화재를 불러일으킨 적이 있었다. 다나카씨의 수상은 아세톤에 금속 분말을 녹여야 하는데 글리세린에 녹여버린 실수로부터 시작되었다. 다나카씨는 잘못 녹인 금속 분말이 아까워서 그대로 레이저에 대고 측정치를 계속해서 관찰하는 활동을 하였고, 그 결과 고분자의 질량분석이 가능한 현상을 발견하였다. 이런 면에서 볼 때 다나카씨의 발견은 우연일지 모르지만 '글리세린에 녹인 금속 분말은 어떻게 될까?'라는 끊임없는 문제의식을 통해서 가능한 일이었다.

제시된 사례 7-2의 다나카씨의 예에서 볼 수 있는 것처럼 문제의식을 가지고 있다면 주변에서 발생하는 사소한 일에서도 정보를 수집할 수 있으며, 이러한 정보를 통해서 새로운 아이디어를 끊임없이 생성해 낼 수 있다. 문제의식은 당장 눈앞의 문제를 자신의 문제로 여기고 진지하게 다룰 생각이 없는 한 절대로 답을 얻을 수 없다. 따라서 자신이 지니고 있는 문제와 목적을 확실하고 정확하게 파악하는 것이 비판적인 사고의 시작이다.

2) 고정관념 타파

비판적인 사고를 하기 위한 문제의식을 가지고 있다면 다음으로 필요한 것이 지각의 폭을 넓히는 일이다. 지각의 폭을 넓히는 일은 정보에 대한 개방성을 가지고 편견을 갖지 않는 것으로, 고정관념을 타파하는 일이 중요하다. 고정관념은 사물을 바로 보는 시각에 영향을 줄 수 있으며, 일방적인 평가를 내리기 쉽다. 다음의 사례는 우리 주변에서 흔히 볼 수 있는 물건을 통해 고정관념을 탈피한 사례들이다.

상품	본래 용도	새로운 용도
스테이플러	서류 정리	벽에 종이를 고정
드라이어	머리를 말린다.	온풍을 이용해서 어깨 결림을 완화시킨다.
칫솔	양치질을 한다.	빗의 이물질을 제거한다.
스카치 테이프	종이를 붙인다.	지문 채취

학 습 평 가

Q 1. 비판적 사고를 개발하기 위해서는 ( ), ( ) 가 필요하다.

Q 2. 다음 중 비판적 사고를 방해하는 것으로서 사물을 바라보는 편협적인 시각을 의미하는 것은? ( )

① 문제의식 ② 독창성 ③ 고정관념 ④ 객관성

Q 3. 비판적 사고를 갖추기 위해서는 주변에서 발생하는 사소한 일을 그냥 지나치지 않는 것이 중요하다. 사소한 의문에서 시작해서 '만유인력의 법칙'이란 위대한 발견을 한 사람은? ( )

① 아르키메데스 ② 갈리레오 갈릴레이 ③ 아이작 뉴튼 ④ 알프레드 노벨

Q 4. 다음 보기를 참고하여 괄호 안에 알맞은 말을 넣어라.

[보기] 발상의 전환, 지각의 폭을 넓힘, 정보의 개방성, 사물에 대한 정확한 파악

비판적 사고 개발 태도는 고정관념이나 편견을 가지고 있어서는 안 되며, 문제의식을 갖고 ( )을 통하여 비판적 사고를 개발해야 한다.

****

정 답	1. 문제의식, 고정관념타파	2. ③	3. ③	4. 발상의 전환

학습정리

1. 창의적 사고란 당면한 문제를 해결하기 위해 이미 알고 있는 경험지식을 해체하여 새로운 아이디어를 다시 도출하는 것으로, 개인이 가지고 있는 경험과 지식을 통해 새로운 가치 있는 아이디어로 다시 결합함으로써 참신한 아이디어를 산출하는 사고능력을 의미한다.

2. 창의적인 사고는 문제에 대해서 다양한 사실을 찾거나 다채로운 아이디어를 창출하는 발산적 사고가 요구되며, 이러한 발산적 사고의 개발방법으로는 브레인스토밍, 결점열거법, 결점제거법, 희망열거법, 색다른 용도법, 목록표 작성법, 카탈로그 기법, 스캠퍼 기법, 조합법 등이 있다.

3. 논리적인 사고란 사고의 전개에 있어서 전후의 관계가 일치하고 있는가를 살피고 아이디어를 평가하는 사고능력을 의미한다.

4. 논리적 사고를 개발하기 위한 방법으로는 하위의 사실이나 사소한 현상으로부터 상위의 주장을 만들어가는 방법인 피라미드 구조방법과 눈앞에 있는 정보로부터 의미를 찾아내어 가치 있는 정보를 이끌어 내는 So What 방법이 있다.

5. 비판적 사고란 어떤 논증, 추론, 증거, 가치를 표현한 사례를 타당한 것으로 수용할 것인가 아니면 불합리한 것으로 거절할 것인가에 대한 결정을 내릴 때 요구되는 사고능력을 의미한다.

6. 비판적 사고를 개발하기 위해서는 어떤 현상에 대해서 문제의식을 가지고 고정관념을 버려야 한다.

08 Chapter 문제해결능력이란 무엇인가?

1. 문제해결능력의 중요성

문제해결능력은 직장생활에서 업무를 수행함에 있어 문제 상황이 발생하였을 경우 창조적, 논리적, 비판적 사고를 통해 이를 올바르게 인식하고 적절히 해결하는 능력이다. 업무를 수행하면서 우리는 끊임없이 문제 상황에 마주하게 된다. 회사의 경영자는 수익을 높여야 되는 문제를 겪을 것이고 부서 관리자는 '회사에 대한 각 부서의 기여도를 어떻게 높일 것인가?'하는 문제를 겪게 될 것이다. 또한 이제 막 입사한 신입사원은 업무에 빨리 적응해야 하는 문제 상황을 맞이하게 될 것이다. 이렇듯 사람들은 매일매일 크고 작은 문제에 부딪치게 된다.

취업 포털인 인크루트는 1년간 주요 대기업들의 채용 면접에서 나온 질문 4천여 건을 분석해 발표했는데 질문유형은 문제해결형의 질문을 가장 많이 하는 것으로 확인되었다. 즉 직장 생활에서 생길 법한 문제 상황을 주고 그 대처법을 묻는 질문을 많이 한다는 것이다. 예를 들면 '들어 줄 수 없는 요구인데도 고객이 끈질기게 요구한다면?', '난동 피우는 고객이 있다면?', '우리 회사 제품은 만원일 때 경쟁사 제품이 8천원인 경우 어떤 방법으로 제품을 팔 것인가?' 등을 꼽을 수 있다. 한 회사의 홍보팀 관계자는 "국내 기업들이 갈수록 구성원들의 문제해결능력과 의사소통능력을 중시하는 추세이다"라고 하였으며, 임원들도 이러한 면접을 도입한 뒤 논리력과 자기표현 능력을 갖춘 신입 사원들이 늘어났다고 만족하는 분위기라고 전하였다.

채용정보업체 잡 코리아는 1년 동안 신입사원을 채용한 중소기업 1,218개 업체 인사담당자를 대상으로 '신입사원의 역량과 직장생활 태도에 대한 만족도'를 조사해서 발표했다. 인사담당자의 71.3%는 신입사원의 '업무의 이해도 및 수용능력'이 만족스럽다고 답했고 이어 '직장생활 적응력(51.1%), 배우려는 적극성(45.4%)'등에도 만족한다고 하였다. 반면에 '개인주의 성향(52.3%)'과 '문제해결능력(45.4%)'은 만족스럽지 못하다고 답변했다. 또 '유연한 사고력(40.8%)과 전공관련 전문지식(39.7%)'도 부족한 것으로 조사 되었다.

흔히 문제라고 하면 현재 직면하여 해결해야만 하는 문제만을 떠올리기 쉬운데 오늘날은 그 어느 때보다도 경쟁력을 강화하기 위한 개혁과 혁신이 요구되는 시대이다. 따라서 직업인들은 현재 당면한 문제 뿐만 아니라 아직 보이지 않는 미래에 닥칠 숨어있는 문제까지 찾아내 해결하지 않고서는 경쟁에서 살아남을 수 없다. 또한 미래에 장기적으로 부딪칠 문제까지 미리 예상해서 해결안을 도출하여 장기적인 준비를 통해 문제상황이 수면 위로 떠오르기 전에 미리 대처할 수 있는 능력을 갖추어야 한다.

예를 들면 세계적으로 카메라의 필름을 만드는 것으로 유명한 코닥(Kodak) 이라는 회사는 디지털 카메라가 등장하면서 2012년 파산했다. 노키아는 불과 몇 년 전까지 세계 휴대전화 산업의 최강자였다. 그러나 스마트폰의 등장에 대응하지 못한 채 몰락하여 마이크로소프트사(MS)에 인수당하고 말았다. 코닥과 노키아가 몰락한 주된 원인의 공통점은 변화에 대응하지 못했기 때문이다. 즉 최강자일 때 미리 미래를 예측하고 현재에는 문제가 없지만 준비하지 않으면 안 되는 문제를 미리 포착하여 준비를 하지 못했기 때문이다. 반면에 중국의 기업 알리바바의 회장 마윈은 기업을 일군지 15년 만에 세계 제2위의 재벌로 등극했다.

이와 같이 기업의 흥망성쇠에 걸리는 시간도 지식정보화 사회(IT), 컴퓨터(인터넷), 스마트폰(앱)을 연결하고 활용한 새로운 기술이 급속도로 발전되면서 그 주기도 짧아지고 속도도 빨라지고 있음을 알 수 있다. 오늘날 기업은 눈에 보이지 않는, 아직 있지도 않은 문제 즉 멀리 있는 문제까지도 포착하고 예측해서 문제화시켜 해결하지 않으면 안 되는 속도전 경영시대에 살고 있는 것이다.

이것은 비단 회사 및 기업 뿐만 아니라 어느 집단이나 조직, 개인도 마찬가지로 적용될 수 있을 것이다. 21세기를 살아가는 현대인들은 장기적으로 짧게는 5-10년 길게는 20년을 단위로 미래를 내다보면서 문제를 인식하고 포착하여 미리 필요한 대비를 하는 능력은 매우 중요하다고 할 수 있을 것이다. 아무튼 문제는 크든 작든 포착하고 인식하는 것이 중요하고 이를 해결하는 의지를 갖고 해결하려고 노력함으로써 개인이나 기업, 조직 및 집단이 발전할 수 있는 기회로 삼는 것이 현명한 자세와 태도일 것이다.

그리고 업무상 효율성과 수익성을 강조하는 경영학적 관점에서 본다면, 많은 고객과 사회는 단지 기능 충족의 제품과 서비스만으로는 더 이상 만족하지 않는다. 소비자들은 많은 비용을 지불하더라도 높은 가치가 구현된 제품과 서비스를 기꺼이 향유하길 원한다. 따라서 기업의 경쟁력은 이제 기능적 제공 수준의 제품이나 서비스 차원을 넘어 고객과 사회의 기대 가치에 어느 정도의 만족도를 높일 수 있는가의 문제를 해결하느냐 못하느냐의 문제로 귀결된다고 해도 과언이 아니다.

이렇듯 기업의 경쟁력이 제품, 서비스, 가치 창조, 고객 만족도, 가격 경쟁력, 선점의 문제가 항상 도사리고 있는 문제 상황에서 한 기업 및 조직의 구성원으로서 맡은 업무를 잘 수행하기 위해 문제해결능력이 매우 요구되고 있다. 이제 기업이나 집단 및 조직, 직업인 개개인의 경쟁력은 업무와 관련된 다양한 문제상황에 있어서 문제해결능력 즉 기술상의 문제해결능력, 제품과 관련된 문제해결능력, 서비스와 관련된 문제해결능력, 고객 응대와 관련된 문제해결능력, 대인관계 및 의사소통과 관련된 문제해결능력, 업무의 효율성과 합리성과 관련된 문제해결능력 등의 수준에서 판단되고 결정되어질 것이다.

문제해결능력은 문제해결자의 현재 상태와 도달해야 하는 목표 상태의 차이를 신속하고 효과적으로 해소시킬 수 있는 지적이며 창의적인 능력이다. 문제해결을 하기 위해서는 해결하고자 하는 목표가 있어야 하고 그 목표에 적합하도록 현재의 상태를 바꾸어 가는 절차를 수행하여야 한다. 현재의 상태를 바꾸는 과정에서 장애물이 있을 수 있고, 장애물이 해결하기 어려운 것일수록 목표에 도달하기 어려워진다. 따라서 즉각적으로 목표에 도달할 수 없을 때에는 주어진 모든 기회를 활용하고 도전을 통해 극복하려는 문제해결 노력이 요구된다. 다시 말해서 문제해결능력이란 문제상황에서 학습자가 해결해야 할 문제를 파악하고 그것을 효과적으로 해결하기 위한 최적의 방안을 설정하고 그것을 수행해 가는 고등정신능력을 의미한다.

☞ 사례 8-1 ☜	대화와 정보 공유를 통한 문제해결능력 수준이 곧 개인, 기업 국가의 경쟁력이자 창조경영의 성공요인

창조경영과 문제해결능력

많은 기업이 변화에 대응하기 위해 M&D를 통해 블루오션을 찾고 있지만 정작 회사 내부에서 문제점에 대한 의사소통이 되지 않기 때문에 대부분 실패한다. 성공적인 창조경영은 고객과 임직원의 실시간 정보공유 및 보상이 핵심가치다. 서로 대화가 용이해짐에 따라 문제해결이 쉬워져서 만족스러운 경영성과를 도출하게 된다. 현재 대기업과 중소기업의 양극화, 빈부격차, 환율 등 국내외에서 수많은 문제가 매일 발생하고 있다. 개인의 문제해결능력과 수준으로 당면한 문제를 어떻게 해결했는가에 따라서 기업과 국가의 미래가 결정되며 성공적일 경우 우리는 국제 경쟁력에서 앞서 나갈 수 있다.

창조경영을 정착시키기 위해서 삼성은 '우수인력 채용과 과감한 R&D 투자를 통해 미래형 제품을 개발하라' 애플은 '미칠 정도의 멋진 제품을 창조하라고 독려하고 있다. 또 구글은 '장차 고객을 위해 쓸 수 있는 아이디어를 창출하는 데 근무시간의 20%를 쓰도록 하라'고 했다. 도요타는 사원 개개인에게 문제 발생 전 혹은 문제 발생 당시 문제해결을 스스로 할 수 있는 재량권을 부여해 경영혁신과 경쟁력을 확보했다. 두바이의 셰이크 모하메드는 '우리의 꿈은 생활의 안락함과 성공의 핵심을 제공하는 최고의 도시를 창조하는 것'이라고 강조했다. 모두가 21세기 세계 최고의 창조경영의 성공기업과 국가들이다.

문제해결능력은 어떤 이슈나 문제를 파악하는 사고로 아이디어 도출 및 분석, 평가, 상식파괴를 통해 고객이 원하는 핵심가치를 발견하는 것이다. 그리고 몇 명이 모여서 사회의 경험과 학교에서 배운 지식, 노하우를 공유하며 문제를 긍정적 사고로 해결을 하면서 시너지 효과는 더욱 더 커진다. 결국 창조경영의 성공은 대화와 정보공유를 통한 문제해결능력과 수준을 결정하는 우리 자신에게 달려 있는 것이며, 국가는 지식 정보사회의 새로운 원칙을 적극적으로 수용해 그 인프라를 구축해 주어야 할 것이다.

2. 문제의 개념

1) 문제의 의미

문제란 무엇인가? 문제란 무엇인가를 추진하고 실행함에 있어서 해결하기를 원하지만 실제로 해결해야 하는 방법을 모르거나 해답을 얻는데 필요한 일련의 행동을 알지 못하는 상태를 말한다. 즉 원활한 업무 추진을 위해 해결되어야 하는 일, 질문 및 대상을 뜻한다. 간단히 말해서 문제란 성과 수준에 대한 현상과 목표의 차이를 의미한다.

그리고 직무상, 업무상의 문제란 원하는 바람직한 상태와 현 상태간에 괴리가 생겼을 때를 말한다. 즉 업무상 현 상황이나 상태가 원하는 바람직한 상황이나 목표에 도달하지 못하고 동떨어져 있거나 일치하지 않은 경우를 말한다. 이 때가 바로 문제가 발생한 것으로 인식해야 하며 문제를 극복하기 위한 해결방법이나 해결책을 필요로 하고 강구해야 할 시점인 것이다.

우리는 가끔 '문제가 없다'고 말하는 사람이나 기업을 본다. 이는 좋아보일지 모르지만 이런 경우는 한마디로 지금 처한 현상을 제대로 파악하지 못하거나 아니면 목표 없이 살아가는 위험한 상태이다. 그래서 우리들은 항상 자신을 반성하고 목표를 세우는 일을 반복하고 있는 것이다. 그러나 진정한 혁신을 위해서는 이미 보이는 문제의 확인이 아닌 보이지 않는 문제를 찾아내어 해결하려는 문제의식을 갖는 습관이 필요하다.

직장에서 업무를 추진하는 동안에 문제를 인식한다 하더라도 문제를 해결하려는 의지가 없다면 문제는 존재의 의미가 없다. 업무 상황에서 발생하는 문제를 인식하고 문제를 방치하지 않고 도전하여 해결하려는 노력이 동반될 때, 문제를 해결할 수 있고 발전이 있을 수 있다. 문제가 있고, 문제를 해결하는 속에 조직은 발전하게 되는데, 문제 제기를 두려워하고 숨기거나 없다고 한다면, 그 조직의 발전은 멈출 것이다. 즉 문제를 방치하지 않고 도전하여 해결하는 속에서 발전이 이루어지는 것이다. 이렇게 생각할 때 문제를 해결하려는 실천적 의지가 중요함을 알 수 있다.

2) 문제의 유형

문제를 효과적으로 해결하기 위해서는 먼저 그 문제의 유형이 무엇인지를 파악하는 것이 중요하다. 이러한 문제의 유형은 그 기준에 따라 여러 가지로 구분될 수 있다. 가령 기능에 따른 문제 유형으로는 제조 문제, 판매 문제, 자금 문제, 인사 문제, 경리 문제, 기술상 문제 등으로 분류할 수 있으며, 시간에 따른 문제 유형으로는 과거 문제, 현재 문제, 미래 문제 등으로 분류할 수 있다. 또한 해결방법에 따른 문제 유형으로는 논리적 문제와 창의적 문제로 분류할 수 있다.

<표 8-1> 문제의 유형

기능에 따른 문제유형	해결방법에 따른 문제유형	시간에 따른 문제유형	업무수행과정 중 발생한 문제 유형
판매, 제조, 자금, 인사, 경리, 기술상 문제	창의적 문제와 논리적 문제	과거, 현재, 미래문제	보이는 문제, 찾는 문제, 미래 문제

특히 해결방법에 따라 문제는 창의적 문제와 논리적 문제로 구분되며, 두 가지 문제는 문제제시방법, 해결방법, 해답 수, 주요 특징에 의해서 <표 8-2>와 같이 구분된다.

<표 8-2> 창의적 문제와 논리적 문제

구분	창의적 문제	논리적 문제
문제제시방법	현재 문제가 없더라도 보다 나은 방법을 찾기 위한 문제 탐구로 문제 자체가 명확하지 않음	현재의 문제점이나 미래의 문제로 예견될 것에 대한 문제 탐구로 문제 자체가 명확함
해결 방법	창의력에 의한 많은 아이디어의 작성을 통해 해결	분석, 논리, 귀납과 같은 논리적 방법을 통해 해결
해답 수	해답의 수가 많으며, 많은 답 가운데 보다 나은 것을 선택	답의 수가 적으며, 한정되어 있음
주요 특징	주관적, 직관적, 감각적, 정성적, 개별적, 특수성	객관적, 논리적, 정량적, 이성적, 일반적, 공통성

또한 오늘날 대학생 및 직장인들에게는 당면한 보이는 문제 뿐만 아니라 숨어있는 문제까지 찾아서 해결하는 것이 요구되므로, 이러한 관점에서 업무수행과정에서 발생하는 문제를 발생형 문제(보이는 문제), 탐색형 문제(찾는 문제), 설정형 문제(미래 문제)의 세 가지 유형으로 분류할 수 있다.

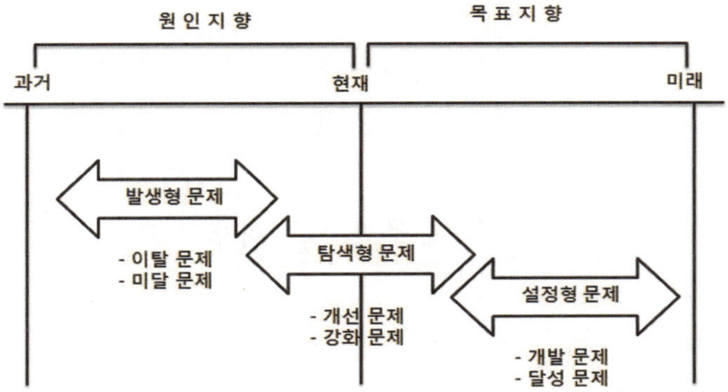

[그림 8-1] 업무수행과정 중 발생한 문제 유형

▣ 발생형 문제(보이는 문제)

발생형 문제는 우리가 바로 직면하여 걱정하고 해결하기 위해 고민하는 문제를 의미한다. 발생형 문제는 눈에 보이는 문제로, 어떤 기준을 일탈함으로써 생기는 일탈 문제와 기준에 미달하여 생기는 미달문제로 대변된다. 또한 문제의 원인이 내재되어 있기 때문에 원인지향적인 문제라고도 한다.

▣ 탐색형 문제(찾는 문제)

탐색형 문제는 현재의 상황을 개선하거나 효율을 높이기 위한 문제를 의미한다. 탐색형 문제는 눈에 보이지 않는 문제로, 문제를 방치하면 뒤에 큰 손실이 따르거나 결국 해결할 수 없는 문제로 나타나게 된다. 이러한 탐색형 문제는 잠재문제, 예측문제, 발견 문제의 세 가지 형태로 구분된다. 잠재문제는 문제가 잠재되어 있어 보지 못하고 인식하지 못하다가 결국은 문제가 확대되어 해결이 어려운 문제를 의미한다. 이와 같은 문제는 존재하나 숨어있기 때문에 조사 및 분석을 통해서 찾아야 할 필요가 있다. 예측문제는 지금 현재로는 문제가 없으나 현 상태의 진행 상황을 예측이라는 방법을 사용하여 찾아야 앞으로 일어날 수 있는 문제가 보이는 문제를 의미한다. 발견문제는 현재로서는 담당 업무에 아무런 문제가 없으나 유사 타 기업의 업무방식이나 선진기업의 업무 방법 등의 정보를 얻음으로써 보다 좋은 제도나 기법, 기술을 발견하여 개선, 향상시킬 수 있는 문제를 말한다.

▣ 설정형 문제(미래 문제)

설정형 문제는 장래의 경영전략을 생각하는 경영전략의 문제로 '앞으로 어떻게 할 것인가?' 하는 문제를 의미한다. 설정형 문제는 지금까지 해오던 것과 전혀 관계없이 미래지향적으로 새로운 과제 또는 목표를 설정함에 따라 일어나는 문제로서, 목표 지향적 문제라고 할 수 있다. 따라서 이러한 과제나 목표를 달성하는데 따른 문제해결에는 지금까지 경험한 바가 없기 때문에 많은 창조적인 노력이 요구되는 문제이므로, 설정형 문제를 창조적 문제라고 하기도 한다.

3. 문제해결의 개념

직업인들은 업무수행 중 문제가 발생하면 이를 해결하기 위해 다양한 노력을 기울이게 된다. 그러나 발생한 문제를 어떻게 해결하는 것이 적절한 것인지 모르는 경우가 더러 있다. 이는 문제해결의 의미와 방법을 모르기 때문이다.

문제해결이란 목표와 현상을 분석하고, 분석 결과를 토대로 과제를 도출하여 최적의 해결책을 찾아 실행, 평가해 가는 활동을 의미한다. 이러한 문제해결은 조직, 고객, 자신의 세 가지 측면에서 도움을 줄 수 있다. 조직측면에서는 자신의 속한 조직의 관련 분야에서 세계 일류수준을 지향하며, 경쟁사와 대비하여 탁월하게 우위를 확보하기 위해서 끊임없는 문제해결이 요구된다. 고객측면에서는 고객이 불편하게 느끼는 부분을 찾아 개선과 고객 감동을 통한 고객 만족을 높이는 측면에서 문제해결이 필요하며, 자기 자신 측면에서는 불필요한 업무를 제거하거나 단순화하여 업무를 효율적으로 처리하게 됨으로써 자신을 경쟁력 있는 사람으로 만들어 나가는데 문제해결이 요구된다.

사람들이 문제에 봉착하게 되었을 때, 그것을 해결하지 못하는 가장 큰 원인은 그 문제가 가져다주는 감정적인 상처와 아픔을 감당하지 못하기 때문이다. 따라서 문제를 잘 해결하기 위해서는 무엇보다도 우리의 감정이 즐거워야 한다. 문제 해결을 위해 어떤 일을 하면서 내 마음이 전혀 즐겁지 않다면 결코 문제 해결이 쉽지 않을 것이다. 따라서 문제를 해결하기 위해 선택할 수 있는 여러 가지 방법 중에 우리가 즐기면서 할 수 있는 방법을 선택한다면 문제해결과정이 보다 쉽게 다가올 것이다.

다음의 문제해결을 위한 5가지 질문은 문제해결을 용이하게 하는데 도움이 될 것이다. 직업인이 업무상 부딪치는 문제를 해결하고자 할 때 다음의 5가지 질문을 잘 활용해 보기 바란다.

▣ "이 문제의 좋은 점은 무엇인가?"

사람들은 누구나 문제 그 자체에 집중한 나머지 그 문제를 통해 자신이 경험한 유익한 부분은 간과해 버리는 경향이 있다. 하지만 우리가 조금만 시선을 객관적으로 본다면 자신을 괴롭히는 문제라 할지라도 그것을 통해 자신이 얻은 유익이 반드시 있다는 사실을 알게 된다. 문제를 해결하기 이전에 나의 마음이 그 문제로 인해 얻게 된 유익에 대해 감사하는 마음을 가진다면 우리는 그 문제를 해결하기 위해 보다 객관적인 감정 상태를 유지할 수 있을 것이다.

▣ "아직 완전하지 않은 부분은 어느 것인가?"

많은 사람들이 문제를 만나면 그 문제를 해결하려고 노력하기보다는 회피하거나 문제 그 자체를 놔두려는 경향이 있다. 이런 자세는 결코 문제를 통해 더 완전해질 수 있는 기능성을 잃어버리게 만든다. 어쩌면 문제 그 자체가 아직 완전하지 않은 부분인지 모른다. 중요한 것은 우리가 문제를 통해 보다 완전해 질 수 있다는 확신을 갖는 것이다. 해결할 수 없는 문제란 이 세상에 존재하지 않는다. 중요한 것은 유리가 그 문제를 해결하려는 의지가 있느냐 하는 것이다.

▣ "이 일을 내가 원하는 방향으로 해결하기 위해서 무엇을 할 수 있는가?"

문제를 해결하기 위해 선택할 수 있는 행동과 결정사항을 꼽아보는 것이 필요하다. 때론 조정이 필요하기도 하고 어떤 것은 거절해야 할 때도 있다. 자신이 집중해야 할 부분과 타인에게 위임해야 할 부분을 명확하게 구분하는 것도 필요하다. 문제 해결을 위해 자신이 선택할 수 있는 대안을 생각할 수 있는 대로 모두 생각해 보아야 한다. 때론 객관적인 시각에서 대안을 생각해 낼 수 있는 누군가의 도움을 받는 것도 좋다.

▣ "이 일을 내가 원하는 방향으로 해결하기 위해서 무엇을 포기할 수 있을까?"

문제를 해결하기 위해 내가 실행에 옮겨야 하는 영역이 있는 반면, 내가 반드시 포기해야 하는 것도 있다. 감정적인 측면이나 실제적인 이익 또는 생각의 전환 등 기존에 내가 소유하고 있는 혹은 소유하려고 했던 것들에 모두 집착해서는 결코 문제를 해결할 수 없다.

▣ "이 일을 내가 원하는 방향으로 해결하기 위해서 필요한 일을 하는 동안 어떻게하면 그 과정을 즐길 수 있을까?"

이와 같은 5가지 질문을 자신에게 던지면서 문제를 해결하려는 의지를 갖고 실행에 옮겼을 때 문제 해결은 한결 쉬워지고 보다 좋은 성과를 낼 것이다.

4. 문제해결을 위한 요소

문제해결을 위해서는 체계적인 교육훈련, 문제해결방법에 대한 지식, 문제관련 지식에 대한 가용성, 문제해결자의 도전의식과 끈기, 문제에 대한 체계적인 접근 등 문제해결을 위한 요소를 잘 활용해야 한다. 그림 8-2는 문제해결을 위한 요소를 이해하기 쉽게 전체를 파악할 수 있도록 그림으로 제시한 것이다. 문제해결을 위한 이 5가지 요소들이 결합함으로써 문제해결을 할 수 있게 되는 것이다.

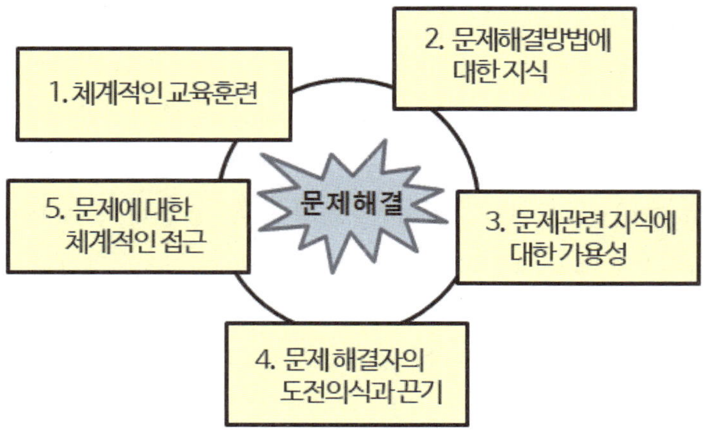

[그림 8-2] 문제해결을 위한 요소

1) 체계적인 교육훈련

문제해결을 위해서는 기존의 패러다임, 고정관념, 편견 등 심리적 타성을 극복하고 새로운 아이디어를 효과적으로 낼 수 있어야 하며, 문제해결과정에 필요한 스킬 등을 습득하는 것이 필요하다. 이는 창조적으로 문제해결능력을 향상시켜야 함을 의미하며, 이는 문제해결방법에 대한 체계적인 교육훈련을 통해서 얻을 수 있다. 따라서 문제해결을 위해서 개인은 사내·외의 체계적인 교육훈련을 통해 문제해결을 위한 기본 지식과 스킬을 습득해야 한다.

2) 문제해결방법에 대한 지식

문제해결을 위해서는 문제해결방법을 적절하게 사용할 수 있어야 하며, 여기에는 일반적인 문제에 적용되는 해결방법과 전문영역(R&D, 마케팅)에 따른 해결방법이 있다. 개인은 이러한 문제의 다양한 해결방법을 알아야 하며, 이는 효과적인 문제해결의 출발점이 될 수 있다.

3) 문제관련 지식에 대한 가용성

문제해결방법에 대한 지식이 아무리 많다 할지라도 해결하고자 하는 문제와 해당 업무에 대한 지식이 없다면 문제해결은 불가능할 것이다. 따라서 담당 업무에 대한 풍부한 지식과 경험을 통해서 해결하고자 하는 문제에 대한 지식을 갖추고 있어야 한다.

4) 문제해결자의 도전의식과 끈기

문제는 해결하여 성과를 도출하고자 하는 문제해결자의 개선의식, 도전의식과 끈기를 필요로 한다. 특히 현상에 대한 도전의식과 새로운 것을 추구하려는 자세, 난관에 봉착했을 때 헤쳐 나가려는 태도 등이 문제해결의 밑바탕이 된다.

5) 문제에 대한 체계적인 접근

문제해결을 위해서는 문제를 프로세스(process) 관점에서 체계적으로 접근하여야 한다. 문제를 조직 전체적인 관점에서 바라보지 않고 각 기능단위별로 문제점을 분석하고 해결안을 도출한다면 각 기능과 기능사이의 사각지대는 지속적으로 문제가 상존하여 문제해결의 결과가 성과에 미치는 영향이 아주 미미한 경우가 있다. 따라서 효과적인 문제해결을 위해서는 과정의 관점에서 문제를 분석하고 해결해야 한다.

5. 문제해결의 기본적 사고

문제해결을 효율적으로 잘하기 위해서는 문제해결에 필요한 기본적 사고가 필요하다. 즉 전략적 사고, 분석적 사고, 발상의 전환, 내·외부자원의 활용 등 4가지의 기본적 사고가 필요하다. 문제해결에 필요한 기본적 사고에 대해 간략하게 기술하면 다음과 같다.

1) 전략적 사고

현재 당면하고 있는 문제와 그 해결방법에만 집착하지 말고, 그 문제와 해결방안이 상위 시스템과 어떻게 연결되어 있는지를 생각하는 것이 필요하다.

2) 분석적 사고

전체를 각각의 요소로 나누어 그 요소의 의미를 도출한 다음 우선순위를 부여하고 구체적인 문제해결방법을 실행하는 것이 요구된다. 또한 분석적 사고는 문제가 성과 지향, 가설 지향, 사실 지향의 세 가지 경우에 따라 다음과 같은 사고가 요구된다.

- 성과 지향의 문제: 기대하는 결과를 명시하고 효과적으로 달성하는 방법을 사전에 구상하고 실행에 옮겨라.

- 가설 지향의 문제: 현상 및 원인분석 전에 지식과 경험을 바탕으로 일의 과정이나 결과, 결론을 가정한 다음 검증 후 사실일 경우 다음 단계의 일을 수행하라.
- 사실 지향의 문제: 일상 업무에서 일어나는 상식, 편견을 타파하여 객관적 사실로부터 사고와 행동을 출발하라.

3) 발상의 전환

기존에 가지고 있는 사물과 세상을 바라보는 인식의 틀을 전환하여 새로운 관점에서 바로 보는 사고를 지향해야 한다. 발상의 전환은 통찰력이나 창의성을 발휘하여 기발한 해결책을 찾는 사고방법이다. 즉 새로운 것에 대해 도전하는 것으로 문제해결을 위해서는 발상의 전환이 필요하다.

4) 내·외부 자원을 효과적으로 활용하라

문제를 해결할 시에는 기술, 재료, 방법, 사람 등 필요한 자원 확보 계획을 수립하고 내·외부자원을 효과적으로 활용도록 해야 한다.

6. 창의적 문제해결의 3가지 활동요소와 6단계

1) 3가지 활동요소

문제해결은 '문제의 이해', '아이디어 생성', '행위를 위한 계획' 3가지 활동요소로 이루어져 있다. 각 요소는 문제를 창의적으로 해결하고자 할 때 나타나는 활동의 범주 또는 일반적인 영역이라고 할 수 있다. 그리고 3가지 활동요소는 6개의 단계로 이루어져 있다. 각 단계에서는 각각 다양하고 독특한 많은 대안들을 생산해내는 발산적 사고와 생성된 대안들을 분석하고 가다듬는 수렴적 사고의 균형이 강조된다. 먼저 3가지 활동요소를 이해하고 이에 따른 6가지 단계에 대해 살펴보도록 하자.

[그림 8-3] 창의적 문제해결의 3가지 활동요소

(1) 문제의 이해

어떤 상황이나 자료, 문제 상황을 분석하여 문제 해결을 위한 노력이 분명한 초점을 가지도록 하기 위한 것으로 관심 영역 발견(기회의 구성), 자료 발견, 문제 발견의 3단계를 포함한다.

(2) 아이디어 생성

아이디어의 발견이라는 하나의 단계로 구성되는 것으로 문제 해결에 도움이 될 수 있는 다양한 아이디어나 대안을 탐색하는 과정으로 '아이디어의 발견'이라는 하나의 단계가 있다.

(3) 행위를 위한 계획

좋은 아이디어들을 유용하고, 수용 가능하며, 실현 가능한 구체적인 행위로 바꾸어주는 것을 목적으로 한다. 즉 문제를 해결할 수 있는 구체적인 행위를 계획하고, 아이디어나 수행방법을 수정하여 해결을 실천하기 위한 행위 계획을 마련한다. 이 요소에는 해결 발견 단계와 수용 발견 단계의 두 가지 단계가 있다.

2) 3가지 활동요소와 6단계

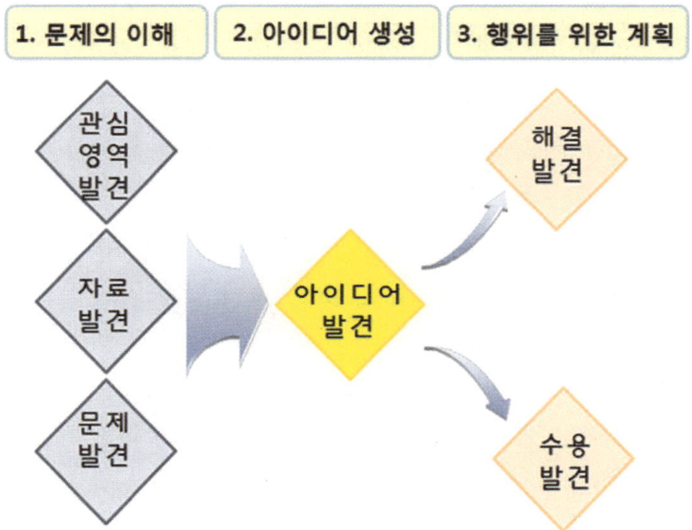

[그림 8-4] 창의적 문제해결의 3가지 활동요소와 6단계

그림 8-4는 문제해결의 3가지 활용요소가 다시 6단계로 보다 구체적으로 세분화된 과정을 거쳐 문제해결이 이루어진다는 것을 제시하고 있다. 즉, 문제의 이해는 관심영역 발견, 자료발견, 문제발견, 아이디어 생성은 아이디어 발견, 행위를 위한 계획은 해결발견, 수용발견의 6가지 단계로 나눠어진다. 이것은 다시 말하면 문제해결이 이루어지는 과정은 관심영역 발견, 자료 발견, 문제 발견, 아이디어 발

견, 해결 발견, 수용 발견의 6단계를 거쳐 이루어진다. 이에 대해 보다 자세히 기술하면 다음과 같다.

(1) 관심영역 발견

광범위하고, 일반적이며 잘 정의되지 않은 상황에서 포괄적인 문제 해결의 목표나 출발 지점을 확인하고 설정하는 단계로서 문제와 관련된 개인의 흥미나 관심사를 발견하고 동기를 유발시키는 단계이다.

(2) 자료발견

문제를 바르게 진술하거나 문제를 이해하는데 도움이 되는 자료를 찾는 단계로서 관심 영역과 관련된 다양한 정보와 자료를 수집, 분류, 분석하여 문제상황 속에 숨어있는 상호 관계를 찾고 문제를 더 잘 이해하는데 중요한 자료를 찾고 선택한다.

(3) 문제발견

많은 문제를 진술하여 문제를 구체적인 것으로 진술하고 명확히 하는 단계이다. 문제를 조작 가능하고 구체적이고 명확하게 진술하여 드러나게 하며, 해결하고 싶거나 해결할 수 있는 문제를 선택한다.

(4) 아이디어 발견

이 단계에서는 많은, 새로운, 다양한 그리고 독특한 아이디어를 생성해내는데 초점을 두고 있다. 많은 아이디어를 생성할수록 독창적인 아이디어가 나올 확률이 높고, 설사 해결책으로 채택하기에 부적당한 아이디어라도 아이디어의 창출 과정에서 창의성이 증가할 수 있으므로 가능한 많은 생각을 나눌 수 있도록 해야 한다. 따라서 해결책으로 좋은 아이디어가 나오더라도 성급하게 채택하지 않고 유보하여 더 많은 아이디어가 나오도록 하는 것이 좋다.

(5) 해결 발견

한개 또는 그 이상의 유망한 아이디어를 분석하고 개발하고 조직화하여 다듬는 단계이다. 즉 아이디어들을 구체적인 해결책으로 구성하는 단계로서 몇몇 아이디어들을 분류하고 좁히고 선택하고 강제 조합시키면서 유망한 아이디어들을 체계적으로 음미하고 발전시킨다. 이때 아이디어를 수행하는 시간, 유용성, 실현가능성 등을 준거로 하여 그 아이디어와 관련된 지식, 가치, 행위, 아이디어에 대한 느낌, 태도 등을 다양하게 동원하여 해결안을 선택한다.

(6) 수용발견

최종적으로 선택한 아이디어를 실현시키기 위한 행위 계획을 만들어 수행하는 단계이다. 이때 새로운 아이디어를 도와주는 것과 반대로 저항하는 것을 확인하며, 해결책과 관련된 지식이나 이론을 찾아 개발한 해결책을 조절하고 필요하면 일부 수정한다.

문제해결 Worksheet

관심 영역 발견

발산적 사고

수렴적 사고

자료 발견

발산적 사고

수렴적 사고

문제 발견

발산적 사고

수렴적 사고

아이디어 생성

발산적 사고

수렴적 사고

브레인 스토밍

A. L. U. 분석

Advantage (장점)	**L**imit (제한성)	**U**nique (독창성)

해결 발견

발산적 사고

수렴적 사고

수용 발견

발산적 사고

수렴적 사고

7. 문제해결의 장애요소

문제를 해결하는 과정은 매우 다양한 장애가 되는 요소들이 존재하게 된다. 이러한 장애요소는 주변 환경, 업무의 특성, 개인의 특성, 직면한 상황에 따라서 굉장히 다양하게 나타날 수 있다. 이 때 장애요소를 파악하여 제거할 필요가 있다. 그러기 위해서는 다양한 장애요소들을 알고 이에 대처하는 노력이 필요하다. 문제해결에 방해가 되는 대표적인 장애요소를 살펴보면 다음과 같다.

1) 문제를 철저하게 분석하지 않는 경우

문제를 접한 다음 문제가 무엇인지 문제의 구도를 심도 있게 분석하지 않으면 문제해결이 어려워진다. 즉 어떤 문제가 발생하면 직관에 의해 성급하게 판단하여 문제의 본질을 명확하게 분석하지 않고 대안을 수립하여 실행함으로써 근본적인 문제해결을 하지 못하거나 새로운 문제를 야기하는 결과를 초래할 수 있다.

2) 고정관념에 얽매이는 경우

상황이 무엇인지를 분석하기 전에 개인적인 편견이나 경험, 습관으로 증거와 논리에도 불구하고 정해진 규정과 틀에 얽매여서 새로운 아이디어와 가능성을 무시해 버릴 수 있다.

3) 쉽게 떠오르는 단순한 정보에 의지하는 경우

문제해결에 있어 종종 우리가 알고 있는 단순한 정보들에 의존하는 경향이 있다. 단순한 정보에 의지하면 문제를 해결하지 못하거나 오류를 범하게 된다.

4) 너무 많은 자료를 수집하려고 노력하는 경우

자료를 수집하는데 있어 구체적인 절차를 무시하고 많은 자료를 얻으려는 노력에만 온 정열을 쏟는 경우가 있다. 무계획적인 자료 수집은 무엇이 제대로 된 자료인지를 알지 못하는 우를 범할 우려가 많다.

학 습 평 가

Q 1. 문제해결을 위한 3가지 활동요소와 6단계에 대한 설명으로 맞은 것은? (   )

① 문제의 이해는 관심영역 발견단계, 자료발견 단계 2단계 과정을 거쳐 이루어진다.
② 3가지 활동요소는 문제의 이해, 아이디어 생성, 문제발견을 의미한다.
③ 6단계는 관심영역발견-자료발견-아이디어발견-수용발견-문제발견-해결발견 과정으로 이루어진다.
④ 6단계의 각 단계에서는 다양하고 독특한 많은 대안들을 생산해 내는 발산적 사고와 생성된 대안들을 분석하고 가다듬는 수렴적 사고의 균형이 강조된다.

Q 2. 업무수행과정에서 발생하는 문제를 발생형 문제, (   ) 문제, 설정형 문제의 3가지 유형으로 분류할 수 있다.

Q 3. 문제해결의 장애요소가 아닌 것은? (   )

① 문제를 철저하게 분석하지 않은 경우
② 쉽게 떠오르는 단순한 정보에 의지하는 경우
③ 문제를 해결하려는 강한 의지를 갖는 경우
④ 너무 많은 자료를 수집하려고 노력하는 경우

Q 4. 문제해결을 위한 기본요소가 아닌 것은?

① 문제해결방법에 대한 지식　② 문제에 대한 체계적인 접근
③ 문제해결자의 도전의식　④ 문제해결을 위한 직장선배의 조언

Q 5. (   )이란 문제 상황 속에서 학습자가 해결해야 할 문제를 파악하고 그것을 효과적으로 해결하기 위한 최적의 방안을 설정하고 그것을 수행해가는 고등정신능력을 의미한다.

Q 6. 창의적 문제해결을 위해서는 기본적으로 갖추어야 할 4가지 사고는?

****

정 답	1. ④　2. 탐색형　3. ③　4. ④　5. 문제해결능력 6. 전략적 사고, 분석적 사고, 발상의 전환, 내・외부자원의 활용

09 Chapter
문제해결능력을 개발하는 방법은 무엇인가?

문제해결능력을 함양하고 개발하는 다양한 방법들이 최근에 많이 소개되고 있다. 여기서는 먼저 소프트 어프로치를 활용한 문제해결방법과 하드 어프로치를 활용한 문제해결방법을 간단하게 소개한 다음 하브루타, 액션러닝, 퍼실리테이션을 활용한 문제해결방법을 다루고자 한다. 만약 수업시간이 충분히 여유롭지 않다면 하브루타, 액션러닝, 퍼실리테이션 중에서 하브루타를 선택해서 수업할 것을 권한다.

▣ 소프트 어프로치

소프트 어프로치에 의한 문제해결방법은 대부분의 기업에서 볼 수 있는 전형적인 스타일로 조직 구성원들은 같은 문화적 토양을 가지고 이심전심으로 서로를 이해하는 상황을 가정한다. 소프트 어프로치에서는 문제해결을 위해서 직접적인 표현이 바람직하지 않다고 여기며, 무언가를 시사하거나 암시를 통하여 의사를 전달하고 기분을 서로 통하게 함으로써 문제해결을 도모하려고 한다. 코디네이터 역할을 하는 제3자는 결론으로 끌고 갈 지점을 미리 머릿속에 그려가면서 권위나 공감에 의지하여 의견을 중재하고 타협과 조정을 통하여 해결을 도모한다. 결론이 애매하게 끝나는 경우가 적지 않으나 그것은 그것대로 이심전심을 유도하여 파악하면 된다. 이러한 방법을 소프트 어프로치를 활용한 문제해결방법이라고 한다.

▣ 하드 어프로치

하드어프로치에 의한 문제해결방법은 상이한 문화적 토양을 가지고 있는 구성원을 가정하고, 서로의 생각을 직설적으로 주장하고 논쟁이나 협상을 통해 서로의 의견을 조정해 가는 방법이다. 이 때 중심적 역할을 하는 것이 논리 즉 사실과 원칙에 근거한 토론이다. 제3자는 이것을 기반으로 구성원에게 지도와 설득을 하고 전원이 합의하는 일치점을 찾아내려고 한다. 이러한 방법은 합리적이긴 하지만 잘못하면 단순한 이해관계의 조정에 그치고 말아서 그것만으로 창조적인 아이디어나 높은 만족감을 이끌어 내기 어렵다.

이 외에 문제해결능력을 향상시키기 위한 최근의 교수·학습방법은 강의식과 같은 직접적인 교수·학습방법보다 학습자들의 경험을 통해 자신을 발견하고 계획을 수립하는 하브루타, 액션 러닝, 퍼실리테이션 등이 널리 활용되고 있다.

1. 하브루타(Havruta)

1) 하브루타의 개념

HAVRTA란 무엇인가?

짝을 지어 친구하고 대화하고 질문하고 토론하고 논쟁하는 것을 말한다.

하브루타는 관심이고 관심은 질문이고 질문은 사랑이다.

문제해결능력의 새로운 트렌드로 부각되고 있는 하브루타는 'friendship group'을 의미하는 아랍어에서 유래된 용어로 히브리어의 '친구'인 '하베르'와 어원이 같다. 그러나 일반적으로 하브루타는 짝(친구, 부모, 교사)과 이야기를 나누는 것으로써 어떤 주제를 가지고 짝을 지어 질문, 대화, 토론을 통해 지식과 지혜를 깨우치거나 문제에 대한 해결책을 찾아가는 활동을 의미한다(전성수, 2012).

하브루타는 유대인의 오래된 학습법으로 유대인의 경전인 '토라'에는 함축적이고 난해한 문구들이 가득하다. 이런 토라에 대한 해설서이자 토론집이 바로 '탈무드'이고, 유대교의 사제이자 율법교사가 바로 '랍비'이다. 난해한 토라, 토론집인 탈무드를 사람들이 익히고 학습하는 방법으로서 대화형, 토의·토론형 학습법인 '하브루타'가 생겨났다.

하브루타는 지금도 이스라엘의 도서관인 '예시바'에서 이루어지고 있으며, 유대인의 가정교육법이기도 하다. 하브루타 학습법은 두 사람, 많게는 서너 사람이 서로 질문하고 대화해 나가는 과정이 핵심이고, 질문에 대한 답을 학습자가 주체적으로 짝과 함께 찾아 나가고, 자신의 생각과 타인의 생각을 비판적으로 숙고하는 기회를 제공한다. 이를 교실에 알맞게 변형하여 적용한 '하브루타' 수업은 모든 학생이 한 사람도 빠짐없이 수업 내용에 대해 주체적으로 사고하고 학습하도록 하므로 배움 중심 수업법이라 부르기에 손색이 없다.

2) 하브루타의 논쟁 원칙

- 파트너들은 서로 눈을 마주보며 토론한다.
- 파트너들은 동의하지 않는 상대의 의견에 대해서도 진지하게 경청한다.
- 파트너들은 듣고 이해하고 생각한 것들을 논리적으로 정리하여 설명하고 증거를 제시한다.

- 파트너들끼리 합의하려고 노력하기 보다는 자신의 논리를 체계화 하고 상대방의 논리에 반박하는 것에 중점을 둔다.
- 상대 의견에 동의하지 않을 때는 왜 그런지 이유를 들어 주장한다.
- 파트너들은 그들 자신의 견해가 가장 좋은 것이 되도록 서로 노력한다.
- 파트너들은 어떤 견해가 가장 좋은 것인지를 확실히 하기 위해 토론하여 판단을 내린다. 하지만 아무리 사소한 주장이라도 논리적 근거를 이해하고 존중한다.

3) 하브루타의 토론 원리(7가지 요소 적용)

- 진술(statement): 사실을 있는 그대로 간략하게 언급하기
- 질문(question): 진술한 사람의 정보를 듣고 상대방은 그것에 대해 예리하게 질문하기
- 대답(answer): 진술한 사람이 질문에 대해 답하기
- 반박(contradiction): 대답에 대해 반박하거나 반대의견을 제시하는데 예리한 반박일수록 좋다.
- 증거(proof): 처음 말한 사람이 자신의 주장에 대해 논리적으로 증거대기
- 갈등(difficulty): 다시 증거를 댄 것들에 대해 사실이나 진실이 아닌 것들을 현명하게 찾아내어 지적하기
- 해결(resolution): 원래 말한 사람이나 파트너가 함께 갈등상황에 대한 해결책을 찾고 바람직한 방향을 모색하면서 결론으로 마무리 짓기

4) 하브루타의 일반적 과정

- 도입(동기) 하브루타: 두뇌를 활성화시키기 위해 간단한 게임하기
- 내용(사실) 하브루타: 텍스트를 읽고 사실적 내용을 확인하기
- 심화(상상) 하브루타: 확산적 사고를 위한 상상을 자극하는 질문하기
- 적용(실천) 하브루타: 실생활에서의 실천 방안 도출하기
- 메타(종합) 하브루타: '쉬우르'라고도 하는데 토론 내용을 종합하여 정리하고 이를 토대로 한 질문을 말함

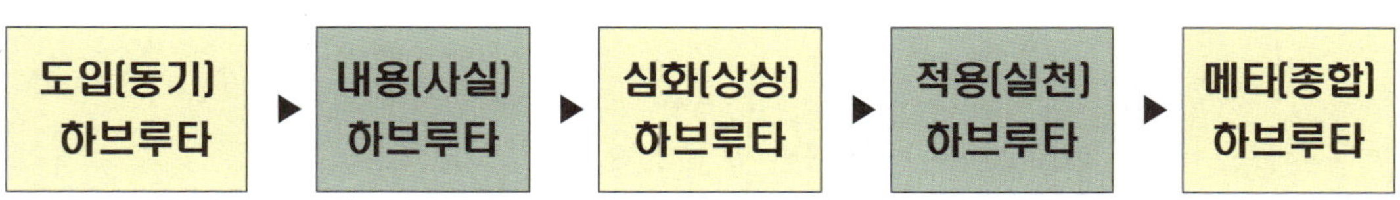

[그림 9-1] 하브루타의 일반적 과정

5) 하브루타의 문제해결 모형(확장)

- 질문 중심 하브루타
- 논쟁 중심 하브루타
- 비교 중심 하브루타
- 친구 가르치기 하브루타
- 문제 만들기 하브루타

6) 하브루타 문제해결에 필요한 역량

(1) **적극적 반응** : 하브루타는 두 사람이 서로 입장을 바꾸어서 토론을 하기 때문에 상대방의 말에 잘 반응하는 것이 필수이다.

(2) **경청의 자세** : 하브루타는 두 사람이 찬성과 반대 입장에서 자신의 주장에 대해 근거를 제시하여 상대방을 설득하는 과정이다. 상대방의 의견을 약화시키기 위해 필요한 것이 바로 경청이다. 왜냐하면 상대방이 무엇을 얘기하는지 명확히 알아야 그 의견을 약화시키고 내 의견을 얘기 할 수 있기 때문이다. 교수와 제자, 부부, 동료, 윗사람과 아랫사람, 친구 등 모든 인간관계에서 경청은 중요하다. 자신의 감정을 전달하기 위해서는 경청하는 법을 알아야 한다.

(3) **열린 사고** : 하브루타 문제해결은 두 사람이 토의, 토론을 하는 것이므로 열린 사고가 반드시 필요하다. 만약 열린 사고가 되어 있지 않으면 다른 사람들의 말을 듣고 받아들일 준비가 되지 않아 상대방이 말하는 것을 듣지 않는다. 열린 사고를 가진 사람은 자신의 마음을 활짝 열고 새로운 아이디어를 완전히 받아들이는 사람이다. 열린 사고를 하기 위해서는 다음의 기준을 지키도록 한다.

- 상대방이 말을 할 때 끼어들지 않게 한다.
- 자신의 의견보다 상대방의 말에 집중하게 한다.
- 모르는 것을 창피하다고 생각하지 않고 질문하게 한다.

(4) **호기심** : 하브루타는 상대방의 의견을 듣고 나의 의견을 말하는 것만이 아니다. 묻고, 답하고 토론하는 과정에서 정확하게 알고 있지 않은 내용이나 애매한 것이 있으면 조사를 해야만 한다. 조사를 통해 알게 된 새로운 지식을 통해서 더 깊은 하브루타를 할 수 있다. 이러한 새로운 지식은 어디서 올까? 바로 호기심에서 온다. 호기심이란 계속적으로 의문을 가지는 과정이다. 생각하고 자문하고

읽고 조사하며 남들에게 조언을 구하면서 궁극적인 답에 다가가는 것이 바로 호기심이다. 호기심을 증가시키기 위해서는 다음의 방법을 지켜야 한다.

- 사물, 사람, 상황 등 모든 면에서 열린 사고를 하게 한다.
- 왜 그럴까? 끊임없이 질문을 하게 한다.
- 사물, 사람, 상황 등에 대해 자세히 관찰 하게 한다.
- 일상적인 것도 다르게 생각하도록 한다.

(5) **질문**: 하브루타에서 가장 중요한 교육방법은 '질문하기'이다.

- 어떠한 질문이어도 좋다. 마음껏 질문하게 한다.
- 왜 그렇게 생각하십니까? 라고 질문하게 한다.
- 어떻게 하면 될까요? 라고 질문하게 한다.

(6) 하브루타 예시

① 질문 만들어 보기

실제로 하브루타를 해보면 사람들이 가장 많이 어려워하는 것이 질문을 어떻게 만드느냐 하는 것이다. 훈련이 잘되어 있으면 참 쉬운데 그렇지 않으면 질문을 만든다는 것이 만만치 않다는 것을 알 수 있다. 유대인들은 대답 잘하는 학생보다 질문 잘하는 학생을 더 유능한 학생으로 생각한다. 왜냐하면 답하는 것보다 질문하는 것이 훨씬 중요하기 때문이다.

하브루타는 끊임없는 질문과 답을 교환하는 법이다. 질문을 만들지 않고는 하브루타를 할 수가 없다. 하브루타는 질문이 핵심이며 상대에게 지시나 요구, 설명을 하기 보다는 질문을 많이 해야 한다. 틀린 답을 말해도 정답을 알려주지 않고 다시 질문으로 답한다. 하브루타를 하기 전에 충분히 내용에 대해 알고 있어야 한다.

한 문장으로 30개의 질문 만드는 연습부터 해 보겠다. 별 거 아닌 문장을 가지고 30개의 질문을 만들기 위해서는 거의 모든 것을 의심해야 한다. 다 알고 있는 것도 의심하여 실제로 정확한지 확인하는 것도 질문이 될 수 있다. 하찮다 생각 말고 뭐든 그 문장에 들어 있는 것, 또는 생략된 것, 그리고 상상할 수 있는 것 등으로 충분히 생각을 가다듬어서 질문을 만들어야 한다. 질문에도 물론 질적인 차이가 있어서 간단한 질문부터 아주 복잡한 질문까지 그리고 차원 낮은 질문부터 차원 높은 질문까지 다양한 스펙트럼을 갖고 있다. 그러나 모든 질문은 다 좋은 것이다. 다만 질문이 중복되지 않아야 한다. 질문을 잘 만드는 사람이 문제해결 능력이 좋은 사람인 것이다.

<질문 만들기> "옛날에 가난뱅이였던 벼락부자가 있었다"

(※ 질문의 형식에 맞추어서 만들어도 되고, 형식에 상관없이 질문을 만들어도 된다.)

▪ **의미를 묻는 질문**

- 가난뱅이의 '뱅이'는 무슨 뜻인가요?
- 가난뱅이는 무슨 뜻인가요?
- 벼락부자의 '벼락'은 무슨 뜻인가요?
- '벼락부자'는 어떤 뜻인가요?

▪ **문장의 표현에 대하여 묻는 질문**

- 왜 가난한 사람이라고 하지 않고 '가난뱅이'라고 표현했나요?
- 왜 그냥 부자가 아니고 벼락부자라고 표현했나요?

▪ **느낌에 대한 질문**

- 가난뱅이라면 어떤 느낌이 드나요?
- 벼락부자는 어떤 느낌이 드나요?
- 가난뱅이였던 사람이 갑자기 벼락부자가 되었다면 어떤 느낌일까요?

▪ **문장을 통해 유추할 수 있는 질문**

- 벼락부자는 어떤 방법으로 될 수 있나요?
- 갑자기 부자가 되면 무슨 일부터 할까요?
- 가난뱅이는 어떻게 생계를 유지하나요?
- 가난뱅이가 벼락부자가 되면 가장 불편한 것은 무엇일까요?

▪ **비교질문**

- 가난뱅이였다가 벼락부자가 되면 가장 좋은 점은 무엇일까요?
- 가난뱅이였다가 벼락부자가 되면 가장 힘든 점을 무엇일까요?
- 부자가 가난뱅이가 되면 어떻게 될까요?
- 가난뱅이와 부자의 생활을 비교해 본다면?

▪ **상대방에게 의견을 묻는 질문**

- 당신은 평소에 부자에 대해 어떻게 생각하나요?
- 당신이 지금 벼락부자가 된다면 무슨 일을 제일 먼저하고 싶은가요?
- 당신은 벼락부자인 친구에게 어떤 조언을 해 주고 싶나요?

- 노력으로 얻지 않은 재물에 대한 당신의 생각은 어떤가요?
- 갑작스런 지나친 부의 획득으로 인해 발생하는 문제는 무엇이 있을까요?
- 이를 해결하기 위해선 어떻게 해야 할까요?

▪ 삶에 적용할 수 있는 질문

- 당신은 어떻게 부자가 되고 싶습니까?
- 당신은 가난뱅이 인가요? 부자 인가요?
- 참다운 부자의 의미는 무엇인가요?
- 불로소득이 있다면 어떻게 할 것인가요?
- 당신이 생각하는 가난과 부자에 대해 이야기해 보세요.

▪ 가정에 대한 질문

- 만약 벼락부자가 된다면 돈을 어떻게 사용할 것인가요?
- 만약 가족이나 이웃이 가난뱅이가 된다면 어떻게 할 것인가요?
- 만약 내가 가난뱅이라면?

▪ 결론적이고 종합적인 질문

- 가난해도 행복할 수 있을까요?
- 부자여도 불행할 수 있을까요?
- 재물이 행복의 기준이 될까요?
- 빈부와 행복과의 관계에 대해 자신의 생각을 말해보세요.
- 이 이야기에서 배운 내용을 정리해 보세요.

<질문 만들기> "옛날에 가난뱅이였던 벼락부자가 있었다"

NO	질문 형식	질문 내용
1	의미	
2		
3		
4	문장표현	
5		
6	느낌	
7		
8		
9	유추	
10		
11	비교	
12		
13	상대의견	
14		
15	삶의 적용	
16		
17	가정	
18		
19	결론 및 교훈	
20		
기타		

출처 : 전성수(2012). 부모라면 유대인처럼 하브루타로 교육하라.

② 하브루타 일반적인 과정

♠ 제목 : 누구와 결혼?

▣ **도입 하브루타 :** 상관이 없어 보이는 두 낱말을 연결하여 문장이나 이야기를 만들어 보기

'공주, 세 왕자' 두 단어로 이야기를 만들어 보자.

■ **내용 하브루타** : 본문을 큰 소리로 읽고 사실적인 내용 나누기

누가 공주와 결혼을?

어느 나라에 아름다운 공주가 있었어요. 그런데 그 공주가 병에 걸려 시름시름 앓기 시작했어요. 용하다는 의원이 모두 찾아와 치료를 해 봤지만 효험이 없었어요. 다급해진 왕은 궁궐 앞에 포고문을 붙였어요.

"공주의 병을 고쳐주는 사람은 누구든 공주와 결혼을 시킬 것이며, 왕위를 물려주겠다." 신하들은 물론이고 백성들이 왕의 포고문을 읽으며 여기저기서 웅성거렸어요. "공주님의 병을 고쳐주면 사위로 삼겠다고? 게다가 왕위까지 물려준다고? 와~ 정말 대단한데…."

어느새 온 나라의 의원들이 몰려와 공주를 살펴봤지만 모두들 한결같이 머리를 절레절레 흔들었어요. 공주는 이름도 알 수 없는 병에 걸린 것이지요. 왕의 얼굴엔 근심이 가득해져만 갔어요. 그런데 아주 먼 나라에 각기 보물을 가지고 있는 세 왕자가 있었어요.

첫째는 아주 멀리서도 볼 수 있는 망원경을 가졌고, 둘째는 하늘을 날아다닐 수 있는 양탄자를 가졌고, 막내는 어떤 병도 고칠 수 있는 마법의 사과를 가지고 있었어요. 어느 날 망원경으로 멀리까지 보고 있던 첫째가 무릎을 쳤어요. 궁궐 앞에 붙어 있는 포고문을 보았던 것이지요.

"공주님이 몹쓸 병에 걸렸군. 공주님 병을 치료하는 사람은 공주님과 결혼할 수 있을 뿐만 아니라 왕위도 물려받는다는군!"

세 왕자는 공주의 병을 고치기 위해 힘을 모으기로 했어요. 이렇게 해서 세 왕자는 둘째의 마법 양탄자에 올라타고 궁궐로 날아갔어요.

그리고 눈 깜짝할 사이에 궁궐 앞에 도착했어요. 서둘러 궁궐 안으로 들어간 후 막내 왕자는 공주에게 마법의 사과를 먹였고, 그 사과를 먹은 공주는 언제 아팠냐는 듯이 자리를 털고 일어났어요. 왕은 몹시 기뻐했고, 궁궐은 잔치로 떠들썩했어요. 하지만 이젠 새로운 걱정거리가 하나 생겼어요. 신랑감을 결정할 때가 되었는데, 세 왕자는 서로 자신의 공이 더 크다고 주장했어요.

첫째 왕자는 말했어요. "만약 내가 망원경이 없었다면 공주님이 병에 걸렸다는 사실 조차 알 수 없었을 거야!"

그러자 둘째 왕자가 말했어요. "공주님이 병에 걸렸다는 것을 알았다 해도 내 양탄자가 없었다면 이 먼 곳까지 이렇게 빨리 올 수 없었을 걸."

이에 질수 없다는 듯 셋째 왕자가 말했어요.

"망원경으로 포고문을 보고, 또 양탄자로 빨리 왔다고 해도 마법의 사과가 없었다면 공주님의 병을 고칠 수 없었을 거야!"

세 왕자의 말을 듣고 있던 왕은 누구를 공주와 결혼시켰을까요?

- 아름다운 공주에게 어떤 일이 일어났는가?
- 용하다는 의원들이 치료를 해 주었지만 어떻게 되었나요?
- 공주의 병을 고칠 수 없자 다급해진 임금이 내린 포고령은 무엇이었나요?
- 의원들은 왜 공주의 병을 고칠 수 없었는가?
- 먼 나라의 왕자들은 무엇을 가지고 있었나요?
- 왕자들이 궁궐에 도착한 시간은 얼마나 걸렸나요?

- 첫째 왕자가 가진 보물은 무엇이었는가?
- 둘째 왕자가 가진 보물은 무엇이었는가?
- 셋째 왕자가 가진 보물은 무엇이었는가?
- 첫째 왕자가 자신이 가진 보물로 어떤 일을 했는가?
- 둘째 왕자가 자신의 보물로 무엇을 했는가?
- 셋째 왕자가 자신이 가진 보물로 어떤 일을 했는가?
- 공주는 무엇을 먹고 병이 나았는가?
- 왕자들은 무엇 때문에 다투었는가?

▣ **심화(상상) 하브루타** : 마음껏 상상하기

- 임금은 왜 공주를 살려주는 사람에게 왕위까지 물려주겠다고 했는가?
- 세 왕자의 말을 듣고 있던 왕은누구를 공주와 결혼시켰을까?
- 그 이유는 무엇일까?
- 세 왕자의 보물은 현재 각각 어떻게 되었는가?
- 망원경과 양탄자 그리고 사과의 차이점은 무엇인가?
- 마법의 사과 안에 무엇이 들어 있어서 공주의 병이 나았을까요?
- 사과의 단점은 무엇인가?
- 만일 셋째가 사위가 되고 장차 왕위를 이어받았다면 왕의 자격이 있는가?
- 그렇다면 사위가 왕 역할을 잘 하도록 왕은 어떤 조치를 취해야 할까?
- 만약 공주가 셋째와 결혼하는 걸 싫어한다면 어떻게 될까?
- 공주에게 이미 사랑하는 사람이 있다면?
- 셋째왕자와 공주가 결혼하면 행복하게 잘 살았을까?

▣ **적용(실천) 하브루타** : 실생활에서 실천하고 적용하기

- 내가 왕이라면 누구를 공주와 결혼시키겠는가? 그 이유는 무엇인가?
- 당신이 셋째 왕자라면 공주를 살려야 하는데 아주 친한 친구 한 명이 죽어가고 있다면 어떻게 하겠는가?
- 만일 당신의 형제가 심한 병에 걸렸다면 어떻게 하겠는가?
- 공주를 살려주는 사람에게 왕위까지 물려주는 것은 적절한 보상인가?
- 왕으로서 가장 중요한 덕목이 무엇이라고 생각하는가?
- 내가 왕자고 다음에 왕이 된다면 나는 무엇을 준비할 것인가?
- 나는 어떤 것이든 아낌없이 준 적이 있는가? 주고 나서 느낌이 어땠는가?
- 나에게 가장 귀한 것이 무엇인가? 그 귀한 것을 어쩔 때 사용할 것인가?
- 나의 도움이 꼭 필요한 사람이 나타난다면 나의 것을 아낌없이 줄 것인가?

▣ **종합(메타) 하브루타** : 리더가 되어 정리해 가르치기

- 이 이야기를 간략하게 요약해서 이야기해보자.
- 이 이야기의 교훈은 무엇인가?
- 이 이야기에서 가장 크게 느낀 점은 무엇인가?
- 이 이야기를 들으면서 가장 크게 드는 질문은 무엇인가?

③ 질문 중심 하브루타

질문 중심의 하브루타는 모두 본문을 읽고 질문을 만들어서 먼저 짝과 일대일 토론을 한 다음에, 둘이서 가장 좋은 질문을 뽑고, 그 뽑힌 질문으로 모둠끼리 토론을 하고, 그 모둠에서 가장 좋은 질문을 뽑는다. 모둠에서 가장 좋은 질문을 하나 뽑아서 그 질문을 가지고 집중 토론을 한 다음에, 그 내용을 정리 발표하고, 리더가 종합하여 정리해 주는 것이다.

[그림 9-2] 질문 중심 하브루타

- 문제의 유형을 읽고 질문 만들기
- 만들어온 질문 유형 별 구분하기
- 만들어온 질문으로 둘씩 짝지어 먼저 토론하기
- 짝과의 질문 중에서 최고 질문 뽑기
- 최고의 질문으로 모둠 별로 토론하기
- 최고의 질문 뽑기
- 그 질문으로 토론하기
- 토론 내용 정리하기
- 각 모둠 발표하기
- 리더와의 쉬우르

<질문 중심 하브루타>

과제 선정 : 어떻게 하면 리포트를 잘 할 수 있을까?			
질문 만들기			
1			
2			
3			
4			
5			
6			
7			
8			
9			
10			
짝 토론		모둠 토론	
쉬우르			

2. 액션러닝(Action Learning)

1) 액션러닝의 개념과 특징

액션러닝은 교육 참가자가 소집단을 구성하여 각자 또는 전체가 팀워크를 바탕으로 실패의 위험을 갖는 실제 문제를 정해진 시점까지 해결하는 동시에 문제해결 과정에 대한 성찰을 통해 학습하도록 지원하는 역량개발의 교육방식으로 학습조직 구축의 초석이 되며 교육훈련과 조직 개발이 혼합된 문제해결 교육기법이다.

▣ 액션러닝은 다음과 같은 사항이 포함되어 있어야 한다.

- 액션러닝은 소집단 학습 팀이 있다.
- 학습 팀은 팀워크를 바탕으로 해야 한다.
- 학습 팀은 실패의 위험이 있는 실제적 문제를 가진다.
- 실패의 위험이 있는 실제적 문제를 정해진 시점까지 해결해야 한다.
- 문제해결 과정에서 학습 팀은 학습과 함께 지속적인 성찰활동을 한다.
- 이렇게 되면 학습 팀은 역량이 개발되고 학습이 이루어지며, 훈련과 조직이 발달한다.

▣ 액션러닝은 다음과 같은 특징을 가지고 있다(박수홍 · 정주영, 2014).

- 액션러닝은 실시간 학습 경험으로 중요한 두 가지 목적, 즉, 조직 경영상의 요구를 만족시키는 것과 개인 및 팀을 개발시키는 것을 동시에 달성하기 위한 방법이다.
- 액션러닝을 통해서 조직은 심각한 경영상의 문제를 해결하거나 경영상의 기회에 적절히 대응할 수 있으며, 동시에 핵심 인재를 개발하여 역량을 갖추도록 함으로써 조직을 전략상 가장 이상적인 방향으로 이끌어 가도록 할 수 있다.
- 액션러닝은 민주적 특성으로서 구성원들의 자발성과 임파워먼트, 신뢰와 비밀유지, 지원과 도전, 삶에 대한 긍정적 접근 등을 강조한다.
- 액션러닝은 성찰을 통한 경험학습, 실천의 창출, 총체적 접근을 강조한다.
- 액션러닝은 실제적인 접근, 통찰적인 질문을 강조한다.

2) 액션러닝의 구성요소

액션러닝의 본질을 추구하기 위해서는 이를 구성하는 요소가 충족되어야 한다. 액션러닝의 주요 구성요소는 과제, 학습 팀, 실행의지, 지식 습득, 질문 · 성찰 · 피드백, 러닝 코치 등 여섯 가지 요소로 제시되고 있다

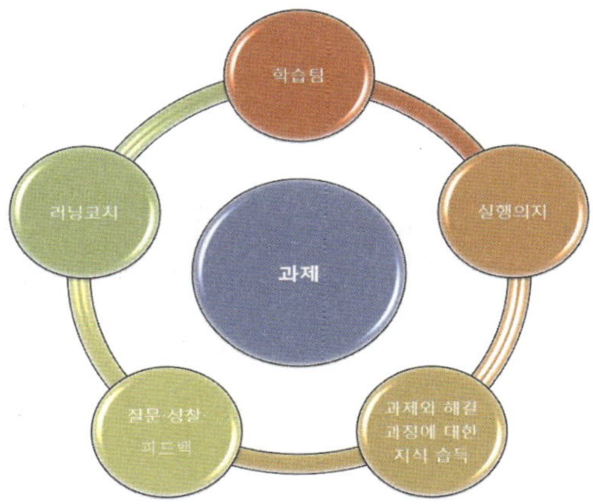

[그림 9-3] 액션러닝의 여섯 가지 구성요소

(1) 과제

액션러닝의 가장 중요한 특징 중 하나는 교육에 참가하는 개인 또는 팀이 실제 과제를 다룬다는 점이다. 좋은 과제란 조직 내에 실존하는 과제, 인위적으로 만들어진 문제가 아니라 조직의 실질적인 이익 또는 생존에 직결된 중요한 문제여야 하고, 문제가 해결되었을 경우 조직 또는 개인에게 변화를 가져올 수 있는 것이어야 한다. 과제의 종류는 개인 과제와 팀 과제로 구분할 수 있다.

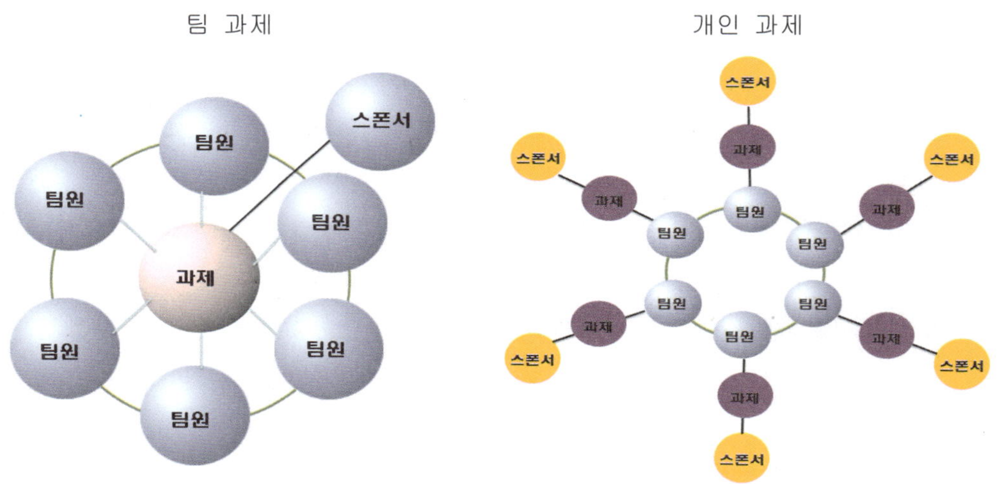

[그림 9-4] 팀 과제와 개인 과제

출처: 장경원·고수일(2014).

개인과제는 팀원들 각자가 자신의 과제를 수행하되 다른 학습 팀원들이 과제의 효과적인 수행에 필요한 여러 가지 조언과 정보를 제공하는 방식으로 팀워크를 발휘하는 형태를 의미하고 팀 과제는 팀 내에 한 가지 과제를 존재하는 형태를 의미한다.

(2) 학습팀

실제 과제는 팀원들이 함께 해결한다. 흥미로운 것은 액션러닝 방식에 참여한 학생들은 구성원들의 능력보다도 팀에 얼마나 성실하게 참여하며, 서로의 의견을 존중하는지가 과제를 해결하는 데 더 중요하다.

- 4-6명 정도
- 팀 구성원들의 역할
  - 팀별로 각자가 1시간씩 돌아가면서 자신의 문제에 대해 발표하고 토론하기
  - 팀원들의 역할 : 문제의 본질 파악, 원인 분석, 해결 방안 개발에 도움이 될 수 있는 질문을 통해 자신의 의견을 제시하거나 정보를 제공해 주는 역할
  - 단순히 열심히 해보라는 식의 막연한 격려가 아니라 실질적인 도움을 제공하기
- 팀 구성원의 바람직한 속성
  - 문제해결에 대한 열의
  - 경청능력, 자신과 타인에 대한 질문능력
  - 자신을 개방하고 다른 팀 멤버로부터 배우려는 의지
  - 타인의 가치를 존중하고 존경하는 자세
  - 실행과 성취에 대한 의지
  - 자신과 타인의 학습능력과 잠재능력에 대한 인식

(3) 실행의지

액션러닝의 가장 큰 특징은 실패의 위험이 있는 실제 과제의 궁극적·실질적 해결을 전제로 한다. 실행의지는 L=P(Programmed Knowledge)+ Q(Questioning)+R(Reflection)의 공식에 I(Implementation, 실행)를 더해 L=P+Q+R+I로 확장된 개념이다. 학습 팀에서 개발한 해결안이 실행으로 연결될 수 있다는 것은 학습 팀으로 하여금 더욱 열정적이고 창의적으로 과제해결을 위해 노력하는 동기를 유발시킨다. 또한 실행을 하면서 자신들이 제안한 해결안에 대해 다양한 질문과 의미 있는 성찰을 통해 진정한 학습이 이루어질 수 있다.

(4) 과제와 해결 과정에 대한 지식 습득

액션러닝에서 학습 팀원들은 함께 과제를 해결하는 과정에서 비판적으로 학습하고 사고하는 법을 배우고, 과제 해결시 발생하는 다양한 문제 상황을 해결할 수 있는 기술을 습득·개발하며, 리더십을 발휘하는 방법을 학습한다. 액션러닝 과정에서 익힐 수 있는 과제해결 과정과 관련된 지식으로는 다양한 과제해결 기술, 팀 리더십, 커뮤니케이션 기술, 프리젠테이션 기술, 프로젝트 매니저먼트, 갈등관리, 회의 운영 기술, 학습 팀 기술 등이 있다.

(5) 질문과 성찰 그리고 피드백

질문은 인간관계를 유지하는 매우 중요한 요소이다. 의사소통의 중요한 도구라고 할 수 있다. 우리는 질문을 통해 효율적인 의사소통을 할 수 있다. 질문을 통해 가설에 대해 뒤집어 생각해 보기도 하고, 연결 관계를 형성하기도 하고, 사고력과 창의력을 이끌어 낼 수 있다.

성찰은 학습자들이 과제 수행 과정과 학습 팀 미팅에서 배우고 느낀 점, 그리고 이를 바탕으로 앞으로 실천할 사항들을 정리하고 공유하는 것이다. 성찰을 위한 질문으로는 '무엇을 배웠는가?', '어떤 것을 느꼈는가?', '앞으로 어떻게 실천할 것인가?'등이다. 그리고 객관적이고 구체적인 피드백을 통해 개인의 문제해결 접근 방식, 의사소통 형태 등 장단점을 분명히 인식할 수 있도록 도와준다. 이처럼 액션러닝에서의 학습은 지식에 질문과 성찰이 더해지면서 이루어진다.

(6) 러닝코치

러닝코치는 학습 팀에서 다루는 토의 주제에 대해 중립을 가지고 의사결정을 할 수 없는 조직 내부 또는 외부의 프로세스 전문가이다. 러닝코치의 바람직한 행동과 피해야 할 행동은 다음과 같다.

<표 9-1> 러닝코치의 바람직한 행동과 피해야 할 행동

바람직한 행동	피해야 할 행동
학습 분위기 조성	일방적인 수업 주도
전원 참석 유도	학습자 반응 무시
학습자의 의견 존중	내용에 대한 비판, 반론
피드백 제공 및 성찰 독려	내용 전달에만 초점
스스로 문제해결 방법 도출할 수 있도록 지원	문제해결 방법 제시
준비된 수업 진행	즉흥적인 수업 진행
스스로 답을 찾게 하는 질문 제시	모든 것을 자신이 설명

또한 러닝코치의 역할은 다음과 같다.

- 도입 단계 : 프로그램 설명, 화합과 성취의 분위기 조성, Output 이미지 구체화 지원
- 진행 단계 : 학습과 실행에 대한 동기부여, 커뮤니케이션 지원, 문제해결 및 의사결정 관련도구 제공, 학습 팀 회의의 효과적 운영지원
- 종료 단계 : 성찰, 질문, 피드백의 권장과 솔선수범을 통한 학습 촉진, 이해관계자와 학습 팀 간의 조정, 프로그램 운영관련 행정 및 관리 업무 안내

3) 액션러닝 과제

(1) 과제의 조건

학습자들은 과제해결 과정에서 학습하므로 과제는 학습을 위한 의미 있는 기회를 제공해야 한다. 과제가 적절히 어렵고 도전적일수록 학습자들의 학습량과 질도 높아질 수 있고 성취감도 크다. 따라서 액션러닝에서 과제의 선택은 매우 중요하며 다음과 같은 조건을 충족하는 것이 바람직하다.

[그림 9-5] 과제의 조건

- 학습기회 제공
  - 액션러닝의 과제는 학습목표에 부합하는 내용을 습득할 수 있는 학습기회를 주는 것이어야 한다.
- 중요성

- 과제는 그 과제와 관련된 개인이나 조직에 중요한 것이어야 한다.

▪ 비구조성

- 비 구조화된 과제는 문제와 관련된 상황이나 요소가 분명히 정의 되어 있지 않고 과제해결을 위해 정보가 충분히 포함되어 있지 않아 다양한 해결 경로와 해결안을 가지고 있다.

▪ 실제성

- 학습자의 흥미를 유발하는 실제 과제를 다루어야 한다. 실제 과제는 지식이나 기능이 별도로 구분되어 있지 않고 과제가 제시된 맥락 안에서 이해되고 사용된다.

▪ 구체적인 결과물

- 구체적인 결과물은 행동의 변화, 관계의 변화 등 변화된 상태 및 결과 등 무형의 결과물을 포함하는 개념이다.

(2) 과제 예시

액션러닝 과제의 기본 특성인 다섯 가지 기준을 중심으로 어떤 과제가 액션러닝 과제로 적합한지 예시를 제시하면 다음과 같다.

<표 9-2> 액션러닝에서 과제 예시

전공 및 과목	과제명	산출물
아동·청소년	우수도서 목록 만들기	장르별 추천도서 목록
간호학	협심증 환자를 중심으로 환자 교육자료 표준화	표준화 메뉴얼
자원봉사론	신임 사회복지사를 위한 자원봉사자 관리지침서 개발	자원봉사자 관리지침서 개발

(3) 과제 기술서

과제 선정 배경을 정확히 기술하고, 학습 팀이 도출해내야 할 구체적인 결과물과 이를 실행에 옮겼을 때 궁극적으로 달성하고자 하는 이상적인 모습을 한 장의 서류로 작성하는 것이고, 학습 팀은 과제 기술 서를 기준으로 팀원들 간에 의사소통을 하고 과제의 최종 결과물에 대해 스폰서와 합의하는 과제조인식을 갖는다.

<표 9-3> 과제 기술서

과제명		
과제 선정 배경	현황 및 문제점	
	과제의 중요성	
	이해관계자의 요구	
	추진 내용과 방법	
과제 결과물		
추진 내용과 방법		
추진 단계별 일정		
과제 해결 시 기대효과		
과제 해결 성과 지표	해결방안 제출직후	
	2주 후	
	6주 후	

(4) 과제 유형별 과제해결 프로세스

액션러닝은 실제 과제(문제)를 해결하기 위해 현장의 자료를 수집, 분석, 적용한다. 과제를 해결하는 과정이 한 가지로 정해져 있지는 않지만 일반적으로 과제 명확화, 과제 연구, 해결안 도출 및 타당성 검증, 실행 또는 최종 결과물 도출 및 성찰의 과정을 거친다. 일반적으로 액션러닝에서 다루는 과제를 어떤 문제를 해결하기 위한 문제해결형, 새로운 것을 창조하거나 발표하는 창조·개발형, 졸업작품 전 준비 등 개별적으로 수행하는 개인과제형으로 구분할 수 있다.

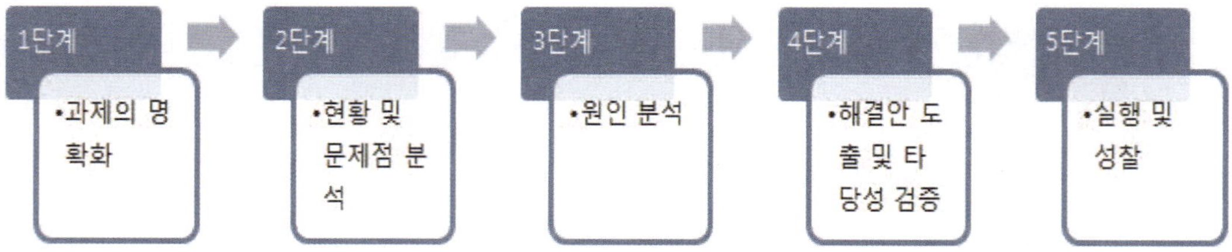

[그림 9-6] 문제해결형 과제의 과제해결 프로세스

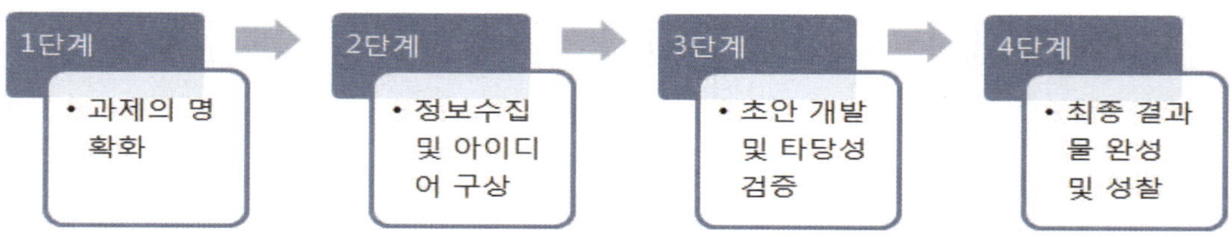

[그림 9-7] 창조·개발형 과제의 과제해결 프로세스

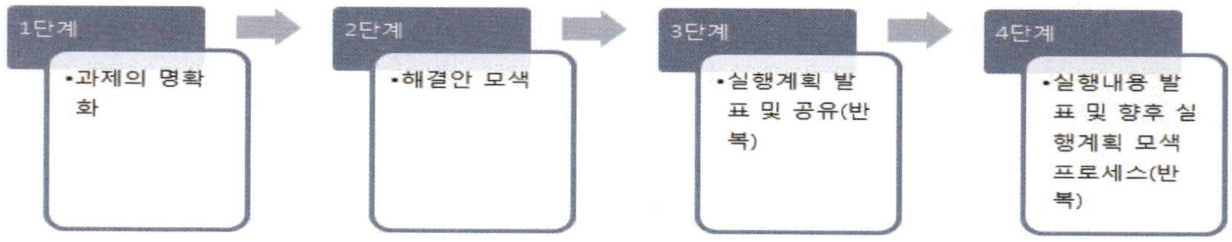

[그림 9-8] 개인과제형 과제의 과제해결 프로세스

(5) 액션러닝을 위한 효과적인 문제해결도구

액션러닝은 실제 과제를 학습 팀원들이 함께 해결하는 것이다. 실제 과제를 해결하기 위해서는 과제의 성격에 부합하는 도구와 절차를 활용해야 하고 학습 팀이 함께 일하기 위해서는 효과적으로 팀원들의 아이디어를 도출하고 수렴할 수 있는 도구와 절차가 필요하다. 액션러닝 활동을 하는데 팀 학습 방법으로는 아이스 브레이크, 명목집단법(NGT), 팀 빌딩(그라운드 룰), 성찰, 경청, 칭찬이 있다.

① 아이스 브레이크(Ice-Break)

아이스 브레이크는 회의 시작 전에 참가자들 간의 분위기를 밝고 활기차게 만들기 위한 활동이다. 구성원들이 자유롭게 자신의 의견을 이야기하는 것이 어색하고 부자연스러울 때 아이스 브레이크를 권장한다.

아이스 브레이크 원칙

- 아이스 브레이크가 필요한 상황에서만 실시한다.
- 최대 5분이 넘지 않도록 한다.
- 참석자들의 나이, 분위기, 성격 특성에 어울리는 것을 한다.
- 가능하면 수업내용 또는 토의 주제와 연관시킨다.

② 명목집단법

명목집단법(Nominal group technique: NGT)은 토의를 시작하기 전에 참가자들이 다른 사람과 일체 이야기를 하지 않고 토의 주제에 대한 자신만의 생각을 조용히 노트나 수첩, 카드, 포스트잇 등에 정리할 수 있도록 일정 시간을 부여하는 방법이다.

대표적으로 포스트잇은 떠오르는 아이디어를 바로바로 기록하면서 여러 번 뗐다 붙였다 할 수 있어 다양한 의견들을 비슷한 내용끼리 분류 가능하고, 정제된 단어나 문장을 사용할 수 있어 토론 시간을 절약할 수 있고, 모든 팀원들이 적극적으로 참여할 수 있다.

명목집단법의 효과

- 더 많은 아이디어 촉진
- 모든 구성원들의 균등한 발언 기회 제공
- 지위에 인한 합의 압력 및 경쟁적 분위기 감소
- 주제에 대한 구성원들의 활발한 논의 유도
- 아이디어에 대한 우선순위를 민주적으로 정할 수 있게 함

③ 팀 빌딩(그라운드 룰)

팀 빌딩이란 팀워크를 다지는 활동으로서, 팀 활동의 성공 여부는 팀 빌딩에 있다고 해도 지나친 말이 아니다. 팀 빌딩은 기본적으로 팀 이름 만들기, 팀 구호 만들기, 모든 팀 구성원들이 자발적으로 지키기 위한 그라운드 룰(ground rule)

만들기의 세 가지 활동을 할 수 있다.

그라운드 룰(Ground Rule)은 회의나 분임토의, 프로젝트 팀 미팅, 각종 위원회 등의 진행에서 모든 구성원들이 반드시 지켜야 할 기본 규칙이다.

<표 9-4> 그라운드 룰 기본 규칙

바람직한 그라운드 룰	바람직하지 않은 그라운드 룰
· 인사는 이인칭으로 하기 · 회의 5분 전에 착석하기 · 상대방의 의견을 끝까지 들어주기 · 회의시간에 휴대폰은 진동으로 하기 · 무임승차 하지 말고 적극적 참여 · 회의가 끝난 후 쓰레기 치우고 가기	· 열심히 하기 · 회의 시간 잘 지키기 · 공감적 경청 · 휴대폰 매너 지키기 · 정리정돈 잘하기

④ 성찰

성찰(Reflection)은 개인차원의 성찰과 팀 차원의 성찰이 있다. 개인 차원의 성찰로는 학습자들이 과제수행 과정과 학습 팀 미팅에서 배우고, 느끼고, 실천할 사항을 기록하고 공유하는 것이고, 팀 차원의 성찰로는 학습 팀원들이 팀의 생산성을 보다 높이기 위해 무엇을 어떻게 해야 할 것인지 생각해 보는 성찰이다. 성찰의 방법으로는 대화, 성찰 시간, 피드백, 성찰일지가 있다.

<표 9-5> 개인 성찰 예시

NO	성찰 항목	성찰 내용
1	배운 것	· 팀 활동이 잘 이루어지기 위해서는 여러 가지 요소가 필요하다는 것을 배웠다.
2	느낀 점	· 개인 행동적으로 행동하는 것이 팀 활동에 부정적인 영향을 미치는 것을 다른 동료를 통해 보면서 나의 모습을 되돌아보게 되었다.
3	실천 사항	· 팀 규칙을 잘 지켜야겠다. · 매번 모일 때 마다 시간약속을 잘 지켜야겠다.

<표 9-6> 팀 성찰 예시

제거해야 할 행동/태도	감소시켜야 할 행동/태도
· 개인별 시간 준수 · 상대방 의견 경청하기 · 주제에 벗어난 발언 안하기	· 자신의 주관적 의견 자제 · 개인감정 드러내지 않기 · 아이스 브레이크 오래하지 않기
증가시켜야 할 행동/태도	**창조해야 할 행동/태도**
· 공감과 경청 · 다양한 의견 제시 · 과제해결을 현실가능성 중심으로	· 새로운 아이디어 적극지지 · 다르게 생각하기 · 팀 분위기를 위한 간식 제공

⑤ 경청

액션러닝의 과제 해결을 위해서는 기본적으로 다른 사람의 시각과 의견을 존중하고 새로운 아이디어에 대해 개방적이고 허용적인 분위기가 형성되어야 한다. 경청이란 상대방이 말하는 내용뿐만 아니라 그 내면에 있는 것, 언어에 나타나지 않는 것, 상대방의 감정 등을 공감하며 깊이 듣고 자신이 이해한 바를 상대방에게 확인시켜 주는 자세를 말한다.

경청의 다섯 가지 기술

- 이야기하는 사람을 향해 몸을 틀어 준다.
- 이야기하는 사람의 눈을 본다.
- 이야기를 듣고 반응이 필요한 부분에서 고개를 끄덕인다.
- 이야기를 듣고 공감을 표현한다.
- 질문을 통해 상대방이 말한 의미를 명료화한다.

⑥ 칭찬

과제해결을 위해 협력적이고 긍정적인 분위기가 매우 중요하다. 이를 위해 팀원들 간에 칭찬의 태도가 강조되어야 한다. 작은 것일지라도 다른 사람이 노력한 결과에 대해 인정하고 칭찬하는 분위기는 학습 팀에 활력을 불어넣어 주고 팀원들의 동기를 향상시킨다.

칭찬의 기술

- 칭찬할 일이 생겼을 때 즉시 칭찬한다.
- 잘한 점을 구체적으로 칭찬한다.
- 되도록 공개적으로 칭찬한다.
- 결과보다는 과정을 칭찬한다.
- 사랑하는 사람을 대하듯 칭찬한다.
- 거짓 없이 진실한 마음으로 칭찬한다.
- 긍정적인 눈으로 칭찬할 내용을 찾는다.
- 잘하지 못할 때는 격려한다.
- 잘못된 일이 생기면 관심을 다른 방향으로 유도한다.
- 가끔씩 자기 자신을 칭찬한다.

(5) 액션러닝 적용 사례

대학미술수업에서 팀 역량 강화를 위한 블렌디드 액션러닝 프로그램 개발 및 적용한 사례(박수홍, 이정아, 홍광표, 2008)를 살펴보면 다음과 같다.

① 교육프로그램의 대상

U대학 아동미술 교과목을 수강하는 2학년 학습자 78명. 학습자의 95%는 아동미술과 유사한 교과에서 팀을 조직하여 학습하는 팀 학습을 경험한 것으로 나타났다.

② 교육프로그램의 목적

대학미술수업에서 팀 역량 강화를 위해 블렌디드 액션러닝 프로그램을 개발하였다.

③ 팀 역량 강화를 위한 액션러닝 프로그램 절차 및 청사진

연구 목적을 달성하기 위해 먼저, 문헌연구와 사례연구를 통하여 프로그램의 개발을 위한 핵심 아이디어를 도출하고 핵심 아이디어에 기초한 핵심학습활동 프로세스를 수립했으며 아울러 각 요소들을 지원할 수 있는 지원요소를 도출하였다. 이렇게 수립된 프로세스별로 그를 가장 잘 지원할 수 있는 블렌딩 전략을 개발하여 프로그램 초안을 구안하였다. 구안된 프로그램 초안은 전문가 형성평가를 통해 수정·보완하여 완성된 형태의 프로그램으로 개발하였다. 이에 더해 완성된 프로그램을 현장에 적용하여 봄으로써 프로그램에 따른 시사점을 얻을 수 있었다.

- 핵심 아이디어 도출

본 연구의 목적에 부합하는 핵심 아이디어 도출을 위해 대학 미술수업, 팀 역량, 블렌디드 액션러닝에 대한 문헌연구와 사례연구를 실시하여 대학 미술수업에서 팀 역량강화를 위한 블렌디드 액션러닝 프로그램의 핵심 아이디어를 도출하였다.

- 핵심학습활동 프로세스 도출

본 연구의 전체적인 구성은 사전학습, 본학습, 사후학습으로 나뉜다. 사전학습은 준비단계, 팀 빌딩하기, 사전학습으로 구성되고, 본 학습은 팀 문제탐색하기, 문제명료화하기, 가능한 해결책 도출하기, 우선순위 결정하기, 액션플랜 작성하기, 결과물 제작하기, 결과물 전시·발표하기, 상호 평가하기로 구성되어 있으며, 사후학습은 성찰하기, 사후학습(총체적 성찰하기), 차시예고로 구성되어 있다. 표 9-7을 참고하기 바란다.

- 지원요소 도출

팀 역량 강화를 위한 수업은 교수자, 학습자, 학습도구 측면에서의 지원요소가 요구된다. 이러한 지원요소는 핵심학습활동 프로세스의 각 단계별로 다양한 관련 정보, 안내지침, 도구 등으로 지원되며, 각 요소들은 팀 구성원 간의 공유를 통해 교수 자와 학습자의 교수활동과 학습활동을 용이하게 할 수 있다.

- 블렌딩 전략 수립

핵심학습활동 프로세스를 가장 잘 지원할 수 있는 블렌딩 전략을 수립하기 위해 사전에 블렌딩 원리를 수립하였으며 블렌디드 학습을 위한 상호작용 설계원리에 기초하여 본 연구의 목적에 맞도록 적용하였다.

- 전문가 형성평가 결과

전문가 형성평가는 대학미술수업 전문가(내용전문가) 2인, 교수설계전문가(교육공학자) 2인으로 총 4명에게 프로그램의 초안 타당성에 대해 개별적으로 심층 인터뷰를 실시하여 평가하였다. 질문은 개방형 질문으로 자유로운 논의 형태로 진행되었다. 이들 결과들을 종합적으로 분석한 결과 프로그램 초안에 대한 개선점을 다음과 같이 도출할 수 있었다.

- 교육프로그램 청사진

전문가 형성평가 결과를 바탕으로 본 연구에서 구안하는 블렌디드 액션러닝 프로그램의 청사진을 일부 수정하였다. 구안된 청사진은 전체 진행을 위한 것과 본 학습용으로 구분하여 제안하였다.

<표 9-7> 팀 역량 강화를 위한 액션러닝 프로그램

핵심학습활동 프로세스		핵심학습활동내용	팀 역량요소	구체적 활동
사전학습	준비단계	· 본 학습을 효과적으로 수행하기 위한 역할 ·팀 역량 강화를 위한 팀 구성	· 팀 태도 -탐색 역량	·본 학습을 위한 각종 도구 준비 ·출석확인
	팀 빌딩하기			·학습자성향, 준비상태에 따른 팀 빌딩
	사전학습			·본 학습 내용의 이론적 배경 설명 ·교수 자가 나누어준 문제를 받기 ·각종안내(과정, 프로세스, 도구, 평가방법)
본학습	1. 팀 문제 탐색하기	·폭넓은 정보수집, 분석을 통한 문제해결 실마리 찾기	·팀 지식 -표현 역량 ·팀 태도 -표현 역량	·문제 상황 정보 찾기 ·문제 상황 분석
	2. 문제 명료화하기	·문제의 근본원인 및 속성을 파악하기	·팀 태도 -감상 역량	·관련자료 및 준비물 파악 ·검색 및 제작도구 인지
	3. 가능한 해결책 도출하기	·문제 및 과제를 해결하기 위한 다양한 해결책 찾기	·팀 지식 -표현 역량	·과제 수행을 위한 팀, 개인역할 분담 ·토론방 운영 ·각종 두고 사용
	4. 우선순위 결정하기	·문제 및 과제의 속성에 맞는 우선순위 결정하기	· 팀 스킬 -탐색 역량	·중요성, 시급성, 과제의 계열성 등을 고려한 우선순위 결정 ·각종도구 사용
	5. 액션플랜 작성하기	·우선순위에 따른 과제 실행 플랜 작성하기	· 팀 스킬 -탐색 역량	·회의록 활용
	6. 결과물 제작하기	·수업에서 실제적 과제를 해결하기	· 팀 태도 -탐색 역량	·제작, 실행, 상호모니터링
	7. 결과물 전시, 발표하기	·결과물 전시, 발표하기	· 팀 지식 -감상 역량 · 팀 스킬 -감상 역량	·팀별 독창적 발표 ·결과물에 대한 설명, 대사 ·결과물 전시
	8. 상호 평가하기	·팀별 결과물에 대한 상호 평가하기	· 팀 지식 -감상 역량 · 팀 스킬 -감상 역량	·팀 간 상호평가, 피드백 ·즉석평가, 평가지 작성
사후학습	성찰하기	·본 학습 전체 과정에 대한 성찰하기	· 팀 태도 -감상 역량	·진행된 본 학습 전체 과정을 통한 자기성찰 기록 지 작성
	사후학습 (총체적 성찰)	·교육과정에 대한 총체적 성찰하기	· 팀 태도 -감상 역량 · 팀 태도 -탐색 역량	·사전학습부터 사후학습까지의 전체 과정 성찰
	차시예고	·차시예고	· 팀 지식 -탐색 역량	·차시 학습내용 및 준비물 숙지

4) 액션러닝을 통한 문제해결 활동 Worksheet

액션러닝을 통한 다양한 문제(**과제**)해결 활동은 크게 액션러닝 활동 전, 활동 중, 활동 후로 구분할 수 있다.

(1) 액션러닝 활동 전 Worksheet

액션러닝을 통한 문제해결 활동을 하기 전 활동으로 팀 조직 및 팀 빌딩, 액션러닝 안내하기, 학습도구 및 학습 환경 안내하기로 구분한다.

① 팀 조직 및 팀 빌딩 워크시트

팀 조직은 학습 팀을 만드는 활동이며 팀 빌딩은 조직된 팀이 좋은 성과를 낼 수 있도록 팀워크를 세워 나가는 활동을 의미한다.

팀 조직 워크시트

▪ 개인 자료

성명		성별		연령	
소속					
참여 동기					
성격 유형					
학습 유형					

▪전체 자료

순	성명	성별	연령	소속	주소	동기	유형	팀
1								
2								
3								
4								
5								
6								
7								

팀 빌딩 워크시트

팀 명	
팀 구호	
팀 약속	※ 지킬 수 있는 규칙 3~4가지를 정해 봅시다.

팀원 안내	구분	성명	직급	휴대폰	e-mail	역할
	팀원					
	팀장					
	퍼실리테이터					
	스폰서					

② 액션러닝 안내하기

액션러닝 안내하기는 과제를 해결하기 전에 액션러닝에 대해 사전에 알려주는 활동이다.

액션러닝 안내하기 워크시트

일시		장소		대상	
학습 팀		주제 (문제 상황)			
인사말					
액션러닝 안내					
질문사항					

③ 학습도구 및 학습 환경 안내하기

학습도구 및 학습 환경 안내하기는 문제의 원인을 찾고 그것을 해결책을 찾기 위한 **도구(아이디어)**를 찾는 활동이다.

학습도구 및 환경 안내하기 워크시트

일시		장소		대상	
학습 팀		주제 (문제 상황)			
퍼실리테이터					
액션러닝 학습도구					
액션러닝 학습 환경					
질문사항					

(2) 액션러닝 활동 중 Worksheet

액션러닝은 일반적으로 팀 빌딩 후 문제 탐색하기, 문제 명료화하기, 가능한 해결책 도출하기, 우선순위 결정하기, 액션플랜 작성하기, 실행하기, 평가하기의 프로세스에 따라 진행된다.

[그림 9-9] 액션러닝 프로세스

① 문제 탐색하기

문제 탐색하기 활동은 학습 팀의 상황에 맞는 실제적이고 맥락적인 문제를 접하는 단계로 팀원들은 개방된 마음으로 의견을 경청해야 한다.

문제 탐색하기 워크시트

<table>
<tr><td>일시</td><td></td><td>장소</td><td></td><td>대상</td><td></td></tr>
<tr><td>학습 팀</td><td></td><td rowspan="2">주제
(문제 상황)</td><td rowspan="2" colspan="3"></td></tr>
<tr><td>퍼실리테이터</td><td></td></tr>
<tr><td>액션러닝
문제 상황</td><td colspan="5"></td></tr>
</table>

② 문제 명료화하기

문제 명료화하기 활동은 문제의 근본 원인 및 구조를 이해하고 문제를 규정하는 단계로 폭넓은 정보 수집 및 분석을 통해 문제의 근본 원인을 탐색해야 한

문제 명료화하기 워크시트

<table>
<tr><td>일시</td><td></td><td>장소</td><td></td><td>대상</td><td></td></tr>
<tr><td>학습 팀</td><td></td><td rowspan="2">주제
(문제 상황)</td><td colspan="3" rowspan="2"></td></tr>
<tr><td>퍼실리테이터</td><td></td></tr>
<tr><td>액션러닝
문제 상황</td><td colspan="5"></td></tr>
<tr><td>문제의 원인</td><td colspan="5"></td></tr>
<tr><td>문제 원인
묶어 보기</td><td colspan="5"></td></tr>
</table>

③ 가능한 해결책 도출하기

가능한 해결책 도출하기 활동은 실현 가능한 해결책을 마련하기 위해 다양한 아이디어 도출 기법을 사용하여 문제의 다각적 해결안을 도출하는 단계이다.

가능한 해결책 도출하기 워크시트

<table>
<tr><td>일시</td><td></td><td>장소</td><td></td><td>대상</td><td></td></tr>
<tr><td>학습 팀</td><td></td><td rowspan="2">주제
(문제 상황)</td><td colspan="3" rowspan="2"></td></tr>
<tr><td>퍼실리테이터</td><td></td></tr>
<tr><td>문제의
핵심원인</td><td colspan="5"></td></tr>
<tr><td>문제의
원인을
해결할 수
있는 다양한
아이디어를
적어보기</td><td colspan="5"></td></tr>
<tr><td>해결책을
점검하여
최종적인
안을
적어보기</td><td colspan="5"></td></tr>
</table>

④ 우선순위 결정하기

우선순위 결정하기 활동은 학습 팀이 스스로 몇 가지 기준을 정하여 문제해결책을 실행하기 위해 해결책에 대한 우선순위를 부여하는 단계이다. 우선순위 결정을 위해 익명그룹기법을 사용하는 것이 효과적일 수 있다.

우선순위 결정하기 워크시트

일시		장소		대상	
학습 팀		주제 (문제 상황)			
퍼실리테이터					
해결 방안	※ 해결방안에 대해 우선순위별 리스트를 적어주세요.				

순	해결방안	기준	점수					우선순위
			1	2	3	4	계	
1								
2								
3								
4								

⑤ 액션플랜 작성하기

액션플랜 작성하기 활동은 해결안의 우선순위에 따라 실행계획을 만들고 실행할 수 있도록 하는 단계이다. 즉, 액션플랜은 문제의 해결책을 현장에 적용해 보기 위해 작성하는 실천계획서이다.

액션플랜 작성하기 워크시트

일시		장소		대상	
학습 팀		주제 (문제 상황)			
퍼실리테이터					
문제 해결방안 (육하원칙)					

⑥ 실행하기

실행하기는 앞 단계에서 작성한 액션플랜을 바탕으로 문제가 처음 발생했던 곳으로 돌아가서 현실의 문제를 해결하기 위해 실제로 행동하는 단계로서 필요시에는 전문가의 도움을 받아야 한다.

실행하기 워크시트

일시		장소		대상	
학습 팀		주제 (문제 상황)			
퍼실리테이터					
해결과정	해결책				
	5Why				
	활동내용				
	실행과정				
	느낀 점/ 시사점				
	증빙자료				

⑦ 성찰하기

성찰하기는 팀이 문제의 원인을 분석하고 그에 대한 해결책을 탐색하여 우선순위를 정해서 현장에 적용해 봤던 일련의 과정 그리고 그 안에서의 학습 등에 대해 각자 개별적으로 성찰의 시간을 가지는 것을 의미한다.

개인 성찰하기 워크시트

▪팀명 : 이름 :

평가내용	평가척도				
	매우 그렇다	그렇다	보통이다	아니다	전혀 아니다
1. 문제해결 과정이 흥미 있었다.					
2. 문제를 해결하는 과정에서 팀 구성원들과 상호 토론하거나 적극적으로 협력학습을 하였다.					
3. 팀 구성원들과의 협력적인 문제해결을 위해 나의 생각이나 의견을 제시하였다.					
4. 다른 사람의 의견을 적극적으로 경청하고 존중하였다.					
5. 스스로 학습 자료를 이용하여 문제해결 활동에 적극적으로 참여하였다.					
6. 내게 알맞은 학습과제를 선정하여 학습하였다.					
7. 퍼실리테이터에게 질문하거나 친구에게 물어봄으로써 모르는 문제를 알려고 노력하였다.					
8. 이 문제해결 과정을 통해 새롭게 알게 된 것은 무엇인가?					
9. 더 알고 싶은 내용은 무엇이며, 그 이유는 무엇인가?					
10. 이 문제해결 과정에서 잘된 점과 잘못된 점은 무엇이며, 왜 그렇게 생각하는가?					
11. 이 문제해결 과정에서의 학습방법이나 활동에서 여러분은 어떤 생각(느낌)이 들었는가?					

3) 액션러닝 활동 후 Worksheet

액션러닝을 통한 문제해결 활동 후에는 반드시 평가하기와 전체활동 과정에 대한 성찰하기를 수행해야 한다.

(1) 평가하기

평가활동은 액션러닝을 통해 문제를 해결하고 다양한 가치를 달성했는지를 확인하는 단계로서 더욱 더 나은 활동을 할 수 있도록 격려하고 지지하는 활동이 수행되어져야 한다.

평가하기 워크시트

팀원 평가	
▪팀명( )	이름( )
평가항목	우수조원 이름
1. 문제해결 과정에서 많은 정보를 가장 열심히 제시한 팀원은 누구입니까?	
2. 팀원의 의견을 존중하며, 적극적으로 경청한 팀원은 누구입니까?	
3. 문제해결 과정에서 가장 협력적으로 활동에 참여한 팀원은 누구입니까?	
4. 문제해결 과정에서 중재자 역할을 가장 열심히 잘한 팀원은 누구입니까?	
팀 간 평가	
▪팀명( )	이름( )
평가항목	평가
1. 다양한 자료를 수집, 분석하여 합리적인 근거와 이유를 들어 의견을 제시하고, 결과를 이해하기 쉽게 발표한 팀은 어느 팀입니까?	
2. 팀워크가 가장 잘된 팀은 어느 팀입니까?	
3. 현장에 적용 가능성이 높아 활용도가 가장 높은 문제를 개발한 팀은 어느 팀입니까?	
4. 제일 발표를 잘한 팀은 어느 팀입니까?	

(2) 전체 과정 성찰하기

액션러닝 단계에서 성찰하기 활동이 문제해결에 대한 성찰이었다면, 전체 과정 성찰은 팀을 조직·빌딩하고, 문제를 개발·제시하는 등의 액션러닝 활동 전 단계부터 바로 직전 단계인 평가활동까지에 해당하는 액션러닝 전체 과정에 대한 성찰을 의미한다.

전체 과정 성찰하기 워크시트

<table>
<tr><td>일시</td><td colspan="2"></td><td>장소</td><td></td><td>대상</td><td></td></tr>
<tr><td>학습 팀</td><td colspan="2"></td><td rowspan="2">주제
(문제 상황)</td><td colspan="3" rowspan="2"></td></tr>
<tr><td>퍼실리테이터</td><td colspan="2"></td></tr>
<tr><td rowspan="2">성찰내용</td><td>배운 점</td><td colspan="2">느낀 점</td><td colspan="3">더 알아야 할 것</td></tr>
<tr><td></td><td colspan="2"></td><td colspan="3"></td></tr>
</table>

3. 퍼실리테이션(Facilitation)

1) 퍼실리테이션의 개념과 특징

퍼실리테이션을 활용한 문제해결은 최근에 많이 사용되고 있는 방법이다. 퍼실리테이션이란 '촉진'을 의미하며, 어떤 그룹이나 집단이 의사결정을 잘 하도록 도와주는 일을 의미한다. 최근 많은 조직에서 보다 생산적인 결과를 가져올 수 있도록 그룹이 어떤 방향으로 나아갈 지를 알려주고, 주제에 대한 공감을 이룰 수 있도록 능숙하게 도와주는 퍼실리테이터를 활용하고 있다. 따라서 퍼실리테이션에 의한 문제해결방법은 깊이 있는 커뮤니케이션을 통해 서로의 문제점을 이해하고 공감함으로써 창조적인 문제해결을 도모한다. 소프트 어프로치나 하드 어프로치 방법은 단순한 타협점의 조정에 그치지만, 퍼실리테이션에 의한 방법은 초기에 생각하지 못했던 창조적인 해결방법이 도출된다. 동시에 구성원의 동기가 강화되고 팀워크도 한층 강화된다는 특징을 보인다. 이 방법을 이용한 문제해결은 구성원이 자율적으로 실행하는 것이며, 제3자가 합의점이나 줄거리를 준비해 놓고 예정대로 결론이 도출되어 가는 것이어서는 안 된다.

퍼실리테이션은 학습자에 대한 신뢰와 학습에 대한 철학을 바탕으로 한다. 또한 단순히 자원을 제공하거나 학습을 수월하게 해주는 데에서 끝나는 것이 아니라 비판적 성찰을 통한 학습을 이루기 위하여 상호 존중하는 분위기에서 학습자들이 서로 협력하도록 해주는 역동적인 과정이다. 퍼실리테이션이 효과적으로 이루어지기 위해서는 자발적 참여, 상호존중, 협동, 실천, 비판적 성찰, 자기주도성 등이 요구된다.

2) 퍼실리테이션 사례

대학생활을 하거나 새내기로 직장에 취업할 경우 새로운 업무를 맡게 되면 주어진 문제를 해결하지 못한 경험을 한 번쯤은 갖고 있을 것이다. 이러한 상황에서 상사나 동료의 도움으로 혼자서 해결하지 못했던 문제를 쉽게 해결한 경험도 있을 것이다. 이처럼 대학생활이나 직장생활에서도 퍼실리테이터를 활용한 문제해결이 증가하고 있다. 퍼실리테이터는 문제해결에 어떤 도움을 줄까?

다음 사례는 영상 관련 통합 솔루션을 제공하는 B사에서 신제품을 발매했는데, 처음에는 순조롭게 매출을 올리다가, 얼마 지나서 갑자기 매출이 감소하면서 당초에 계획했던 재고보다 2배 가까이 늘어난 상황에서 영업부장, 공장장, 그리고 양쪽을 조정하는 입장에 있는 경영관리부장 등 3명이 모여서 문제를 해결하는 방안에 대한 사례이다. 경영관리부장의 이야기에 주의를 기울이면서 사례를 읽어보자.

☞ 사례 9-1 ☜	"아… 그렇구나!"
경영관리 부장 :	책임이 어디에 있는가는 나중에 살펴보기로 하고, 우선 서로가 어떻게 하면 이 문제를 해결할 수 있는가에 초점을 맞추어 논의 하도록 합시다. 먼저 영업부서에 물어보겠습니다. 무엇 때문에 판매가 부진하게 되었습니까?
영 업 부 장 :	예상치 못한 강력한 경쟁 상품이 출시되면서 완전히 시장을 잠식해 버렸기 때문입니다.
경영관리 부장 :	국내 시장뿐만 아니라 국제 시장에서도 그런 상황이 벌어졌습니까?
영 업 부 장 :	국내 시장에서는 이미 상황이 역전되면서 이제는 어떻게 해 볼 도리가 없군요. 미국 시장에서도 거의 비슷한 상황이지만, 일부 우리에게 강점이 있는 유통망이 남아 있습니다. 중국 시장에서는 아직 경쟁 상품이 진출하지 않은 상황이라 다소 시간적인 여유가 있습니다.
경영관리부장 :	조금이라도 판매율을 높일 수 있도록 생산현장에서 무언가 협력할 수 있는 방안은 없을까요?
공 장 장 :	중국 시장에서는 아직 해 볼 만하다면 국내 시장용으로 생산한 제품의 디자인을 중국 분위기에 맞게 변경해서 생산하면 어떨까요? 생산 라인에 있는 사람들을 놀려야 할 정도라면 조금이라도 재고를 줄이기 위해 철야를 해서라도 만들어 놓겠습니다.
경영관리부장 :	상당히 좋은 제안이군요. 당장 시작하죠. 그런데 여기서 생산을 중단하면 어느 정도의 부품이 남게 됩니까?
공 장 장 :	확정 주문량이 3개월분은 처리가 가능하지만, 앞서서 주문해 놓은 그 후의 3개월분은 남게 됩니다.
경영관리부장 :	판매 부서에서 뭔가 좋은 아이디어가 없나요?

3) 퍼실리테이션 활동

지금부터 제시하는 3명은 개혁을 방해하는 소위 '비협조적인 사람들'이다. 만약 당신이 이들의 의견을 조정하는 퍼실리테이터의 입장이라면 어떻게 대처할 지를 적어 봅시다.

① A과장 : 책임감이 강한 것은 좋지만 다른 부서의 의견에 대해 "우리에게 맡겨 주었으면 좋겠다."라고 하면 전혀 받아들이지 않는다. 그리고 자신이 담당하는 것 외의 이야기에는 전혀 관심이 없다.

② B과장 : 무엇을 물어보아도 정중히 설명해 주지만 자신의 의견이 명확하지 않다. 무엇을 결정하려 하면 세세한 정보의 부족을 지적하며

의사 결정을 내리지 못하게 한다.

③ C과장 : 회사 내부의 사정에 밝은 것은 반갑지만 "사장이 -----", "OO부서에서는 -----" 등으로 주위의 비관적인 입장만 잔뜩 늘어놓아 논의에 찬물을 끼얹는다.

① A과장에 대해서 당신은 어떻게 대처할 것인가?

② B과장에 대해서 당신은 어떻게 대처할 것인가?

③ C과장에 대해서 당신은 어떻게 대처할 것인가?

Worksheet

Worksheet 01. 팀 빌딩

팀 명	팀 구호

Worksheet 02. 아젠다

NO	세션 명	계획 내용	시간
1			
2			
3			
4			
5			

Worksheet 03. 그라운드 룰

바람직한 그라운드 룰	바람직하지 않은 그라운드 룰

Worksheet 04. 성찰

개인성찰 예시

NO	성찰 항목	성찰 내용
1	배운 것	
2	느낀 점	
3	실천 사항	

팀 성찰 예시

제거해야 할 행동/태도	감소시켜야 할 행동/태도
증가시켜야 할 행동/태도	**창조해야 할 행동/태도**

과제수행 단계별 Worksheet

Worksheet 01. 과제 내용 관련 심층 학습계획

NO	과제이해를 위한 팀원이 학습 할 내용	필요자료	자료출처	책임자	마감 시한
1					
2					
3					
4					
5					

Worksheet 02. 과제와 선정배경의 이해(As-Is)

과제 관련 자사의 현황	
문제점	
과제 관련 사내외 고객의 요구	
과제 관련 동·이업종의 Best Practice	

Worksheet 03. 이상적 모습(To-Be)과 학습 팀의 결과물(Output)

과제 해결 후의 이상적 모습 (To-Be)	
우리가 이번 활동을 통해 도출해야 할 구체적 결과물 (Output : 최종 보고서의 세부목차)	

Worksheet 04. 과제 조 인식표지

( ) 과제 조 인식
팀 명 : 과제명 : 학과 :

학습 팀					
NO	성명	서명	NO	성명	서명
1			4		
2			5		
3			6		
Learning Coach					

Worksheet 05. 과제수행 계획

단계	1	2	3	4	5	6	7
기간(일시)							
Output (중간결과물)							
세부행동							

Worksheet 06. 실행효과 분석을 위한 사전조사 계획

As-Is	
To-Be	
Gap	
측정 대상	
측정 지표	
측정 방법	
측정 시기	
담당자	

Worksheet 07. 과제 관련 이슈 분석

과제 관련 이슈 : 분석 특과 분석 결과	가설

Worksheet 08. 가설 검증 계획

가설	필요정보	검증방법	담당자 (마감시한)

Worksheet 09. 가설 검증 결과와 시사점

가설		
Finding		
시사점		
↓		

Worksheet 10. 해결방안

해결방안 명칭						
누가?	언제?	어디서?	무엇을 어떻게?	예상 소요비용	예상 장애요인	극복 방안

Worksheet 11. 타당성 검증 계획

해결방안 명칭	타당성 검증 방법 (대상, 내용, 기간, 장소, 방법 등)	타당성 판단기준	실행 책임자

Worksheet 12. 실행성과와 기대효과

구분	실행성과	기대효과	
		단기 (년 월의모습)	중장기 (년 월의모습)
정량적 측면			
정성적 측면			

Worksheet 13. 학습내용과 향후 적용 계획

구분	학습하고 실행에 옮긴 내용	향후 적용 계획

Worksheet 14. 과제 내용 관련 지식 습득을 위한 질문

질문 대상자	질문할 내용	질문하는 목적	질문 담당자

학 습 평 가

Q 1. 깊이 있는 커뮤니케이션을 통해 서로의 문제점을 이해하고 공감함으로써 창조적으로 문제를 해결하는 방법을 (   )에 의한 문제해결방법이다.

Q 2. 하브루타에서 실천되는 논쟁의 원칙을 바르게 기술하지 않은 것은? (   )

① 파트너들은 토론할 때 서로 눈을 마주보며 토론한다.

② 파트너들은 서로의 말에 경청한다. 동의하지 않는 상대의 의견은 경청하지 않는다.

③ 파트너들은 각자 자신의 생각을 논리적으로 정리하여 제시한다. 듣고 이해하고 생각한 것들을 논리적으로 설명하고 증거를 제시한다.

④ 파트너들끼리 합의하려고 노력하기 보다는 자신의 논리를 체계화 하고 상대방의 논리에 반박하는 것에 중점을 둔다.

Q 3. (   )은 교육 참가자가 소집단을 구성하여 각자 또는 전체가 팀워크를 바탕으로 실패의 위험을 갖는 실제 문제를 정해진 시점까지 해결하는 동시에 문제해결 과정에 대한 성찰을 통해 학습하도록 지원하는 역량 개발의 교육방식이다.

Q 4. 액션러닝의 여섯 가지 구성요소는 무엇인가?

Q 5. 액션러닝 과제의 조건은 무엇인가?

Q 6. 액션러닝 활동의 팀 학습 방법 가운데 (   )는 회의 시작 전에 참가자들 간의 분위기를 밝고 활기차게 만들기 위한 활동이다.

Q 7. 액션러닝 활동의 팀 학습 방법 가운데 (   )은 토의를 시작하기 전에 참가자들이 다른 사람과 일체 이야기를 하지 않고 토의 주제에 대한 자신만의 생각을 조용히 노트나 수첩, 카드, 포스트잇 등에 정리할 수 있도록 일정 시간을 부여하는 방법이다.

****

정 답	1. 퍼실리테이션 2. ② 3. 액션러닝 4. 학습 팀, 실행의지, 과제와 해결과정에 대한 지식 습득, 질문·성찰 피드백, 러닝코치 5. 학습기회 제공, 중요성, 비구조성, 실제성, 구체적인 결과물 6. 아이스 브레이크 7. 명목집단 법

10 Chapter
문제해결능력을 어떻게 적용할 것인가?

1. 사례접근을 통한 문제해결능력 지도 실제

1) 사례 1 : 문제를 문제로 인식하기

대학생들은 일상생활 또는 학교활동을 하면서 끊임없이 문제 상황을 마주하게 된다. 1학년은 친구관계, 대학생활에 다양한 문제를 겪을 것이고, 2~3학년은 군대, 이성문제, 학점관리 등의 문제를 겪게 될 것이다. 또한 졸업을 앞 둔 4학년은 졸업 후 자신의 진로, 미래 인생진로를 고민함에 있어 다양한 문제 상황을 맞이할 것이다. 이렇듯 사람들은 매일 매일 작거나 큰 문제에 부딪히게 된다.

☞ 사례 10-1 ☜	"문제를 문제로 인식하기"

대학에서 보건행정을 전공한 P대리는 제약회사 영업부에서 유능한 세일즈맨으로 인정받고 있었다. 그는 세심하고 적극적인 성격과 좋은 인상으로 처음 만나는 상대와도 쉽게 친해지는 장점으로 인간관계가 좋은 편이다. 특별히 뛰어난 능력이 있는 것은 아니지만 고객의 어려움을 직접 해결해주고 인간적으로 고객을 대해왔기 때문에 실적도 매우 좋은 편이다. 물론 설득력 있는 화술과 자사제품에 대한 깊은 지식으로 제품을 판매하는 기술도 좋은 편이다.

따라서 P대리는 자신의 영업 성적이나 영업기술에 대한 자신감을 갖고 있었다. 그런데 최근 들어 기존의 고객들이 하나 둘씩 계약을 해지하고, 새로운 고객들에 대한 제품판매도 예전처럼 여의치 않게 되었다.

이러한 현상을 P대리는 경기가 좋지 않기 때문에 일시적인 현상일 것이라고 생각하고 대수롭게 여기지 않았다. 그러나 영업부서에서 시장을 분석한 결과 경쟁사의 영업부서에서 컨설팅 세일즈 기법을 활용하여 시장을 잠식하고 있었고, P대리의 영업방식이 문제가 있다는 것을 알게 되었다.

활 동

'문제를 문제로 인식하기' 사례를 통해 업무를 수행하면서 겪게 되는 문제를 해결하기 위해서 가장 먼저 해야 되는 일은 자신이나 자신이 속한 조직의 문제를 인식하는 일임을 알 수 있다. 그러나 흔히 사람들은 자신이나 조직의 문제를 잘 인식하지 못하거나, 문제를 알고 있지만 어떻게 해결해야 할지 모르는 경우가 많다. 다음에 제시된 현재 자신이 일상생활과 학업활동에서 초래되고 있는 문제와 자신의 속한 전공학과의 문제를 작성해 보고, 자신의 학업활동과 학과 전공에 어떤 문제가 있는지를 확인해 보자.

현재 일상생활과 학업활동 문제	전공 학과의 문제
1.	1.
2.	2.
3.	3.
4.	4.
5.	5.

2) 사례 2 : 왜 다를까?

우리는 흔히 같은 회사에 근무하는 같은 직급의 직장인, 같은 대학에 재학중인 대학생들이 같은 문제를 겪고 있다고 생각하기 쉽다. 그러나 같은 회사, 같은 직급의 직장인일지라도 담당하는 업무나 상황에 따라서 다양한 문제를 겪게 된다. 그럼 직장인 또는 대학생들이 겪게 되는 다양한 문제의 유형에 대해서 알아보자.

일반적으로 문제(problem)라고 하면 현재 직면하여 즉시 해결해야만 하는 문제만을 떠올리기 쉽다. 그러나 오늘날은 그 어느 때보다 경쟁력을 강화하기 위한 개혁과 혁신이 요구되는 시대이므로 직업인들은 현재 당면한 보이는 문제 뿐 만 아니라 숨어있는 문제까지 찾아서 해결하지 않고서는 경쟁에서 살아남을 수 없다. 다음은 외국 기업의 국내 진출로 인해 A 병원과 B병원이 겪게 되는 문제 상황에 대한 사례이다. A병원과 B병원이 문제를 어떻게 바라보고 있는지 생각해 보자.

☞ 사례 10-2 ☜	"왜 다를까?"

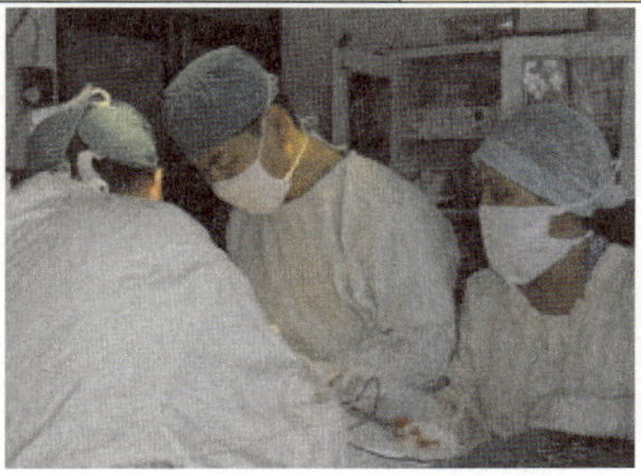

대형 병원을 운영하는 A병원과 B병원은 20년 전부터 라이벌 병원으로 항상 경쟁해 오고 있다. 그러나 A병원은 항상 B병원에게 1위 자리를 뺏기고 있는 상황이다. A병원은 1위 자리를 탈환하기 위해서 문제 상황이 발생할 때마다 많은 비용과 인력을 투입하고 있지만, B병원을 따라잡을 수가 없었다.

그러던 중 외국의 대형 영리 병원이 국내 시장에 진출하게 되었고, 외국 대형병원의 국내 의료시장의 잠식으로 A병원은 점점 더 경영 상황이 좋지 않게 되었다. 그러나 B병원은 기존과 같은 경영성과를 올리고 있었고, 앞으로 계속 경영성과가 증가할 것으로 예상되었다. 이러한 상황을 이상하게 여긴 A병원의 병원장과 경영자는 B병원이 계속해서 경영성과를 유지할 수 있는 원동력이 무엇인지를 분석하게 하였다. 그 결과 B병원은 외국계 대형 영리병원이 국내에 들어오기 전부터 외국 병원의 진출에 따른 문제를 인식하고, 이에 대한 대책을 마련해왔다는 것을 알게 되었다.

활 동

'왜 다를까?' 사례를 보면 문제의 유형이 현재 겪고 있는 문제만을 인식하는 병원과 미래에 발생할 지도 모르는 문제도 인식하는 병원의 차이가 있음을 알 수 있다. 문제의 유형은 현재 직면하고 있는 **보이는 문제**, 현재 상황은 문제가 아니지만 현재 상황을 개선하기 위한 **찾는 문제**, 장래의 환경변화에 대응해서 앞으로 발생할 수 있는 **미래 문제**의 세 가지로 구분할 수 있다. 다음에 제시된 각 상황들이 보이는 문제, 찾는 문제, 미래 문제 중 해당되는 문제에 "O" 표시를 해 보고, 그 이유를 적어보자.

[상황 A] 병원 원무과의 K부장에게 매점운영에 대한 고객들의 불만이 제기되었다.
[상황 B] 진료부장 L에게 병원 환자 수를 15% 높이라는 임무가 떨어졌다.
[상황 C] 부병원장 J에게 대전 분원을 개원함에 있어 발생 가능한 문제를 파악하라는 지시가 내려왔다.
[상황 C] 원무과의 행정부장 L은 병원 내 6인실 병실을 확대할 때 고려해야 하는 문제들이 무엇인지를 판단해야 하는 상황에 처해 있다.
[상황 E] 경쟁 병원의 고객 서비스 수준이 본 병원의 서비스 수준보다 높다는 신문기사가 발표된 후 본 병원 이용 환자 수가 감소하고 있다.
[상황 F] 병원의 현금 흐름이 이대로 두면 문제가 발생할지도 모른다는 판단 하에 향후 1년간 병원 운영에 따른 현금 흐름에 대한 예측이 요구되었다.

상황	보이는 문제	찾는 문제	미래 문제	이유
상황A				
상황B				
상황C				
상황D				
상황E				
상황F				

3) 사례 3 : 의료기 판매 부진의 원인

대학생 및 직장인들은 학업생활이나 직장업무 수행 중 문제가 발생하면 이를 해결하기 위해 다양한 노력을 기울이게 된다. 그러나 발생한 문제를 어떻게 해결하는 것이 적절한 것인지 모르는 경우가 더러 있다. 이는 문제해결의 의미와 방법을 모르게 때문이다. 대학생 및 직장인들이 겪게 되는 문제해결의 의미와 문제해결을 위해 요구되는 요소가 무엇인지 알아보자.

우리들은 업무를 수행하면서 매일 부딪히는 문제를 해결하기 위해 노력하고 있다. 매일 접하게 되는 문제들은 불완전하게 해결될 수도 있고, 이로 인해 업무에 실패하는 경우도 많을 것이다. 이는 닥치는 문제를 피상적으로 생각하여 해결책을 수립하고 실행하기 때문인데, 그렇다면 문제해결이란 무엇인지, S부장이 속해있는 의료기 회사의 판매부서 사례를 통해서 알아보자.

☞ 사례 10-3 ☜	"의료기 판매 부진의 원인"

S부장은 의료기 회사의 판매 부서에서 근무하고 있다. 판매 부서에서는 디자인과 소재가 타사 제품보다 상당히 개선된 신제품을 출시하였다. 신제품은 고급품 이미지와 함께 의료기 회사 전체적으로 크게 기대를 걸고 있는 상품이다. 그러나 그런 기대만큼 판매가 부진하다는 문제가 발생하였다. S부장은 담당책임자인 C과장을 불러 매출이 부진한 이유를 조사하라고 지시하였다. 며칠 후 C과장은 가격이 너무 비싸기 때문이라고 보고했다. P부장은 그렇게 간단한 이유 때문이 아니라고 생각하고, 판매부 직원들을 소집하여 판매부진에 대한 회의를 열었다. 회의에서 다양한 의견들이 제시되었고, 그러한 의견들을 종합한 결과, 판매부진의 원인들이 다음과 같이 제시되었다.

- 판매방식에 문제가 있다.
- 광고와 홍보가 부족하다.
- 가격에 비해 실용성이 떨어진다.
- 타사 의료기 제품과 비교할 때 가격 경쟁력이 떨어진다.

S부장은 이러한 원인들에 대한 해결책들을 찾아서 각 지점들에서 적용해보라는 지시를 내렸고, 그 원인은 광고와 홍보부족 때문인 것으로 밝혀졌다. 결국 판매 부서에서는 광고와 홍보를 위한 전략을 세웠고, 얼마 후 매출 실적이 서서히 오르기 시작했다.

활 동

문제해결은 현재 발생한 문제의 원인을 분석하고, 이 분석 결과를 토대로 해결책을 제시하고 실제 문제 상황에 적용해 보는 과정이라고 할 수 있다. 현재 일상생활이나 학업활동 상황에서 자신이 겪고 있는 문제를 다음 순서에 따라 적어봄으로써 해결해보도록 하자.

1. 현재 일상생활이나 학업활동 상황에서 겪고 있는 문제는 무엇인가?

2. 이러한 문제가 발생한 원인은 무엇인가?
①
②
③
④
⑤

3. 문제의 원인들을 해결하기 위한 대안은 무엇인가?
①
②
③
④
⑤

4. 해결안을 시행했을 때, 발생할 수 있는 효과와 문제점은?
①
②
③
④
⑤

5. 해결안 중 가장 최적의 해결안은 무엇인가?

4) 사례 4 : 문제 해결에 필요한 사고

대학생과 직장인들에게 문제를 해결해야 하는 과제가 주어졌을 때, 문제를 성공적으로 해결하는 사람들과 그렇지 않은 사람들이 있다. 이는 문제해결을 위해 필요한 일들을 수행하느냐, 하지 않느냐의 차이에 의해 발생하게 된다. 그럼 직업인들이 문제를 해결하는 데 갖추어야 할 기본적 사고에 대해 알아보자. 문제해결을 위해서는 전략적 사고, 분석적 사고, 발상의 전환, 내・외부 자원의 활용이 필요하다. 다음 각 사례를 읽고 문제해결을 위해서 기본적으로 갖추어야 할 사고에 대해서 생각해보자.

☞ 사례 10-4 ☜	"문제 해결에 필요한 사고"

[사례 1] 치과용 임플란트를 전문으로 A회사는 유럽발 금융 위기를 맞이하여, 기업의 위기 상황에 처해 있다. 이러한 상황을 타개하기 위해서 중국에 있는 시장을 철수해서 비용을 절감하려고 하였다. 그러나 A회사가 중국에서 철수한 후 A회사의 제품이 중국에서 인기를 끌게 되었고, 결국 A회사는 비용을 절감한 게 아니라 수익을 버린 결과를 초래하게 되었다.

[사례 2] B는 의료기 회사 영업부서의 신입사원이다. B가 입사한 회사는 의료기 분야에서 다른 기업에 비해 성과가 뒤떨어지는 회사였고, 그 기업에 근무하는 사람들은 모두 현실을 받아들이고 있었다. B는 이러한 상황에 불만을 느끼고 다른 기업과 자신의 기업과의 차이를 분석하게 되었다. 그 결과 B는 자신의 회사가 영업사원의 판매교육이 부족하다는 것을 알게 되었고, 이를 문제, 원인, 해결안을 보고서로 제출하였지만, 결국 회사의 전략으로 채택되지 못했다.

[사례 3] 유아용 학습지를 판매하는 C회사는 중소규모 회사이다. C회사에 근무하는 K과장은 "다중지능형 유아학습지" 라는 새로운 아이디어를 개발하였고, 이를 상품으로 개발하기 위해서 계획서를 제출하였다. 그러나, 회사 측에서는 "유아 학습지 시장은 이미 포화상태에 접어들었기 때문에 진입이 어렵다", "개발비용이 너무 많이 든다" 라는 이유로 신상품 개발에 미온적인 반응이었다.

[사례 4] 재활의료 기구를 전문적으로 생산하는 D기업은 설계, 기술, 영업, 서비스 각 부문의 핵심 인력들이 모여 최근에 경합하고 있는 E사에 추월당할 우려가 있다는 상황에 대해 회의가 열렸다. 설계부서에서는 우리 회사의 기술이 상대적으로 뒤처져 있는 것을 지적하였으며, 영업부서에서는 제품의 결합이 문제라고 지적하였다. 서비스 부서에서는 매출 목표를 달성할 수 없다는 문제를 지적하였고, 설계부서에는 고객의 클레임에 대한 대응이 너무 느리다는 지적이 있었다. 결국 이 회의에서는 회사 내의 내외부적인 자원을 활용하지 못한 채 서로의 문제만을 지적하고 특별한 해결책을 제시하지 못한 채 끝나고 말았다.

활 동

제시된 사례는 전략적 사고, 분석적 사고, 발상의 전환, 내·외부자원의 활용 중 어떤 점이 부족해서 벌어진 경우인지를 구분하고, 그 이유를 제시해보자.

	부족한 사고	이유
사례1		
사례2		
사례3		
사례4		

5) 사례 5 : 문제 해결이 안 되는 이유

대학생 또는 직장인들은 주어진 문제를 해결하기 위한 최적인 방안을 알고 있지만, 주변 상황에 의해서 이를 실제 실행하기 어려운 경우를 흔히 겪게 된다. 이는 효과적인 문제해결을 방해하는 방해요소들 때문이다. 그럼 무엇이 효과적인 문제해결을 방해하고 있는지 알아보자. 문제를 해결하는 과정에서는 매우 다양한 장애요소들이 존재하게 된다. 이러한 장애요소는 주변 환경, 업무의 특성, 개인의 특성에 따라서 다양하다. 아래 제시된 신제품개발팀의 회의 내용을 통해서 효과적인 문제해결을 방해하는 장애요소가 무엇인지 생각해보자.

☞ 사례 10-5 ☜	"문제해결이 안 되는 이유"

인공 눈물과 같은 안과 약을 전문으로 생산하는 P제약회사에 근무하는 C과장에게는 해외 시장 개척을 위해서 새로운 제품(인공 눈물)을 개발하여 하나의 사업으로 육성하는 과제를 맡게 되었다. 이에 사내 공모를 통해 활력이 넘치는 인재들을 선발해서 의욕적으로 신제품 개발에 착수하였다.

그러나 조직을 만드는 것까지는 순조롭게 되었지만 사업 추진이 탄력을 받지 못한다는 문제에 봉착하게 되었다. C과장은 부서원들과의 회의에서 이러한 문제를 절감하게 되었는데, 어느 날 개발회의에서 다음과 같은 대화 내용이 오갔다.

A : 제가 어제 인터넷을 통해서 20가지의 아이디어를 모아왔어요. 이 아이디어들을 검토해서 제품 개발 방향을 수정하는 게 어떨까요?

B : 아니에요, 제가 아는 유럽 친구들은 가격보다는 성능을 우선시 한다고 하네요. 그러니까 유럽시장에 진출하기 위해서는 성능을 높이는데 주력해야 해요.

C : 제가 갑자기 아이디어가 떠올랐는데, 사용하기 좀 불편하지만 가격이 저렴한 인공눈물은 젊은 층을 대상으로 개발하고, 가격은 비싸지만 사용하기가 편한 인공눈물은 중년층이나 노년층을 대상으로 개발하는 게 어떨까요?

회의가 끝난 후에 C과장은 오늘도 특별한 소득이 없었다는 것을 깨닫게 되고, 구성원들에게 문제가 무엇인지를 더욱 고민하게 되었다.

활 동

효과적인 문제해결을 방해하는 장애요소로는 고정관념에 얽매이는 경우, 쉽게 떠오르는 단순한 정보에 의지하는 경우, 너무 많은 정보를 수집하려고 노력하는 경우가 있다. 위에 제시된 사례에 등장하는 A, B, C가 어떤 장애요소를 겪고 있는지를 구분해 보고, 그 이유를 제시해보자.

	장애요소	이유
A		
B		
C		

학 습 평 가

Q 1. 업무를 수행하면서 겪게 되는 문제를 해결하기 위해서 가장 먼저 해야 되는 일은 무엇인가? (   )

Q 2. 문제의 유형은 현재 직면하고 있는 보이는 문제, 현재 상황은 문제가 아니지만 현재 상황을 개선하기 위한 찾는 문제, 장래의 환경변화에 대응해서 앞으로 발생할 수 있는 (   )의 세 가지로 구분할 수 있다.

Q 3. 다음에 제시된 각 상황은 문제 유형 가운데 어디에 속하는가? (   )

"병원 원무과의 K부장에게 매점운영에 대한 고객들의 불만이 제기되었다"

Q 4. (   )은 현재 발생한 문제의 원인을 분석하고, 이 분석 결과를 토대로 해결책을 제시하고 실제 문제 상황에 적용해 보는 과정이다.

Q 5. 효과적인 문제해결을 방해하는 장애요소가 아닌 것은? (   )

① 고정관념에 얽매이는 경우

② 쉽게 떠오르는 단순한 정보에 의지하는 경우

③ 너무 많은 정보를 수집하려고 노력하는 경우

④ 필요한 정보와 자원을 얻으려고 노력하는 경우

****

정 답	1. 문제를 문제로 인식하기 2. 미래문제 3. 보이는 문제 4. 문제해결 5. ④

11 Chapter 문제처리능력이란 무엇인가?

문제처리능력이란 목표와 현상을 분석하고 이 분석결과를 토대로 문제를 도출하여 최적의 해결책을 찾아 실행, 평가해 가는 활동을 할 수 있는 능력이다. 이러한 문제처리능력은 문제처리절차를 의미하는 것으로, 문제처리절차는 그림 11-1과 같이 문제 인식, 문제 도출, 원인 분석, 해결안 개발, 실행 및 평가의 5단계를 따른다. 그리고 이 5단계의 문제처리절차 및 의미를 알고 문제인식부터 시작해서해결안을 개발하여 이를 문제에 구체적으로 적절하게 적용하여 잘 처리할 수 있는 사람은 문제처리능력을 갖추었다고 할 수 있다.

[그림 11-1] 창의적 문제처리 절차

1. 문제 인식

문제 인식은 해결해야 할 전체 문제를 파악하여 우선순위를 정하고, 선정문제에 대한 목표를 명확히 하는 단계이다. 또한 문제 인식은 문제해결과정 중 “what”을 결정하는 단계로, 해결해야 할 전체 문제를 파악하여 우선순위를 정하고, 선정문제에 대한 목표를 명확히 하는 절차를 거치며, 환경 분석, 주요 과제 도출, 과제 선정의 절차를 통해 수행된다.

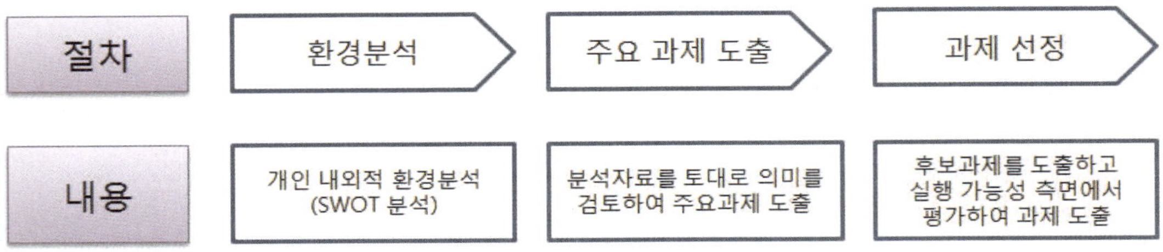

[그림 11-2] 문제 인식 절차와 내용

1) 환경 분석

문제가 발생하였을 때, 가장 먼저 고려해야 하는 점은 환경을 분석하는 일이다. 예를 들어 "학업과 일을 병행하고 있는 A대학생의 학점이 떨어지고 있다."라는 현상이 발견되었다고 한다면, "A대학생의 학점을 향상시키는 것이 가능할까?"라는 것이 주요 과제가 된다. 이 때 주요 과제를 해결하는데 있어서 가장 먼저 실시되는 것이 환경 분석이 된다. 환경 분석을 위해서 주로 사용되는 기법으로는 3C 분석, 4P 분석, SWOT 분석방법이 있다.

▣ 3C 분석

사업환경을 구성하고 있는 요소인 자사, 경쟁사, 고객을 3C라고 하며, 3C에 대한 체계적인 분석을 통해서 환경 분석을 수행할 수 있다. 이를 그림으로 나타내면 그림 11-3과 같다.

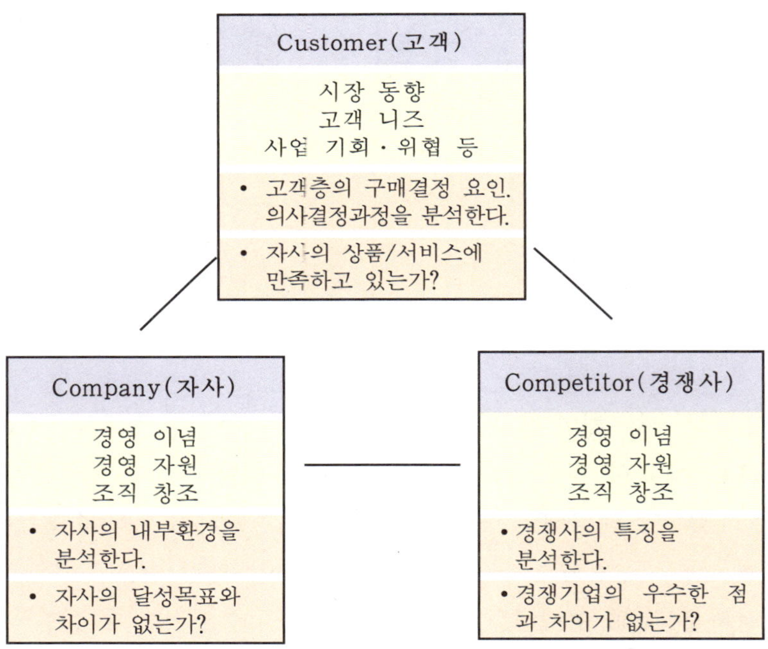

[그림 11-3] 3C 분석

3C 분석의 고객 분석에서는 "고객은 자사의 상품/서비스에 만족하고 있는지"를, 자사 분석에서는 "자사가 세운 달성목표와 현상 간에 차이가 없는지"를 경쟁사 분석에서는 "경쟁기업의 우수한 점과 자사의 현상과 차이가 없는지에 대한 질문을 통해서 환경을 분석하게 된다.

▣ 4P 분석

마케팅은 상품 및 제품의 생산과 매출에 직접적인 영향을 줄 수 있는 중요한 요인이다. 4P분석은 마케팅 전략을 세우는데 필요한 분석방법이다. 4P 즉 상품(Product), 가격(Price), 유통경로(Place), 판매촉진(Promotion) 각각의 측면에서 환경분석을 통해 이를 종합하여 체계적인 마케팅 전략을 수립하고 구체적인 실행계획을 만들 수 있다.

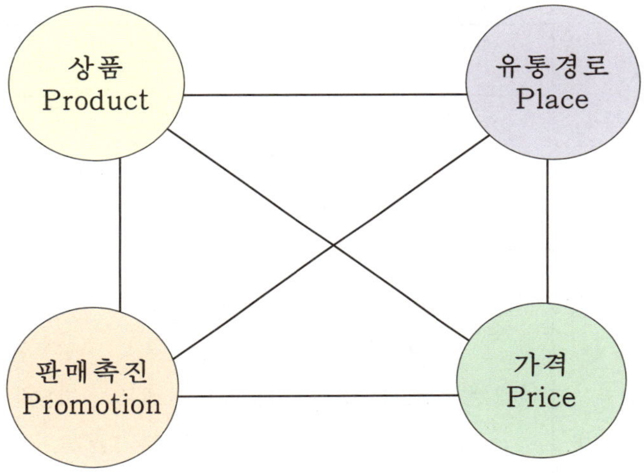

[그림 11-4] 4P 분석(마케팅 전략)

예를 들면 상품이 다양한 측면에서 충분히 경쟁력이 있는지 혹은 미흡한 점이 있다면 어떻게 개선할 것인지를 분석할 수 있다. 가격은 원가 및 소비자 측면에서 모두 만족할 만한 수준인지 타사의 경쟁제품 가격과 시장에서 비교우위를 확보하는지, 비싸다면 충분히 비싼 만큼 수긍할 수 있는 매력요인이 소비자에게 어필될 수 있는지 혹은 현재의 사회경제 상황 및 시세에 비해 소비자에게 부담이 되지 않는지 등의 환경을 분석할 수 있을 것이다. 유통경로 측면에서 환경을 분석 해보면 유통경로가 최소화 되어 비용에서 경제성이 있는지, 소비자는 어떤 유통경로를 선호하는지 등을 분석할 수 있을 것이다. 그리고 판매촉진에서 환경을 분석하면 소비자를 끌어 모을 수 있는 감성적인 홍보 및 판매방법인지, 현재 판매의 문제점과 보완점은 무엇인지, 대다수 주요한 소비층의 연령, 성별, 구매동기는 무엇인지, 구입을 가장 많이 하는 장소는 어느 곳인지 등의 환경을 분석할 수 있다. 그리고 이를 종합하여 마케팅 전략을 세우고 이에 대한 세부적인 계획을 수립하여 실행할 수 있을 것이다.

▣ SWOT 분석

SWOT 분석은 자신 내부의 강점, 약점과 외부환경의 기회, 위협요인을 분석 및 평가하고 이들을 서로 연관 지어 전략을 개발하고 문제해결 방안을 개발하는 방법이다. 즉 내외적인 환경과 각각의 장단점이라는 두 요인을 매트릭스에 넣어 분석한 후 과제를 모색하고 대책을 실행으로 옮겨 나갈 때 사용한다. SWOT 분석의 기본모형은 그림 11-5와 같다.

		내부환경 요인	
		강점 (Strength)	약점 (weakness)
외부환경 요인	기회 (Opportunity)	SO 전략 내부 강점과 외부 기회 요인을 극대화	WO 전략 외부 기회를 이용하여 내부약점을 강점으로 전환
	위협 (Threat)	ST 전략 외부 위협을 최소화 하기 위해 내부 강점을 극대화	WT 전략 내부 약점과 외부 위협을 최소화

[그림 11-5] SWOT 분석(기본 모형)

그림 11-5와 같이 SWOT 분석은 내부환경 요인과 외부환경 요인의 2개의 축으

로 구성되어 있다. 내부환경 요인은 자사 내부의 환경을 분석하는 것으로 분석은 다시 자사의 강점과 약점으로 분석된다. 외부환경 요인은 자사 외부의 환경을 분석하는 것으로 분석은 다시 기회와 위협으로 구분된다. 내부환경 요인과 외부환경 요인에 대한 분석이 끝난 후에 매트릭스가 겹치는 SO, WO, ST, WT에 해당되는 최종 분석을 실시하게 된다. SO는 강점과 기회가 겹치는 부분으로 내부강점과 외부기회를 극대화하기 위한 대안을 도출한다. WO는 외부 기회를 이용하여 내부약점을 강점으로 전환하기 위한 방법을 도출한다. ST는 외부위협을 최소화하기 위해 내부 강점을 극대화하는 방법이 도출되며, WT는 내부약점과 외부 위협을 최소화하기 위한 방법을 도출한다.

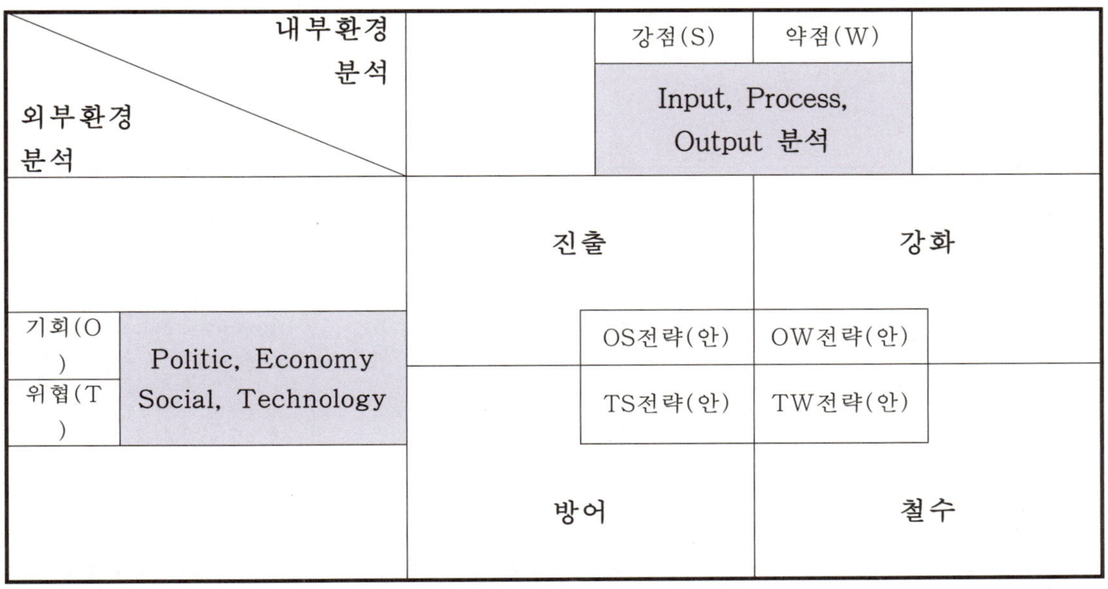

[그림 11-6] 교차 SWOT 분석(전략 메트릭스 작성)

위의 그림 11-6은 그림 11-5의 SWOT 분석에 기초하여 왼편의 외부환경인 기회(O), 위협(T)과 윗부분의 내부환경인 강점(S)과 약점(W)을 교차시킨 결과, 4개의 전략이 만들어지는 것을 알 수 있다. 즉 ① 외부기회와 내부의 강점을 활용하는 진출전략(OS), ② 외부의 위협과 내부의 약점을 결합한 강화전략(OW), ③ 외부의 위협과 내부의 간점을 활용할 수 있는 방어전략(TS), ④ 외부의 위협과 내부의 약점을 고려한 철수전략(TW) 모두 4개 유형의 전략이 나올 수 있음을 이해할 수 있다. 실제로 SWOT 분석을 활용하고자 할 때는 11-5의 SWOT 분석을 토대로 외부환경(세로)과 내부환경(가로)을 교차시켜 나온 결과인 그림 11-6의 메트릭스(MAtrix)를 활용하는 것이 훨씬 편리하다.

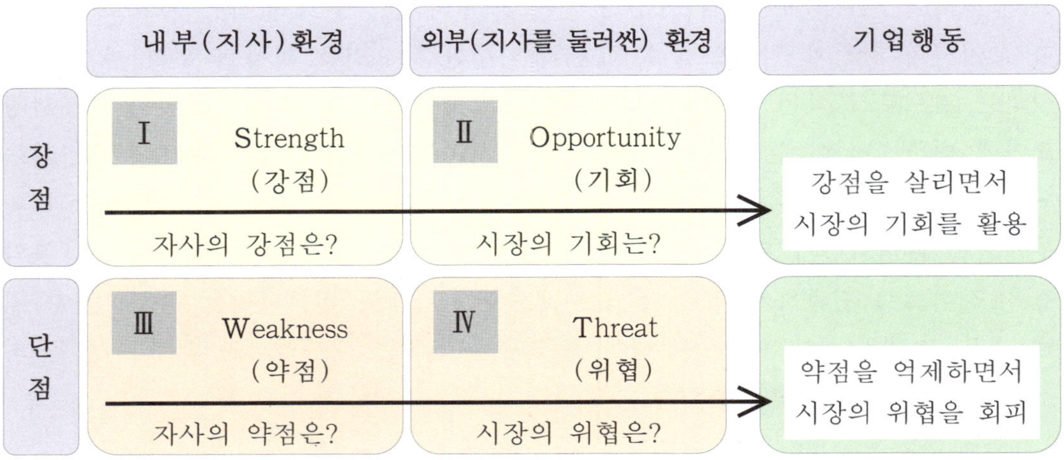

[그림 11-7] SWOT 분석(기업 적용 메트릭스)

내부환경 분석 / 외부환경 분석	강점(S)	약점(W)
	* 정치가/국민/교육계의 높은 관심 * 언론의 협력 획득용이 * 선/후진국교육부처와의 관계 좋음 * 국내 일류 기업에 경영혁신 기법 정보 입수 용이 * 일선학교로부터 왕따 현장정보 입수 채널 보유 * 상급학교 진학에 대한 제도	* 담당자의 시스템적 문제해결 능력 미약 * 폭력물의 난무/접근용이 * 선/후진국의 왕따 관리보유 정보 빈약 * 정부/학교/학원간의 연계노력 미약 * 1:1 학생지도의 정열 부족 선생다수 * 교육부와 언론의 연계 미약 * 학생들의 자체 개선 노력 없음
* 학부모/NGO/언론/정치가/ 국민들의 칭찬/신뢰도 향상 * 학교 교육 정상화 기회 * 학생들 간의 교우/우정 향상 기회 * 수업 분위기 활성화 기회 * 청소년 범죄/탈선 예방 기회 기회(O)	① 학생/학부모/학교/언론 교육부의 종합적해결 노력 ② 진학에의 Merit 부여 SO전략(안)	⑥ 외부 컨설팅 활용 ⑦ 도덕교육 강화 ⑧ 선생님 대상 참스승 교육 강화 WO전략(안)
위협(T) * 피해 학생들의 피해 증가 * 학부모로부터의 격렬 항의 Risk * NGO로부터의 격렬 항의 Risk * 왕따 지속 시 언론의 집중공격 Risk * 국회/정치가로부터의 질타 Risk * 국민들로부터의 부처 신뢰도 저하 Risk * 장관교체/정권교체의 Risk	ST전략(안) ③ 학부모의 참여 강화 ④ 정치가와의 정보공유 강화 ⑤ 언론활용 홍보강화 왕따 예방법을 제정	WT전략(안) ⑨ 폭력물의 학생차단 강화 ⑩ 선/후진국 벤치마킹 실시 ⑪ 인성 위주의 학교교육 P'GM ⑫ 학생들의 자체 개선활동 전개

[그림 11-8] '왕따' 문제해결을 위한 SWOT 분석 사례

그림 11-7은 기업에서 SWOT 분석을 활용해 전략을 도출하기 위해 SWOT에 기업관련 외부 및 내부 환경을 대입한 경우를 제시한 것이다. 즉 구체적인 전략을 도출하고자 SWOT 분석을 적용하여 메트릭스(MAtrix)를 만든 것이다. 이러한 식으로 각종 직업상, 업무상 필요한 전략을 세우기 위한 계획을 세울 수 있을 것이다. 여러분도 각자 직업 및 업무 및 전공분야에서 상황 및 필요에 따라 요구되는 전략을 도출하기 위해 11-7과 같은 SWOT 분석 메트릭스를 만들어보는 경험과 기회를 가질 필요가 있다.

그리고 그림 11-8은 사회문제의 하나인 '왕따' 문제를 해결하기 위해 SWOT 분석을 활용하고 적용하여 결과로 4가지 전략측면에서 도출한 해결방안이다. SWOT 분석은 기업이나 사회. 학교, 개인적인 문제 등을 한꺼번에 융통성있게 다양한 측면에서 적용할 수 있는 매우 편리한 문제해결 방법이다. 개이별로 혹은 팀을 짜서 직면한 다양한 문제를 SWOT 분석 및 메트릭스를 활용하여 4가지 측면의 전략을 세우고 구체적인 해결방안을 도출하기까지 과정을 실행해 보기 바란다.

아래 표 11-1은 SWOT 분석 Worksheet를 작성해 보시오. 개인별 혹은 팀별로 문제(주제)를 정하고 문제(주제)에 대한 외부환경의 기회와 위협요인, 내부환경의 강점과 약점을 찾아내어 해당된 메트릭스에 기입해 보시오. 다음에는 이에 따른 4가지 측면의 전략을 1-2 개 추가해 보시오.

<표 11-1> SWOT 분석 Worksheet (외부 · 내부환경 · 교차 전략 메트릭스)

내부환경 / 외부환경	강점(Strength) • • • •	약점(weakness) • • • •
기회(Opportunity) • • • •	SO 전략 • 공격전략 • 강점을 살림 • 기회를 활용 •	WO 전략 • 약점을 보강 • 기회를 활용 • •
위협(Threat) • • • •	ST 전략 • 강점을 살림 • 위협요인을 극복 • •	WT 전략 • 방어전략 • 약점을 보강 • 위협요인을 극복 •

표 11-1의 SWOT 분석 메트릭스 작성이 끝나면 다음에는 표 11-2의 메트릭스 빈칸에 11-1에서 작성된 메트릭스의 외부환경 내부환경을 교차시켜 전략에 따른 구체적인 해결방안을 해당 메트릭스 안에 작성해 보시오. 몇 개의 해결방안이 도출되었는가? 해결방안이 신빙성이 있는지 검토해 보시오. 앞의 그림 11-8의 '왕따' 문제해결을 위한 SWOT 분석 사례를 참고하면 보다 이해가 쉬울 것이다. 작성이 끝되면 서로 공유하고 상호간에 의견 조율을 통해 더 정교한 해결방안으로 다듬어 보시오.

<표 11-2> SWOT 분석 Worksheet(전략에 따른 해결방안 수립)

내부환경 분석 / 외부환경 분석	강점(S) • • • •	약점(W) • • • •
• • • 기회(O)	① ② ③ SO전략(안)	① ② ③ WO전략(안)
위협(T) • • •	ST전략(안) ① ② ③	WT전략(안) ① ② ③

2) 주요 과제 도출

환경 분석을 통해 현상을 파악한 후에는 분석결과를 검토하여 주요 과제를 도출해야 한다. 과제 도출을 위해서는 한 가지 안이 아닌 다양한 과제 후보 안을 도출해내는 일이 선행되어야 한다. 주요 과제 도출은 표 11-3, 11-4와 같은 워크시트를 이용해서 하는 것이 체계적이며 바람직하다.

<표 11-3> SWOT 분석 Worksheet

구분	요소 1	요소 2	요소 3
환경			
고객			
경쟁사			
자사			

<표 11-4> SWOT 분석 Worksheet

과제안	1	
	2	
	3	
	4	

주요 과제 도출에 있어서 과제안을 작성할 때는 과제안 간의 수준은 동일한지, 표현은 구체적인지, 주어진 기간 내에 해결이 가능한 안들인지를 확인해야 한다.

3) 과제 선정

과제 선정은 과제 안 중 효과 및 실행 가능성 측면을 평가하여 우선순위를 부여한 후 가장 우선순위가 높은 안을 선정하며, 우선순위 평가시에는 과제의 목적, 목표, 자원 현황 등을 종합적으로 고려하여 평가한다. 과제 선정은 다음 표 11-5와 같은 워크시트를 활용함으로써 효과적으로 이루어질 수 있다.

<표 11-5> 과제 선정 Worksheet

과제안	평가기준 1	평가기준 2	평가기준 3	종합점수	우선순위
과제안 1					
과제안 2					
과제안 3					
과제안 4					

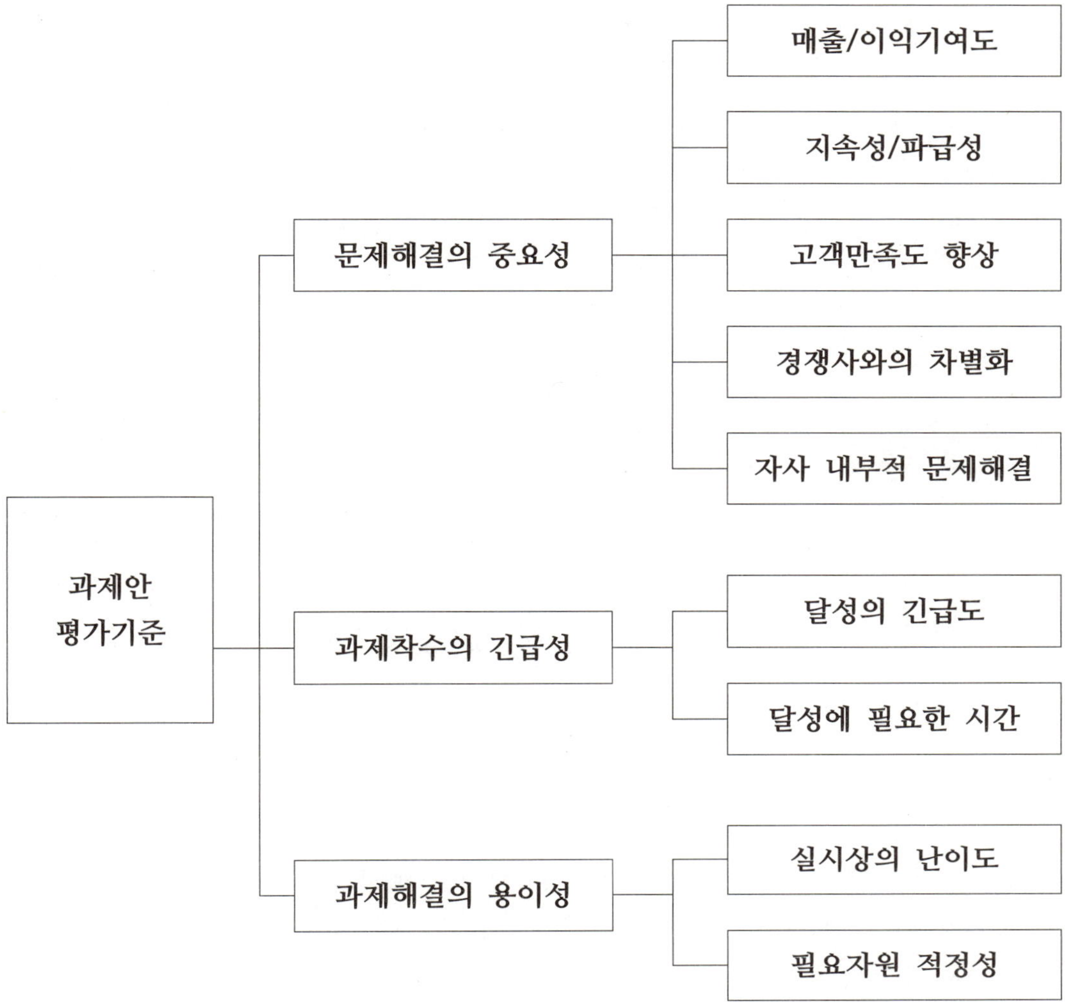

[그림 11-9] 과제안 평가 기준

특히 과제 안에 대한 평가기준은 과제해결의 실현가능성, 과제착수의 긴급성, 과제해결의 자원 용이성을 고려하여 여러 개의 평가기준을 동시에 설정하는 것이 바람직하다. 또한 과제해결의 실현가능성에 대한 평가기준은 문제 난이도, 문제에 대한 다양한 해결책 존재 여부, 일상생활에서 실현 가능성 등이 있으며, 과제 착수의 긴급성에 대한 평가기준으로는 달성의 긴급도와 달성에 필요한 시간 등이 이용될 수 있다. 과제 해결의 자원 용이성에 대한 평가기준은 실시상의 난이도, 필요자원 적정성 등이 있다.

2. 문제 도출

문제 도출은 선정된 문제를 분석하여 해결해야 할 것이 무엇인지를 명확히 하는 단계로 현상에 대하여 문제를 분해하여 인과관계 및 구조를 파악하는 단계이다. 이러한 문제 도출 단계는 문제 구조 파악, 핵심 문제 선정의 절차를 거쳐 수행된다.

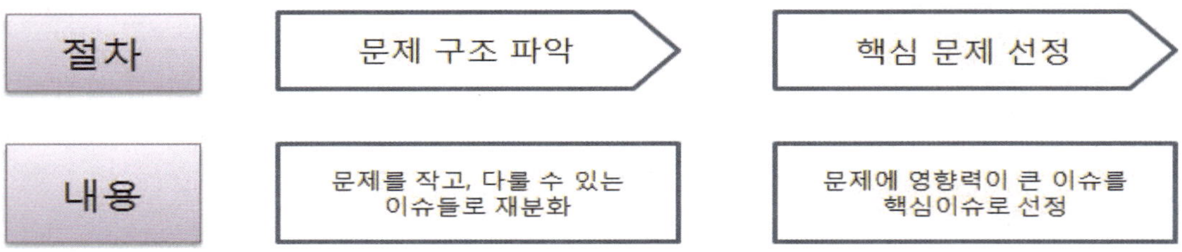

[그림 11-10] 문제 도출 절차와 내용

문제 구조 파악은 전체 문제를 개별화된 세부 문제로 쪼개는 과정으로 문제의 내용 및 미치고 있는 영향 등을 파악하여 문제의 구조를 도출해내는 것이다. 문제 구조 파악에서 중요한 것은 본래 문제가 발생한 배경이나 문제를 일으키는 메커니즘을 분명히 해야 한다. 또한 문제 구조 파악을 위해서는 현상에 얽매이지 말고 문제의 본질과 실제를 봐야 하며, 한쪽만 보지 말고 다면적으로 보며, 눈앞의 결과만 보지 말고 넓은 시야로 문제를 바라봐야 한다. 이러한 문제 구조 파악을 위해서는 그림과 같은 Logic Tree 방법이 사용된다.

[그림 11-11] Logic Tree

아이디어가 다양하게 생성 및 조직되었으면 이것을 적절히 수렴 및 정리해 주어야 한다. 생성된 아이디어를 구조화하여 적절한 아이디어를 선택하는 수렴도구로 Logic Tree 방법이 많이 활용되고 있다. 특히 Logic Tree 방법은 문제의 원인을 깊이 파고든다든지 해결책을 구체화할 때 제한된 시간 속에 넓이와 깊이를 추구 하는데 도움이 되는 기술로, 주요 과제를 나무모양으로 분해 및 정리하는 기술이다. 이러한 Logic Tree를 작성할 때에는 다음과 같은 점을 주의해야 한다.

- 전체 과제를 명확히 해야 한다.
- 분해해가는 가지의 수준을 맞춰야 한다.
- 원인이 중복되거나 누락되지 않고 각각의 합이 전체를 포함해야 한다.
- 문제를 명확히 하기 위해 분석 대상은 주어와 술어 형태로 나타낸다.

3. 원인 분석

원인 분석은 파악된 핵심문제에 대한 분석을 통해 근본 원인을 도출해 내는 단계이다. 폭넓은 정보 수집 및 분석을 통해 문제의 근본 원인을 탐색하는 것은 문제해결의 실마리를 찾게 한다. 원인 분석은 Issue분석, Data 분석, 원인 파악의 절차로 진행되며, 핵심 이슈에 대한 가설을 설정한 후, 가설 검증을 위해 필요한 데이터를 수집, 분석하여 문제의 근본원인을 도출해 나가는 것이다.

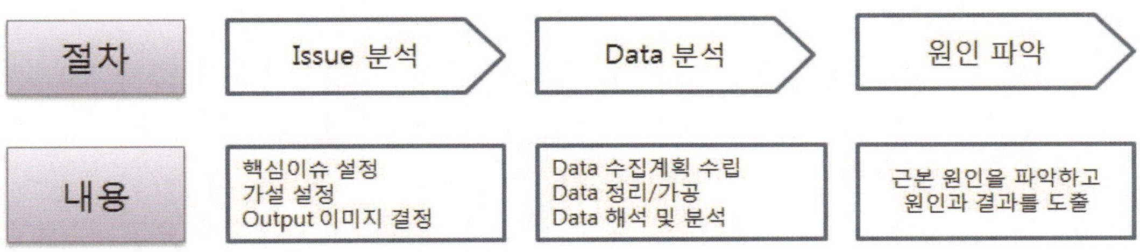

[그림 11-12] 원인 분석 절차와 내용

1) Issue 분석

이슈 분석은 핵심이슈 설정, 가설 설정, output 이미지 결정의 절차를 거쳐 수행된다. 핵심이슈 설정은 현재 수행하고 있는 업무에 가장 크게 영향을 미치는 문제로 선정하며, 조직 내 직원 및 외부 고객 인터뷰 및 설문조사, 익명그룹기법, 관련 자료 검토 등을 활용하여 본질적인 문제점을 파악하는 방법으로 수행된다. 핵심이

슈가 설정된 후에는 이슈에 대해 자신의 직관, 경험, 지식, 정보 등에 의존하여 일시적인 결론을 예측해보는 가설을 설정한다. 가설설정은 관련자료, 인터뷰 등을 통해 검증할 수 있어야 하며, 간단명료하게 표현하고, 논리적이며 객관적이어야 한다. 가설설정 후에는 가설검증계획에 의거하여 분석결과를 미리 이미지화한다.

2) Data 분석

데이터 분석은 데이터 수집계획 수립, 데이터 수집, 데이터 분석의 절차를 거쳐 수행된다. 데이터 수집 시에는 목적에 따라 데이터 수집 범위를 정하고, 일부를 전체로 해석할 수 있는 자료는 제외해야 한다. 또한 정량적이고 객관적인 사실을 수집하고, 자료의 정보원을 명확히 해야 한다. 데이터 수집 후에는 목적에 따라 수집된 정보를 항목별로 분류 정리한 후 'what', 'why', 'how'측면에서 의미를 해석해야 한다.

3) 원인 파악

원인 파악은 이슈와 데이터 분석을 통해서 얻은 결과를 바탕으로 최종 원인을 확인하는 단계이다. 원인 파악 시에는 원인과 결과사이에 패턴이 있는지를 확인하는 것이 필요하며, 이러한 원인의 패턴은 다음과 같다.

- 단순한 인과관계 : 원인과 결과를 분명하게 구분할 수 있는 경우로, 어떤 원인이 앞에 있어 여기에서 결과가 생기는 인과관계를 의미하며, 유아교사의 월급을 다른 유치원에 비해 낮게 책정함으로써 교사의 이직률이 높아지는 현상이 이에 해당된다.
- 닭과 계란의 인과관계 : 원인과 결과를 구분하기가 어려운 경우로, 유치원 교사의 직무만족도 향상이 유아들의 유치원에 대한 만족도가 증가하고, 유치원에 대한 유아들의 만족도 증가는 다시 학부모의 유치원에 대한 만족도 향상으로 이어지는 경우가 이에 해당한다.
- 복잡한 인과관계 : 단순한 인과관계와 닭과 계란의 인과관계의 두 가지 유형이 복잡하게 서로 얽혀 있는 경우로, 대부분의 경영상 과제가 이에 해당한다.

4. 해결안 개발

문제로부터 다양한 원인들을 분석한 후에는 근본원인을 효과적으로 해결할 수 있는 다양한 해결안을 개발하고, 개발된 해결안 중 최선의 해결안을 선택하는 것이 중요하다. 해결안을 개발하기 위해서는 우선 문제상황에 대한 여러 가지 해결책을 도출하는 것이 필요하다. 도출된 해결책 중에서 중요성과 실현 가능성을 고려한 평가를 통해서 어떤 해결안을 최종해결안으로 채택할 것인가를 선택해야 한다.

간단히 말하면 해결안 개발은 문제로부터 도출된 근본원인을 효과적으로 해결할 수 있는 최적의 해결방안을 수립하는 단계이다. 해결안 개발은 해결안 도출, 해결안 평가 및 최적안 선정의 절차로 진행되며, 이러한 해결안 개발 단계의 절차는 다음 그림 11-13과 같다.

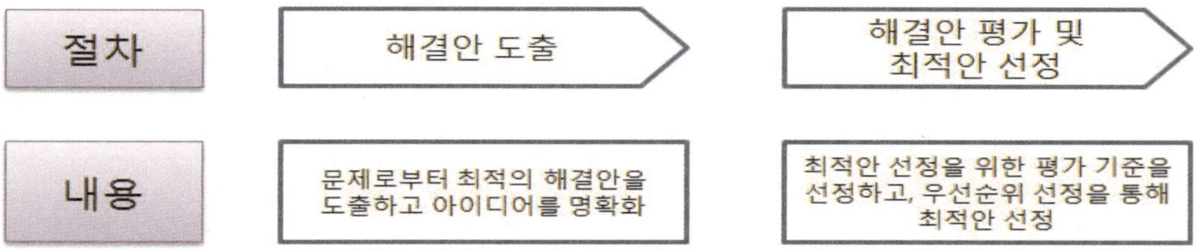

[그림 11-13] 원인 분석 절차와 내용

1) 해결안 도출

해결안 도출은 열거된 근본 원인을 어떠한 시각과 방법으로 제거할 것인지에 대한 독창적이고 혁신적인 아이디어를 도출한다. 특히 익명그룹 활동지를 활용하여 아이디어를 도출하는 방법도 고려해볼만 하다. 같은 해결안은 그룹핑하는 과정을 통해서 해결안을 정리하는 과정으로, 다음과 같은 절차를 거쳐 수행된다.

- 근본원인으로 열거된 내용을 어떠한 방법으로 제거할 것인지를 명확히 한다.
- 독창적이고 혁신적인 방안을 도출한다.
- 전체적인 관점에서 보아 해결의 방향과 방법이 같은 것을 그룹핑한다.
- 최종 해결안을 정리한다.

2) 해결안 평가 및 최적안 선정

해결안 평가 및 최적안 선정은 문제(what), 원인(why), 방법(how)을 고려해서 해결안을 평가하고 가장 효과적인 해결안을 선정해야 한다. 해결안 선정을 위해서는 중요도와 실현가능성 등을 고려해서 종합적인 평가를 내리고, 채택 여부를 결정하는 과정으로 다음 표 11-6과 같은 워크시트를 이용할 수 있다. 또한 실현 가능한 해결책을 마련하기 위해 다양한 아이디어 도출 기법을 사용하는 방안도 고려해야 한다. 무엇보다 집단 토의를 통해 실현 가능한 해결안에 대한 우선순위를 결정해 최적안을 선정해야 하며 다음으로 우선순위를 결정할 때는 표 11-7과 같은 워크시트를 활용할 필요성이 있다.

<표 11-6> 해결안 평가 및 최적 안 Worksheet

해결책	중요도		실현가능성			종합 평가	채택 여부
	만족도	문제 해결	개발 기간	개발 능력	적용 가능성		
해결책1							
해결책2							
해결책3							
해결책4							

<표 11-7> 우선순위 결정하기 Worksheet

순	해결방안	기준	점수						우선 순위
			1	2	3	4	5	계	
1									
2									
3									

5. 실행 및 평가

실행 및 평가는 해결안 개발을 통해 만들어진 실행계획을 실제 상황에 적용하는 활동으로 당초 장애가 되는 문제의 원인들을 해결안을 사용하여 제거해 나가는 단계이다. 실행은 실행계획 수립, 실행, Follow-up의 절차로 진행되며, 이러한 실행 단계의 절차는 다음 그림 11-14와 같다.

절차	실행계획 수립	실행	Follow-up
내용	최종 해결안을 실행하기 위한 구체적인 계획 수립	실행계획에 따른 실행 및 모니터	실행 결과에 대한 평가

[그림 11-14] 실행 및 평가 절차와 내용

1) 실행계획 수립

실행계획 수립은 무엇을(what), 어떤 목적으로(why), 언제(when), 어디서(where), 누가(who), 어떤 방법으로(how)의 물음에 대한 답을 가지고 계획하는 단계로, 자원(인적, 물적, 예산, 시간)을 고려하여 수립해야 한다. 실행계획 수립 시에는 세부 실행내용의 난이도를 고려하여 가급적 구체적으로 세우는 것이 좋으며, 각 해결안별 구체 실행계획서를 작성함으로써 실행의 목적과 과정별 진행내용을 일목요연하게 파악하도록 하는 것이 필요하다.

2) 실행 및 Follow-up

실행 및 Follow-up 단계는 가능한 사항부터 실행하며, 그 과정에서 나온 문제점을 해결해 가면서 해결안의 완성도를 높이고 일정한 수준에 도달하면 전면적으로 전개해 나가는 것이 필요하다. 즉, 예비 조사(pilot test)를 통해 문제점을 발견하고, 해결안을 보안한 후 대상 범위를 넓혀서 전면적으로 실시해야 한다. 특히 실행상의 문제점 및 장애요인을 신속히 해결하기 위해서 모니터링 체제를 구축하는 것이 바람직하며, 모니터 시에는 다음과 같은 사항을 고려해야 한다.

- 바람직한 상태가 달성되었는가?
- 문제가 재발하지 않을 것을 확신할 수 있는가?
- 사전에 목표한 기간 및 비용은 계획대로 지켜졌는가?

- 혹시 또 다른 문제를 발생시키지 않았는가?
- 해결책이 주는 영향은 무엇인가?

또한 성찰하기 일지 워크시트를 통해 문제해결 및 처리 전 과정에 대한 전반적인 검토를 해야 할 것이다.

<표 11-8> 전체 과정 성찰하기 Worksheet

항목	배운 점	느낀 점	더 알아야 할 것
성찰 내용			

학 습 평 가

Q 1. (　　　　　)능력이란 목표와 현상을 분석하고 이 분석결과를 토대로 문제를 도출하여 최적의 해결책을 찾아 실행, 평가해 가는 활동을 할 수 있는 능력이다.

Q 2. 다음 보기는 문제 인식 절차를 나타낸 것이다. 각 절차를 순서에 맞게 배열해 보자. [보기] 과제 선정, 환경 분석, 주요 과제 도출

(①　　　　　) → (②　　　　　) → (③　　　　　)

Q 3. 다음 중 환경 분석의 방법으로 사업 환경을 구성하고 있는 자사, 경쟁사, 고객에 대한 분석방법은?

① SWOT 분석　② 3C 분석
③ 목표 분석　④ 심층면접 분석

Q 4. 선정된 문제를 분석하여 해결해야 할 것이 무엇인지를 명확히 하는 단계를 (　　　　　) 단계라고 한다.

Q 5. 다음 중 전체 문제를 세부 문제로 쪼개는 과정을 통해 문제의 구조를 파악하는 방법은 ?

① SWOT 분석　② 3C 분석
③ Logic Tree　④ 심층면접 분석

Q 6. 파악된 핵심문제에 대한 분석을 통해 근본 원인을 도출해 내는 단계를 (　　　　　) 단계라고 한다.

Q 7. 다음 중 해결안을 평가하고 채택할 때 실현 가능성의 평가 기준이 아닌 것은?

① 개발 기간　② 개발 능력
③ 고객 만족　④ 적용 가능성

****

정 답	
	1. 문제처리능력　2. 환경 분석, 주요과제도출, 과제선정　3. ① 4. 문제도출　5. ③　6. 원인분석　7. ③

12 Chapter
문제처리능력을 개발하는 방법은 무엇인가?

최근에 문제해결 또는 문제처리를 위한 다양한 아이디어 발굴 기법들이 소개되고 있는데 특히 창의적 사고, 논리적 사고, 창의적 문제해결방법에 다양한 아이디어들이 제시되고 있다. 12장에서는 창의적 문제처리능력 개발을 위해 활용할 수 있는 다양한 아이디어 기법 가운데 Mandal-Art, Mind Mapping, 5WHY를 중심으로 살펴보고자 한다.

1. Mandal-Art

1) Mandal-Art의 정의

Mandal-Art는(만다라트) 일본의 아마이즈미 히로아키가 개발한 것으로 머리 속의 생각들은 일직선이 아니라 사방팔방, 거미줄 모양으로 퍼져나간다는 논리를 응용한 것이다. manda+la는 목적을 달성한다는 뜻이고 mandal+art는 목적을 달성하는 기술, 그 틀을 의미한다.

2) Mandal-Art의 사용 방법

먼저 중심 주제에 관련된 아이디어를 도출한다. 그런 후 도출된 각각의 아이디어로 다시 3X3 Matrix화 및 관련된 아이디어 도출한다. 만다라트를 통해 기획 아이디어를 창출하는 과정은 다음과 같다.

▪ 1단계 : '정사각형 9개로 이루어진 표(만다라트)'를 그린다. 우선, 커다란 정사각형 9개로 나누어진 만다라트를 그린다.

▪ 2단계 : 중앙에 주제를 써넣고 나머지 8칸에 단서를 채워 넣는다. 그런 다음 만다라트 중앙 칸에 주제를 적어 넣고 나머지 8칸을 메우는 방식으로 아이디어를 만듭니다. 쉬운 예로 머그잔을 신상품 주제로 잡고, 기획의 단서가 될 것을 빈칸에 적는다. 제일 먼저 떠오르는 단서는 '손잡이', '컬러링은 많이', '마시는 부분은 얇게', '귀여운 그림' 등과 같은 말이다. 그래도 4칸이 부족하다. 다시 생각나는 단서가 '가격'과 '튼튼함'. 마지막으로 생각나는 단서가 '씻기 편함'과 '무게'이다. 9칸

을 모두 채워야 한다는 강제력이 작용하면 새로운 것이 나올 때가 많다. 이것으로 머그잔 기획이 완전히 끝난 것이 아닙니다. 이제는 손잡이 · 가격 등 8칸의 단서를 주제로 삼아 중앙의 빈칸에 써 놓고 각각 8개의 만다라트를 새로 그려서 빈칸을 채운다.

▪ 3단계 : 손잡이 등 8칸의 단서를 주제로 삼아 다시 8개의 만다라트를 그린다. 지면 관계상 손잡이에 대한 만다라트만 그려보면, 머그잔 손잡이를 신상품으로 발전시키려면 무엇이 필요할까요? '손가락이 두 개 들어간다', '인간공학', '아이들도 잡기 쉽다', '미끄럽지 않다' 등등. 여러 가지 단서가 떠오를 것이다. 손잡이와 관련된 단서는 8가지. 이런 방식으로 8개의 만다라트를 그리면 머그잔과 관련된 아이디어는 무려 64개(8×8)에 달한다. 생각의 도구를 쓰면 이렇게 수많은 아이디어가 창출된다는 것을 보여 주는 사례이다.

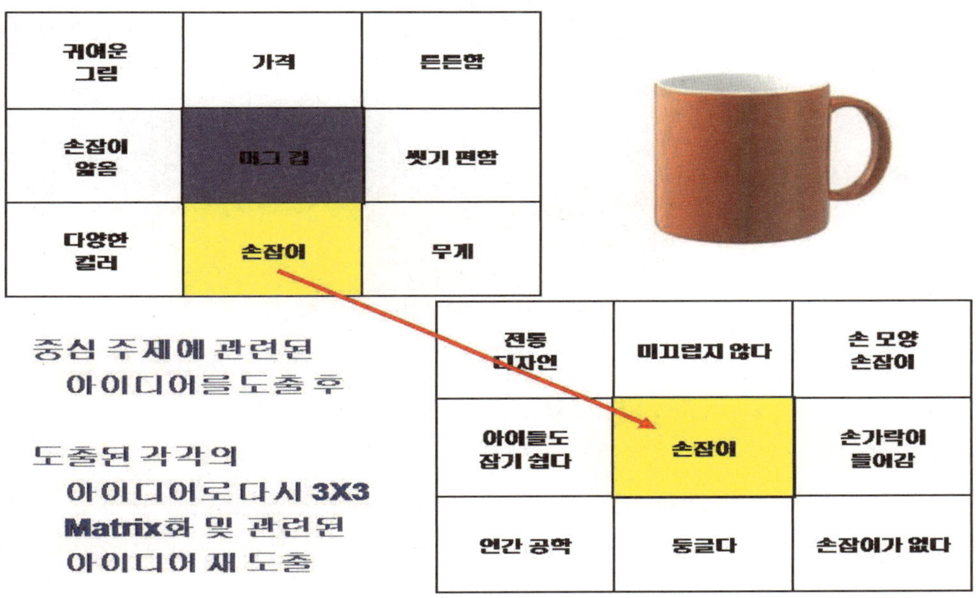

[그림 12-1] Mandal-Art 적용사례: 신제품 컵 개발

3) Mandal-Art의 장 · 단점

만다라트는 짧은 시간에 많은 양의 아이디어를 도출하는 데 유용하다. 특히 정해진 주제의 표에 의해 아이디어를 도출하기 때문에 아이디어 도출에 유용하다는 장점이 있다. 반면에 만다라트 기법은 정해진 방법으로만 도출하기 때문에 그 외

적인 방법에 대해서는 아이디어 도출을 생각하지 않는다. 정해진 칸을 다 채우려고 억지 아이디어 도출로 시간 낭비 될 수 있다는 단점이 있다.

2. Mind Mapping

1) Mind Mapping의 정의

마인드 맵핑은 토니 부잔(T. Buzan)이 개발한 것으로 주제에 관한 여러 가지 생각들을 그림으로 연계하여 아이디어를 도출하는 방법으로 문제를 처리하고 해결하기 위해 아이디어를 도출하는 방법으로 가장 많이 활용되고 있는 방법이다. 마인드맵은 원래 직선적 노트하기에 대한 대안으로 소개된 것이다.

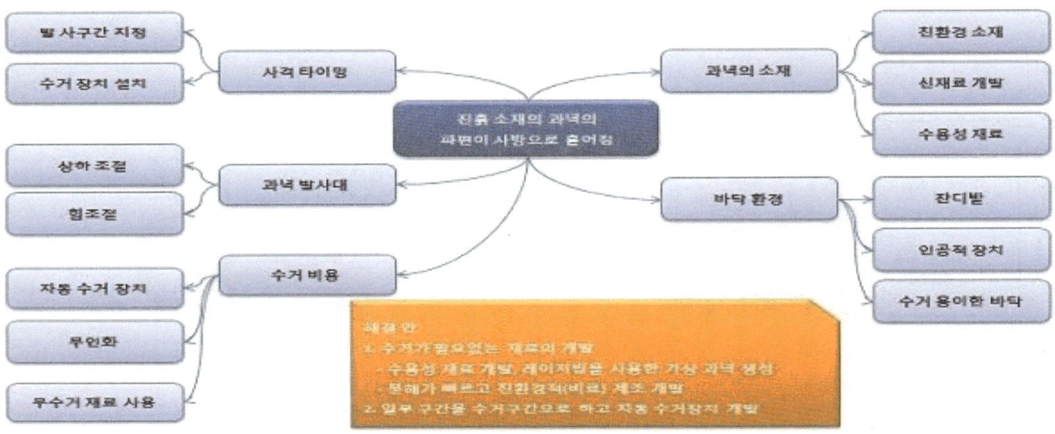

[그림 12-2] Mind Mapping 적용 사례

위의 그림은 국내 Mind map 적용 사례로 전체 내용이 한눈에 들어오는 형태로 정리되어 있어서 서로 다른 개념들 간의 연결도 보다 손쉽게 이해가 되며, 원인에 대한 분석을 하다 보면 자연스럽게 대책도 수립할 수 가 있다.

2) Mind Mapping의 사용방법

마인드 맵 핑의 일반적인 사용방법은 다음과 같다.

첫째: 커다란 전지 또는 화이트보드와 색 펜을 준비한다.

둘째: 문제의 주제를 중앙에 이미지로 표시

셋째: 중앙의 주제로부터 가지를 하나씩 쳐나간다. 이 가지 위에 단어, 그림, 또는 심 볼을 넣는다. 이때 가지는 굵게 한다.

넷째: 연결된 가지로부터 이와 연결된 세부 가지를 연결한다. 이때 세부 가지는 첫 번째 가지보다 얇게 한다.

다섯째: 중앙 중심이 어떤 문제의 주제에 대하여 기술 하였다면 세부 가지는 원인 위주가 될 것이며, 중앙의 주제가 달성하고자 하는 목표가 되었다면 세부 가지는 이를 이루기 위한 방법들이 될 수 있다. 즉 큰 가지 또는 하위의 가지들은 상위 항목과 연관되는 키워드를 포함 한다. 키워드들은 읽기 쉬어야 하고 추후 지속적인 가지들의 확장에 연결될 수 있어야 한다.

3) Mind Mapping의 장 · 단점

마인드 맵핑은 다음과 같은 장점을 지니고 있다.

첫째, 인간의 대뇌는 방사적 사고를 한다. 인간의 뇌는 무수히 많은 신경세포들 간의 연접(시냅스)을 통해 구성되어 있으며, 이러한 복잡한 연결 네트워크에 의한 사고가 방사 적 사고이다. 이러한 방사 적 사고를 노트 위에 그려낸 것이 마인드 맵이다. 즉 인간 뇌의 작동원리와 유사한 형태로 사고의 내용이 정리되는 것이 마인드맵이다.

둘째, 인간의 주의집중시간은 제한되어 있다. 인간의 주의(Attention)의 특징은 선택과 집중에 있는데, 주의집중시간은 대개 길어야 5~7분 정도밖에 되지 않기 때문에 오랫동안 특정 주제에 집중할 수가 없다. 마인드맵은 짧은 시간 내에 폭발되는 많은 아이디어와 생각을 종이 위에 효과적으로 정리되도록 핵심단어 중심으로 잘 정리가 되게끔 하는 효과적인 방법이다.

반면 마인드 맵핑은 다음과 같은 단점을 지니고 있다.

첫째, 한 사람에 의해 마인드맵이 작성되어 질 수 있다. 팀 활동을 하더라도 리더의 의견에 의해 마인드맵이 형성 될 수 있다. 따라서 모든 사람이 의견을 제시할 수 있도록 해야 한다.

둘째, 핵심 문제에 대한 원인 분석 또는 해결안을 마인드맵으로 작성 시 핵심 문제에 대한 전체 원인을 발굴하고 각 원인별로 세부 원인을 작성하는 것이 필요하다. 그렇지 않으면 세부 원인이 다른 원인의 상위 원인이 되어 계속 반복 되는 경우가 발생할 수 있으며 해결안 역시 같다.

3. 5Why

1) 5WHY의 정의

아동들이 가장 많이 읽고 있는 책 가운데 하나가 바로 Why 시리즈이다. “왜”

라는 질문을 통해 문제의 원인을 분석하고 해결방안을 찾아가는 대표적인 문제해결 및 처리 방법이다. 5WHY 기법은 문제의 참 원인이 무엇인지 찾기 위해 문제를 세밀히 조사하는 기법이다. 이는 생산현장에서 가장 많이 사용하는 기법으로 생산 현장의 적용 사례 예를 통해 기술한다. 하나의 현상에 대해 그것이 왜 일어나는가의 요인을 끝까지 추구하고 최종의 왜에 대한 요인을 뒤집어서 대책을 세운다. 대책은 확실하고 효율적인 재발방지책이 되어야 하며 작업자나 치 공구, 설비의 부품뿐 아니라 설계상이나 제작, 설치방법, 제작방법, 보전순서, 보전방법(청소, 급유, 점검, 체결 등)과 함께 사용방법, 관리방법까지 포함되어야 한다.

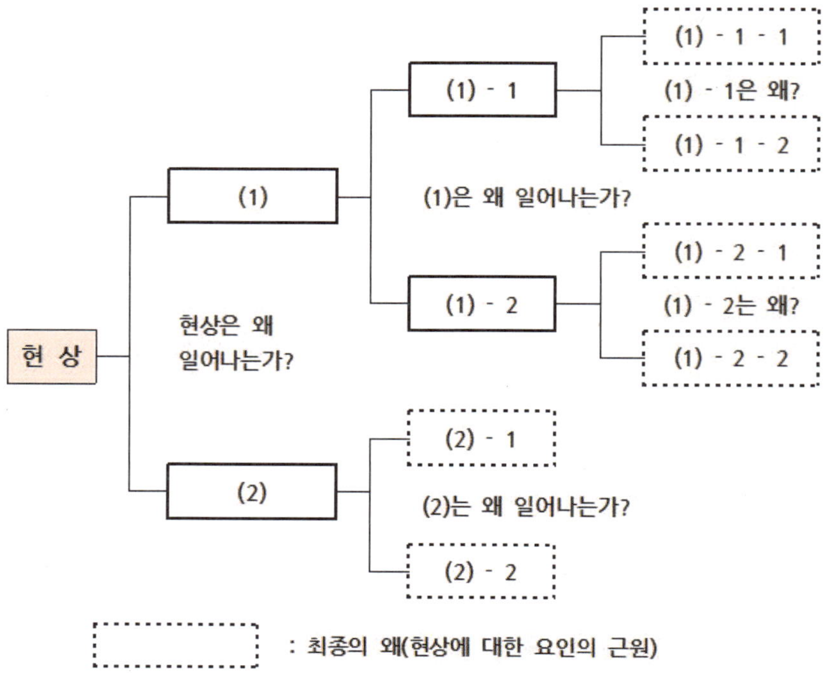

[그림 12-3] 5WHY의 기본 형태

5WHY의 목적은 다음과 같다.

첫째, 생산현장의 작업자가 논리적으로 생각할 수 있는 힘(능력)을 몸에 익히기 위함이다. 둘째, 논리적으로 가르치는 능력을 키운다. 셋째, 기계의 기능, 구조를 이해하는 힘을 몸에 익힌다. 넷째, 분석을 통해 확실하게 설비 이상의 근원을 현장에서 살펴보고 생각했던 것 보다 작은 개선으로도 충분 하다는 것을 알고 서서히 개선의 마인드를 향상시켜 나간다. 다섯째, 재발 방지를 위한 확실히 생각하는 법을 몸에 익히고 유지관리의 필요성을 인식하게 된다. 여섯째, 현장의 작업자, 직제, 또는 보전 맨, 기술자도 함께 분석에 참가하여 문제점을 상호 공유함과 동시에

커뮤니케이션을 원활히 할 수 있는 기반을 구축한다.

2) 5WHY의 사용 방법

▪ **현상이나 "왜"의 서술은 짧고 간결한 문장으로 표현한다.**

현장에서 현물과 현상을 잘보고, "~~이~~하다"와 같이 간결하게 표현한다. 단, 언제, 어디서, 어느 방향으로, 어느 정도 등의 분석 내용은 필요하다. 한 문장이 길어지면 두세 문장으로 분할하고, 각각에 대해 "왜"를 반복한다. 한 문장에 두 가지 이상의 사물을 동시에 표현하면, 분석이 한 방향으로 치우치게 되어 요인이 누락된다.

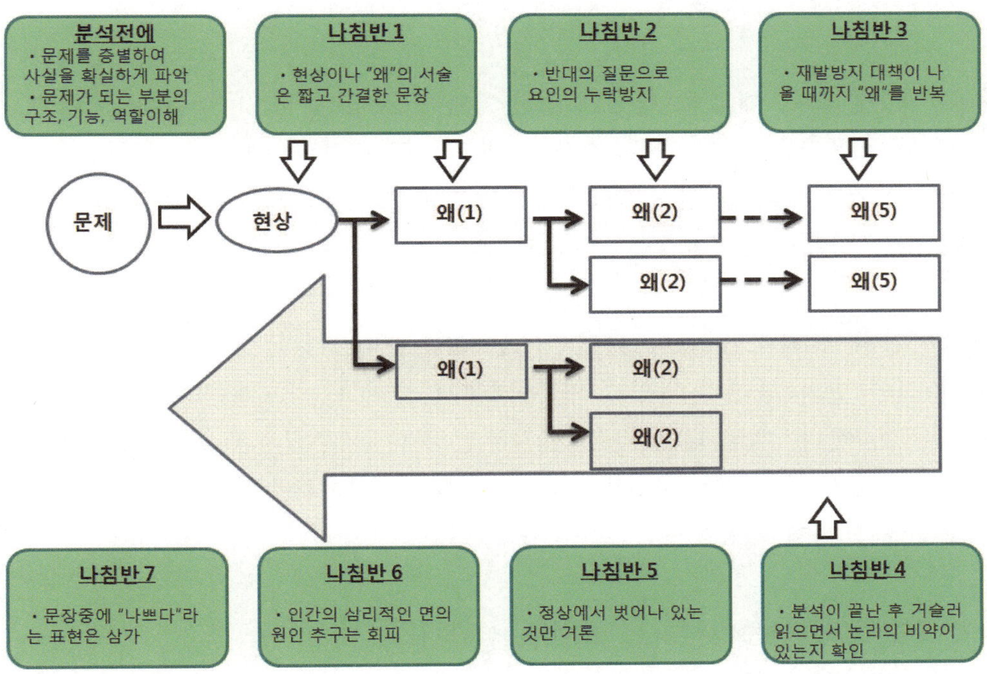

[그림 12-4] 5WHY의 분석 절차

▪ **누락된 요인이 없는지 Check한다.**

분석의 흐름 방향과 병렬상황을 체크 하면서 분석을 추진한다. '그 요인만 발생하지 않으면 앞의 현상은 발생 하지 않는가'라고 누락 된 요인이 없는지 체크한다. 생각할 수 있는 사항이 없어지면, 요인이 모두 거론되어진 것이다. 만일 빠져있는 요인 중에 범인이 숨어있으면, 문제는 해결하지 못하게 된다.

▪ **근본 원인이 나올 때까지"왜"를 반복한다.**

만일 요인이 거론되지 않으면, 5 Why이후에도 종료하지 말고 "왜"를 계속한다.

각 단계별로 현장에서 현상과 현물을 확인한 후 에 범인이 아니라고 판단된 것은 분석을 종료한다. 분석에 있어 문제를 해결할 것만 생각하지 말고, 해결한 후의 재발 방지를 생각한다. 재발 방지 대책에 연계되는 요인이 나오면, 분석을 종료해도 좋다.

▪ **분석완료 후 역으로 읽으면서 논리의 비약이 있는지 확인한다.**

분석이 올바르게 되었는지를 "최종의 왜"에서 "최초의 현상"까지, "~~때문에(해서)~~"라는 접속사를 사용하여 거슬러 읽는다. 이야기의 줄거리가 통하는지, 이치에 맞는지, 논리의 비약은 없는지를 체크한다. 논리의 비약이 있는 부분에 지금까지 생각하지 않았던 요인이 잠재되어 있는 경우가 많다.

▪ **"왜"에 대한 대답은 정상에서 벗어나는 것만 한다.**

당연한 내용(정상인 것, 전제조건)을 요인으로 취하면, 대책이 이상한 형태가 된다. 전제조건과 요인을 잘 구별하여 혼동하지 않는다. "이상한 왜"가 나오면 즉시 중단하고, 앞 단계의 분석을 다시 검토한다.

▪ **인간의 심리적인 면의 원인추구는 회피한다.**

심리적인 면의 원인추구는 그 앞 단계에서 끝내고, 하드적인 면과 관리시스템의 원인추구를 한다. "멍하니 있다", "안절부절 한다", "주의하지 않는다.", "피곤해있다" 라는 요인은 대책이 어렵다. "정신 차려 일을 한다.", "주의하여 작업한다."라는 구호만의 대책으로 끝나 버리기 쉽다.

▪ **문장 중에 "나쁘다"라는 표현은 삼간다.**

"~이 나쁘다"라는 말만으로는 사람마다 다르게 받아들여지고, 여러 가지 해석이 가능해 진다. "나쁘다"라는 말보다, 명확하고 구체적인 단어를 사용한다. "~불량", "~ 이상", "~고장"이라는 말보다는 구체적인 단어를 사용하여 분석한다.

3) 5WHY의 장·단점

5WHY는 생산현장에서 쉽게 적용하는 문제분석 기법으로 배우기가 쉽고 작성이 간단하다. 3WHY 이상원인 분석 시 참 원인을 발굴할 수 있다는 장점이 있다. 반면에 문제의 원인 하나에 여러 개의 문장으로 여러 개의 원인이 포함되어 있으면 참 원인이 아닌 다른 원인이 주요 원인이 될 수 있다. 따라서 문장은 원인에 대하여 한 문장으로 정의하도록 훈련하여야 한다는 단점이 있다.

학 습 평 가

Q 1. (　　　　　)란 일본의 아마이즈미 히로아키가 개발한 것으로 머릿속의 생각들은 일직선이 아니라 사방팔방, 거미줄 모양으로 퍼져나간다는 논리를 응용한 것이다.

Q 2. 만다라트는 중심 주제에 관련된 아이디어를 도출한 후 도출된 각각의 아이디어로 다시 (3 × 3) Matrix화 및 관련된 아이디어 도출한다. 괄호 속에 적절한 것은?
① 2×2　　② 3×3　　③ 4×4　　④ 5×5

Q 3. 짧은 시간에 많은 양의 아이디어를 도출하는 데 유용하며 특히 정해진 주제의 표에 의해 아이디어를 도출하기 때문에 아이디어 도출에 유용한 문제처리방법은 무엇인가? (　　　　　)

Q 4. (　　　　　)은 토니 부잔(T. Buzan)이 개발한 것으로 주제에 관한 여러 가지 생각들을 그림으로 연계하여 아이디어를 도출하는 방법으로 문제를 처리하고 해결하기 위해 아이디어를 도출하는 방법으로 가장 많이 활용되고 있는 방법이다.

Q 5. "왜"라는 질문을 통해 문제의 원인을 분석하고 해결방안을 찾아가는 대표적인 문제해결 및 처리 방법으로 문제의 참 원인이 무엇인지 찾기 위해 문제를 세밀히 조사하는 기법은? (　　　　　)

Q 6. 5WHY 사용 방법으로 적절하지 않은 것은?
① 현상이나 "왜"의 서술은 짧고 간결한 문장으로 표현한다.
② 근본 원인이 나올 때 까지"왜"를 반복한다.
③ 분석완료 후 역으로 읽으면서 논리의 비약이 있는지 확인한다.
④ 문장 중에 "나쁘다"라는 표현을 사용할 수 있도록 한다.

****

정 답			
	1. Mandal-art(만다라트)	2. ②	3. 만다라트
	4. Mind Mapping(마인드 맵핑)	5. 5WHY	6. ④

13 Chapter
문제처리능력을 어떻게 적용할 것인가?

1. 사례접근을 통한 문제처리능력 지도 실제

1) 사례1 : 문제를 문제로 인식하기

대학생들은 대학생활 또는 학업활동 중 많은 문제에 직면하게 되고, 또한 직면한 문제를 처리하는 과정을 겪게 된다. 그러나 같은 문제라고 하더라도 사람마다 해결하는 방법이 다르다. 효과적으로 문제를 해결할 수 있는 절차를 알아보자. 문제처리능력은 조직의 프로세스 안에 이미 존재하고 있는 성과를 둘러싼 문제점들의 근본원인을 제거하기 위해 해결방안을 모색하는 능력으로, 문제처리능력은 문제해결 절차를 의미한다.

☞ 사례 13-1 ☜	K어린이집 아동학대 사건의 문제처리과정

인천 연수구 K어린이집에서 보육교사로 근무하는 양모 교사가 유아를 학대하였다는 내용으로 경찰에 신고 되었다. 경찰은 양모 교사가 원생을 학대한 정황을 추가로 확인하고 아동복지법상 학대 혐의로 구속영장을 신청했다. 경찰은 양씨가 지난해 9월 밥을 흘리면서 먹는다는 이유로 네 살배기 다른 원생의 등을 손으로 때린 것과 같은 해 11월에는 버섯을 먹고 토했다는 이유로 또래 여자아이의 뺨을 때린 사실을 확인했다. 경찰은 또한 폐쇄회로(CC)TV 분석을 통해 율동을 하면서 동작이 틀렸다며 양씨가 아동의 어깨를 잡아서 바닥에 넘어지게 하고, 취침 시간에 잠을 안 잔다는 이유로 다수 아동이 있는 곳으로 베개를 던진 모습을 확인하였다. 문제의 심각성을 인식한 경찰, 해당 담당 관할구청, 교육지원청, 중앙정부 등은 이 문제를 해결하기 위해 신속하게 범정부 차원에서 문제처리 협의팀을 구성하기로 하고, 해결방안에 대해서 모색하게 되었다. 이에 범정부를 구성된 문제처리 협의팀은 다음과 같은 결론을 도출하였다.

- 학연 지연에 얽힌 지방조직이 아니라 중앙조직으로 구성되어야 한다.
- 전담팀 구성은 아동심리 치료전문 의사, 아동보호 전문가, 검사, 경찰, 변호사, 어린이집 교사 등으로 구성되어야 한다.
- 아동학대 사건 발생 후 신고 하루 안에 현장에 급파되어야 한다.
- 최초 제보자에 대해 보호해야 한다.
- 문제 상황에 노출된 아동들에 대한 현장분리와 심리치료가 즉각 실시될 수 있도록 메뉴얼이 만들어져야 한다.

- 문제가 발행한 어린이집이 폐쇄될 걱정이 없도록 해야 한다. 먼저 관리책임이 있는 원장을 어린이집에서 분리시키고, 전담팀에서 보육교사를 지원하여 당장 학부모가 아이들 맡길 곳을 걱정하지 않도록 해야 한다.
- 문제 사태에 대한 진단과 처리, 처벌과 행정처분까지 일원화하여야 한다.
- 행정처분을 문제행위 당사자와 관리책임자에게 적합하게 내려야 한다.
- 전담팀은 어린이집 폭행사태에 대하여 장기적인 데이터를 구축하여 예방에 힘써야 한다.

활 동

대학생활을 하는 동안 개인은 매일 크고 작은 문제들에 직면하게 되고, 이를 처리하는 과정을 거칠 것이다. 때로는 성공적으로 문제를 해결하는 경험을 하기도 할 것이고, 반대로 문제를 더 악화시키거나 문제해결을 못한 경험도 하게 될 것이다. 지금까지 대학생활을 하면서 자신이 겪은 문제 중 성공적으로 해결한 경우와 그렇지 않은 경우, 그 문제와 이유를 작성해 보자.

성공적으로 문제를 해결한 경우

문제의 원인	

문 제	

문제를 성공적으로 해결한 이유	

성공적으로 문제를 해결하지 못한 경우

문 제	

문제의 원인	

문제를 성공적으로 해결하지 못한 이유	

2) 사례 2 : 문제인식의 중요성

대학생 또는 예비 직장인들은 흔히 직면한 문제의 현상만을 보고, 모든 문제를 알고 있는 것처럼 생각하는 경우가 있다. 그러나 문제를 효과적으로 해결하기 위해서는 문제를 구체적으로 분석하는 것이 필요하다. 그럼 문제의 인식이 무엇을 의미하는지 알아보자. 문제처리과정 중 가장 먼저 해야 될 일은 해결해야 할 문제를 인식하는 일이다. 그러나 문제를 인식하기 위해서는 현상에 만족하지 않고 전향적인 자세로 개선을 하고자 하는 문제의식과 의욕이 있어야 한다.

☞ 사례 13-2 ☜	문제 인식이 중요한데

인천 연수구 K어린이집에서 보육교사로 근무하는 양모 교사가 유아를 학대하였다. L원장은 양모 보육교사가 밥을 흘리면서 먹는다는 이유로 네 살배기 다른 원생의 등을 손으로 때리고 버섯을 먹고 토했다는 이유로 또러 여자아이의 뺨을 때린 사실을 알게 되었다. 원장은 그 사실을 양모 교사 당사자와 동료 교사를 통해 알게 되었지만 별다른 조치를 취하지 않았다. 학부모가 경찰에 아동학대로 신고하고 언론 방송을 통해 이 사실이 노출되게 되었다. 방송을 통해 어린이집의 아동 학대 사실을 드러나게 되자 원장은 그 날 밤 학부모들에게 아래의 내용으로 단체 문제를 발송하였다.

"밤늦게 문자 드려 죄송합니다. 언론에 보도가 나오고 해서 많이 놀라셨을 것 같아 문자 보냅니다. 믿고 보내주셨는데 다시 한 번 죄송합니다. 저희 운영은 정상적으로 하오니 보내주시면 성실히 돌보겠습니다."

그러나 그 문자의 내용과 발송이 사건의 대한 문제 인식을 제대로 이해하지 못하였다는 점을 원장은 뒤늦게 깨닫게 되었다. 다른 학부모들의 항의가 거세지고 경찰에서 어린이집에 대한 압수수색이 이루어지고 양 교사에 대한 구속영장이 발부됨으로써 어린이집이 존폐위기에 있다는 문제를 인식하게 되었다.

활 동

1. 최근 자신의 일상생활과 대학생활에서 발생했던 문제는?

2. 자신이 겪었던 문제가 발생하게 된 개인 내적 및 외적 환경을 분석해 보자.

① 개인 내적 환경

② 개인 외적 환경

③ 자신의 SWOT

나의 SWOT분석표

Strength	Weakness
Opportunity	**Threat**

3. 자신이 겪었던 문제가 대한 개인 내적 및 외적 환경 분석 결과 해결해야 하는 문제는?

3) 사례 3 : 문제 안에 문제와 해답이 있다

대학생들은 직면한 문제가 어떻게 구성되어 있는지를 제대로 파악하지 못하고, 일을 미루거나 한꺼번에 문제를 해결하려는 경향이 있다. 문제를 효과적으로 해결하기 위해서는 문제의 구조에 따라 세분화하는 것이 필요하다. 그럼 문제를 세분화는 어떻게 이루어질 수 있을까?

문제를 인식한 후에는 선정된 문제를 분석하여 해결해야 할 것이 무엇인지를 명확히 하는 문제 도출 단계를 거치게 된다. 다음은 문제 도출 과정을 병원경영 전문컨설팅 업체에 의뢰한 J병원의 사례이다. 사례를 읽고 문제를 도출해 나가는 과정이 무엇인지를 생각해 보자.

☞ 사례 13-3 ☜	문제 안에 문제와 해답이 있다

지방에서 중소병원을 운영하는 J병원은 최근 부실한 병원 경영과 환자 감소로 인해 병원 이익이 지속적으로 감소하는 문제 상황에 직면하게 되었다. J병원은 이익 감소라는 문제를 타결하기 위해서 병원 내 모든 직원들이 참여하는 긴급회의를 개최하였다. 회의에서 이익 증가를 위한 각종의 아이디어들이 제시되었다. 병원 홍보부서에서는 환자 유치를 위해 지속적인 홍보를 더 해야 한다고 하였으며, 원무과에서는 직장인들을 위해 야간 진료를 해야 한다고 주장하였다. 또한 기획팀에서는 간호사, 의사, 직원들의 월급을 삭감해야 한다는 의견을 제시하였다. 몇 시간의 회의가 진행된 후에 논의된 아이디어들을 모두 수집하였지만, 수집된 아이디어의 양에 비해서 뚜렷한 대안을 세울 수가 없었다. 그래서 고민 끝에 문제해결을 위해 병원경영 컨설팅 업체에 문제 도출을 의뢰하게 되었다.

컨설팅 업체에서 파견된 실무 담당자는 회의에 참석해서 병원경영의 이익을 개선하기 위한 아이디어들을 작은 아이디어들로 분해하기 시작하였다. 이를 통해 J병원은 경영 개선을 위해 병원 직원 감소, 비용 절감, 노인 관련 전문병원으로 전환 등의 과제들이 선정되었으며, 다시 병원 직원 감소를 위해서 단순히 병원 직원을 감소할 것인지, 아니면 새롭게 직원을 재배치할 것인지에 대한 문제가 도출되었다. 이와 마찬가지로 비용 절감과 노인 관련 전문병원으로 전환이라는 문제에 해한 세부 문제가 도출되었다. 이를 통해 J병원이할 수 있는 모든 대안들이 도출되었다.

활 동

문제를 도출하기 위해서는 해결해야 하는 문제들을 작고 다룰 수 있는 세분화된 문제들로 쪼개 나가는 과정이 필요하다. 이를 통해서 문제의 내용이나 해결안들을 구조화할 수 있다. 다음 보기는 이러한 문제 도출 과정을 "J병원의 경영 개선을 통한 이익이 향상 가능한가? 라는 문제로부터 세부 문제들을 찾아나가는 과정을 나타낸 것이다. 최근 자신이 일상생활 및 대학생활에서 경험하고 겪은 문제들을 보기처럼 세부 문제로 구조화해 보자.

보기

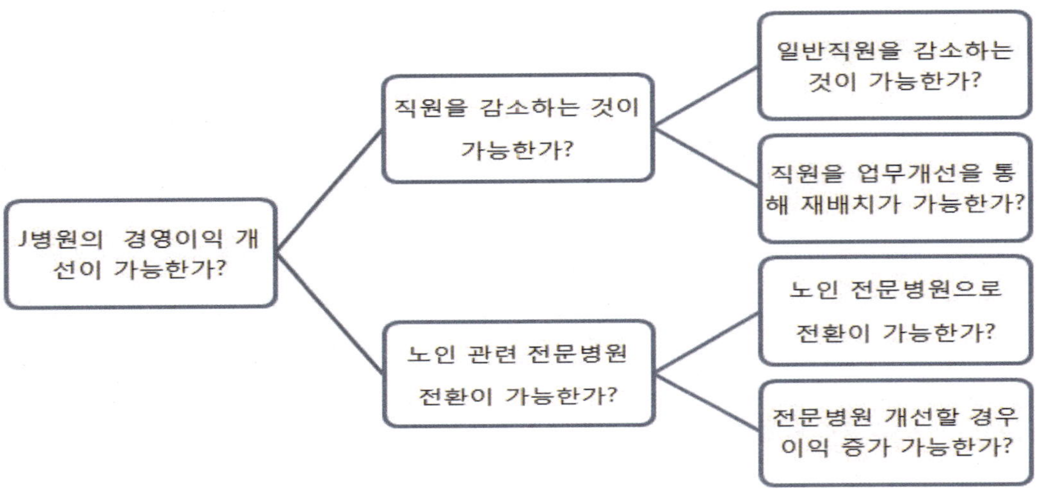

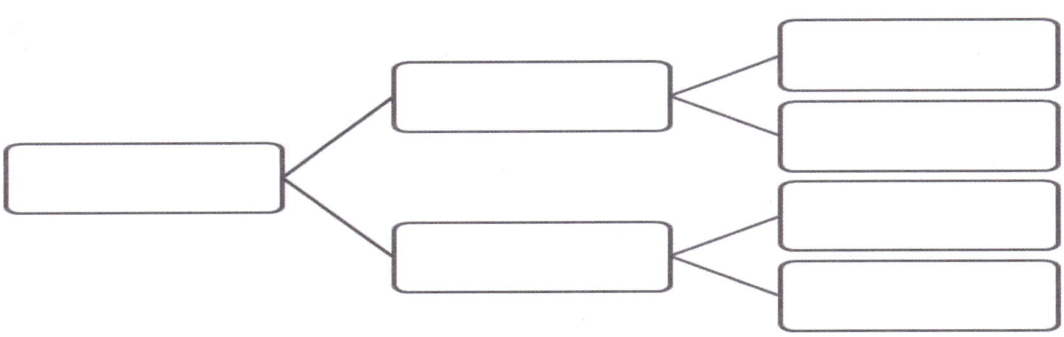

4) 사례 4 : 이직율과 소통의 부재관계

대학생들은 직면한 문제를 확실히 알고 있더라도, 그 문제의 원인이 무엇인지를 파악하지 못한다면, 이에 따른 해결방안을 마련하는데 어려움을 겪게 된다. 그렇다면 문제가 발생하였을 때 원인은 어떻게 찾아낼까? 다양한 원인분석 방법들을 알아보자.

문제를 도출한 후에는 파악된 핵심 문제에 대한 분석을 통해 근본 원인을 찾기 위한 원인 분석 단계를 거치게 된다. 다음은 P유치원에서 교원 이직률이 높은 문제의 원인을 분석하기 위한 K원감의 활동에 대한 사례이다. 사례를 읽고 원인을 분석하는 과정이 무엇인지를 생각해 보자.

☞ 사례 13-4 ☜	이직율과 소통의 부재 관계

서울에서 대형 유치원을 운영하고 있는 P유치원은 최근 몇 년 사이에 교사들의 이직율이 높아 교사와 학부모 사이에서 유치원에 대한 평판이 좋지 않다는 사실을 인식하게 되었다. P유치원은 이 문제를 해결하기 위해서 K원감에게 이 문제를 조사하고, 개선방안을 모색하라는 과제를 주었다.

K원감은 우선 이직한 교사와 현재 근무하고 있는 교사들을 대상으로 면담과 설문지를 통해 관련 데이터를 수집하고 이를 분석한 결과, 이직률은 주로 본원에 근무한 3~5년 미만 교사 집단에서 가장 많은 것을 밝혀내었다. 이 결과를 토대로 경력이 짧은 유아교사들이 이직하게 된 원인들을 조사하기 시작하였다. 이를 통해 다음과 같은 원인들을 도출하게 되었다.

- 낮은 임금체계
- 직무만족도가 낮음
- 스트레스가 많은 근무 환경
- 동료교사 관계
- 유아 부모와의 관계
- 유아와의 관계
- 원장과의 관계
- 전문성 계발 기회 부족

K원감은 이 중 가장 핵심적인 원인들을 찾기 위해 이직한 교사들을 대한 전화 상담을 실시하였고, 결국 소통의 기회 부족과 스트레스가 많은 근무 환경이 가장 중요한 원인임을 알 수 있게 되었다.

활 동

원인을 분석하기 위해서는 문제 상황에 대한 원인들을 모두 조사한 후, 주요 원인들로 범주화하는 과정이 필요하다. 이는 근본적인 원인을 찾아나가는 핵심적인 방법으로, 해결방안을 결정하기 위해서 수행해야 하는 절차이다. 다음은 한 유치원 내에서 발생한 문제들의 원인들을 모두 찾아내서 기록한 것이다. 이러한 원인들을 종합하여, ① 근무환경 문제, ② 소통의 문제, ③ 직무만족의 문제의 3가지 문제로 구분하였다. 각 원인들은 어떤 문제의 원인인지를 (　　　)안에 해당하는 문제의 번호를 적어보자.

1. 근무 시간이 상대적으로 너무 길다.(　　　)
2. 동료교사와의 관계가 원활하지 않았다.(　　　)
3. 가르치는 일이 즐겁지 않았다.(　　　)
4. 임금이 다른 유치원에 비해 낮은 편이다.(　　　)
5. 원장과의 소통 기회가 부족하였다.(　　　)
6. 유치원 활동 속에서 스트레스가 너무 많았다.(　　　)

5) 사례 5 : 해결안이 여러 가지라면? 최적의 대안을!

자신에게 문제를 해결하라는 업무가 주어졌을 때, 다양한 해결방안들을 찾게 된다. 그러나 어떤 해결방안을 우선적으로 추진해야 하는지, 어떤 해결방안이 가장 효과적인지 밝혀내는 것은 쉽지 않다. 여러 해결안 중에 최적 안은 무엇일까? 해결안을 도출하고 최적 안을 선정하는 방법을 알아보자.

문제로부터 다양한 원인들을 분석한 후에는 근본원인을 효과적으로 해결할 수 있는 다양한 해결안을 개발하고, 개발된 해결안 중 최선의 해결안을 선택하는 것이 필요하다. 다음은 다양한 해결안 중 최선의 해결안을 선택했을 경우와 원인 분석 결과에 따라 한 가지의 해결안만을 도출한 경우, 어느 쪽이 더 바람직한지를 보여주는 사례이다. 사례를 읽고 해결안을 개발해 나가는 과정이 무엇인지를 생각해 보자.

☞ 사례 13-5 ☜	해결안이 여러 가지라면? 최적의 대안을!

M병원은 여러 명의 소아과 의사로 구성된 연합소아과 병원이다. M병원은 각 의사별로 담당 간호사 3명이 분기별로 유아 및 아동의 부모에게 우편물을 발송하고 있다. 그런데 최근 왜 특정 우편물을 받은 부모들이 다른 부모들보다 의사 선호도에 차이가 있는가에 대한 조사에 착수, 2개월간의 측정, 전화조사, 면담 등을 통한 분석과정을 끝마쳤다. 문제의 원인은 우편 발송에 사용된 편지 봉투 색상의 종류와 제지 원료, 고객들이 우편물을 받은 간격, 우편물 내용과 밀접한 관계가 있는 것으로 조사되었다.

이에 대한 해결 방안을 만들기 위해서 팀 회의가 열렸을 때, A팀에서는 분석된 원인을 바탕으로 고객들에게 더 화려한 색상의 종이에 매달 마지막 목요일에 우편물을 받아볼 수 있도록 하면 된다는 해결안을 제시하였다. 그러나 B팀는 브레인스토밍을 통해 유아 및 부모의 연령에 따라 색상의 종류, 제지원료의 무게, 고객들이 우편물을 받은 간격, 우편물 내용에 차이가 있음을 발견하였다.

B팀은 이에 대한 다양한 해결안을 제시하였다. 몇 달이 지난 후 우편물에 따른 우편물에 따른 부모들의 의사 선호도 및 충성도를 조사한 결과, A팀에서 발송한 우편물을 받은 부모보다 B팀의 우편물을 받은 부모들의 소아과 재방문 시 의사선호도 및 충성도가 훨씬 높아졌음이 밝혀졌다. 그리고 이러한 결과가 나오게 된 이유를 조사한 결과 B팀이 다양한 해결안 중에서 중요도와 실현 가능성을 고려해서 최적의 해결안을 선택했기 때문으로 나타났다.

활 동

해결안을 개발하기 위해서는 우선 문제 상황에 대한 여러 가지 해결책을 도출하는 것이 필요하다. 도출된 해결책 중에서 중요성과 실현 가능성을 고려한 평가를 통해서 어떤 해결안을 최종 해결안으로 채택할 것인가를 선택하게 된다. 최근 자신의 일상생활 및 대학생활에서 겪은 문제를 어떻게 해결했는지 과정을 생각해 보고, 다음 빈 칸을 채워보자.

1. 최근 자신의 일상생활 및 대학생활에서 발생했던 문제는?

2. 문제를 해결하기 위해 고려했던 해결방안들은?

①

②

③

3. 문제 해결을 위해서 최종적으로 사용했던 해결안은?

4. 여러 해결안 가운데 그 해결안을 사용한 이유는?

6) 사례 6 : 문제는 해결했는데 왜?

대학생은 일상생활이나 학업활동에서 문제를 해결했다고 생각했는데, 같은 문제가 다시 발생하는 경우가 있다. 이는 구체적인 실행계획과 지속적인 피드백이 부족했기 때문이다. 문제를 해결한 후에 피드백은 꼭 해야 하는 것일까? 해결안을 개발한 후에는 실행계획을 수립하고, 실제 해결방안을 실행한 후 평가를 하는 단계를 거치게 된다. 이러한 과정을 통해서 이전 해결방안을 수정 및 보완할 수 있으며, 결국 더 나은 해결방안을 수립할 수 있게 된다. 다음은 실행 및 평가를 통해서 이전의 해결방안을 더욱 발전시킨 K의 사례이다. 사례를 통해 실행 및 평가의 중요성을 생각해 보자.

☞ 사례 13-6 ☜	문제는 해결했는데 왜?

K사무장은 대형병원의 행정업무를 총괄하는 사무장으로 최근 경영 개선 팀을 이끌면서 병원에 대한 환자의 소송 건수를 줄이는데 주안점을 두고 작업한 결과, 소송 건수를 개선하는 효과를 이룰 수 있었다.

K는 소송 건수를 개선하는데 그치지 않고 병원을 상대로 소송한 환자 차원에서 모니터링을 할 수 있는 방법을 개선하겠다고 결심하였다. 이를 위해서 우선 한 달 동안의 데이터를 수집하고 이전에 해결방안을 도출하는 과정에서 발생한 여러 가지 문제점을 다시 분석하기 시작하였다. 비록 이전에 수행했던 해결방안도 성공적이었지만, 계속되는 실행계획 수립, 실행, 평가를 통해서 이전에 수행했던 해결방안을 더욱 정교화 할 수 있게 되었다.

활 동

문제의 원인을 분석하고, 해결안을 개발한 후에는 실행계획을 수립하여 실제 실행하는 과정이 필요하다. 이를 통해서 실행 결과를 평가하고, 문제해결이 제대로 이루어졌는지를 확인할 수 있다. 다음 체크리스트는 실행 및 평가 단계에서 확인해야 하는 사항들이다. 평소 자신이 문제해결과정을 잘 생각해서 체크리스트에 제시된 내용을 확인하는 편일 때에는 "○"표를, 확인할 때도 있고 그렇지 않을 때도 있다면 "△"표를, 확인하지 않는 편일 때에는 "×"표를 해 보자.

1. 해결안을 실행할 일정표를 만들고 계획을 수립한다.	(　)
2. 계획을 수립할 때 예기치 않은 문제에 어떻게 대응할 것인지를 고려한다.	(　)
3. 계획을 수립할 때 예산, 자원, 시간 등에 대한 제한 사항을 고려한다.	(　)
4. 계획에 따른 실행 결과를 평가한다.	(　)
5. 평가 결과를 토대로 해결방안 중 수정해야 하는 점을 파악한다.	(　)
6. 수정해야 되는 점을 고려하여 새로운 해결방안을 도출한다.	(　)
7. 새로운 해결방안을 적용할 때 기존에 문제가 있는 점을 제거한다.	(　)

학 습 평 가

Q 1. (   )은 조직의 프로세스 안에 이미 존재하고 있는 성과를 둘러싼 문제점들의 근본원인을 제거하기 위해 해결방안을 모색하는 능력으로, 문제해결 절차를 의미한다.

Q 2. 문제처리과정 중 가장 먼저 해야 될 일은 해결해야 할 문제를 인식하는 일이다. 그러나 문제를 인식하기 위해서는 현상에 만족하지 않고 전향적인 자세로 개선을 하고자 하는 (   )이 있어야 한다.

Q 3. 대학생들은 직면한 문제가 어떻게 구성되어 있는지를 제대로 파악하지 못하고, 일을 미루거나 한꺼번에 문제를 해결하려는 경향이 있다. 문제를 효과적으로 해결하기 위해서는 문제의 구조에 따라 (   )하는 것이 필요하다.

※ 원인을 분석하기 위해서는 문제 상황에 대한 원인들을 모두 조사한 후, 주요 원인들로 범주화하는 과정이 필요하다. 이는 근본적인 원인을 찾아나가는 핵심적인 방법으로, 해결방안을 결정하기 위해서 수행해야 하는 절차이다. 다음은 한 유치원 내에서 발생한 문제들의 원인들을 모두 찾아내서 기록한 것이다. 이러한 원인들을 종합하여, <u>① 근무환경 문제, ② 소통의 문제, ③ 직무만족의 문제의 3가지 문제로 구분하였다.</u> 각 원인들은 어떤 문제의 원인인지 **Q 3~Q 6**까지 (   ) 안에 해당하는 밑줄친 번호를 적어보자.

Q 4. 가르치는 일이 즐겁지 않았다.(   )
Q 5. 동료교사와의 관계가 원활하지 않았다.(   )
Q 6. 임금이 다른 유치원에 비해 낮은 편이다.(   )

Q 7. 대학생은 일상생활이나 학업활동에서 문제를 해결했다고 생각했는데, 같은 문제가 다시 발생하는 경우가 있다. 이는 구체적인 실행계획과 지속적인 피드백이 부족했기 때문이다. 문제를 처리한 후에 반드시 해야 하는 것은 무엇일까?

****

정 답	1. 문제처리능력	2. 문제의식	3. 세분화	4. ③
	5. ②	6. ①	7. 피드백	

▣ 참고문헌 ▣

고현 · 이종철(2010). **신교육학의 탐색**. 동문사.

고현(2012). 창의성과 친구하기. 2012년 유치원교사 하계연수 자료집.

김영채(1999). **창의적 문제해결**. 서울: 교육과학사.

김영채(2014). **CPS 창의 프로그램과 창의적 문제해결**. 서울: 유원북스.

김태완(2013). **글로벌 시대의 교육**. 서울: 학지사.

김혜숙(2013). 대학교육과정의 창의핵심역량 요소에 대한 전문가 집단의 인식. **창의력교육연구.** Vol 13, No. 3, pp.145-163.

박수홍 · 이정아 · 홍광표(2008). 대학미술수업에서 팀 역량 강화를 위한 블렌디드 액션러닝 프로그램 개발 및 적용한 사례. **교육공학연구**, 24(2), 71~104.

박수홍 · 정주영(2014). **술술 풀리는 PBL과 액션러닝**. 서울: 학지사.

봉현철(2012). **성공하려면 액션러닝하라**. 행성B웨이브.

백수정(2013). 평생교육자의 퍼실리테이션 역량 진단척도 개발. 중앙대학교 대학원 박사학위논문.

안영수(2015). 창의성 및 Think Mechanism 분석과 기존 문제 해결 방법론 분석을 통한 효율적 & 창의적 문제해결 프로세스 연구. 공주대학교 대학원 박사학위논문.

안종배(2015). 미래 예측과 트렌드로 본 미래 산업과 직업. 지역고용정책전문가 Advanced 과정. 광주: 지역고용정책연구원.

이효범(2011). **논리적 사고 · 비판적 사고 · 창의적 사고**. 공주: 공주대학교 출판부.

장금성 · 정경희 · 박현영(2013). **창의적 문제해결 워크북**. 서울: 현문사.

전경원(2000). **창의학**. 서울: 학문사.

장경원 · 고수일(2014). **액션러닝으로 수업하기**. 서울: 학지사.

전성수(2012a). **자녀교육혁명 하브루타**. 서울: 두란노

전성수(2012). (부모라면 유대인처럼) **하브루타로 교육하라: 질문하고 토론하는 하브루타 교육의 기적.** 고양: 예담Friend(위즈덤하우스).

정영란(2009). 치위생과 학습자의 문제해결능력, 자기주도적 학습능력, 의사소통능력의 향상을 위한 문제중심학습(PBL) 패키지 개발 및 적용. 건국대학교 대학원 박사학위논문.

조연순 · 성진숙 · 이혜주(2008). **창의성 교육: 창의적 문제해결력 계발과 교육 방법**. 서울: 이화여자대학교출판부.

테루야 하나코 · 오카다 케이코(2001). **로지컬 씽킹**. 김영철(2002). 서울: 도서출판 일빛.

한국산업인력공단(2005). **문제해결능력 교수자용 매뉴얼. 기초직업능력 프로그램.** 서울: 한국산업인력공단(http://www.ncs.go.kr/ncs/page.do?sk=P1A4_PG09_005).

H. Scott Fogler · Steven E. LeBlanc(2006). **창의적 문제 해결 전략**. 김정현 역(2008). 서울: 진샘미디어.

Koberg, Don, Bagnall, Jim, 한국생산성본부 편(2009). **창의적 문제해결: 창의적 문제해결과 목표달성을 위한 지침서**. 서울: 한국생산성본부.

Trilling, B, & Fadel. C. (2012). 21세기 핵심역량: 이 시대가 요구하는 핵심스킬*(21st century skills: Learning for life in our times)*(한국교육개발원 역), 서울: 학지,(원전은 2010년

에 출판).

Amabile, T. M.(1996). *Creativity in context*(2nd.ed). Boulder, Colorado: Westview Press.

Atkinson, S. P. (2012). Enabling Learnning: *Educational Teachologies and Social Change, Updated: Taxonomy Circles-Visualisations of Educational Domains*. spatkinson. word press. com.

Canton, J. (2002). The Impact of Technologies and the future of Business and Economy. In M. C. ROCO & W. S. Bainbridge(Eds.), *Converging technologies for improving human performance: Nanotechnology, biotechnology, information technology and cognitive science*. National Science Foundation.

Diamant, Anita & Kushner, Karen(2008). How to Raise a Jewish Child. NY: Schocken Books.

Gruzen, Lee F(2001). *Raising Your Jewish/Christian Child*. New York : Newmarket Press.

Guilford. J. P.(1967). *The nature of human intelligence*. New York: McGraw-Hill.

Krieger, A. Y.(2010). *The Role of Judaism in Family Relationships*. Journal of Multi-cultural Counseling and Development.

Mattimore, B. W. (1994). *99% inspirationa: Tips, tales, and techniques for liberating your business creativity*. New York: AMACOM.

MacKinnon, D.(1962). *The nature and nurture of creative potential*. American Psychologist, 17, 484-495.

MacKinnon, D. W. (Ed.). (1961). *The creative person*. Berkeley: University of California Extension.

National Center on Education and the Economy(2007). Tough Choices or Tough Times. The Report of the New Commission on the Skills of the American Workforce.

OECD(2003). Definition and Selection of Competencies(DeSeCo).

Schuster, Diane T.(2003). *Jewish Lives, Jewish Learning*. New York : UAHC Press.

Stenber,. R. J., & Lubart, T. D. (1995). *Defying the crowd*, NEW York, NY: Free Press.

Torrance, E. P. (1970). *Encouraging creatively in the classroom*. Dubugue, IA: William C. Brown.

Torrance, E. P. (1981b). *Thinking creatively in action and movement*, Benseville, IL: Scholastice Testing Service.

http://media.daum.net/v/20150130703l0680

http://premium.cho.com/svc/news/printContentNews.html?type=

http://www.hankyung.com/news/app/newsview.php?aid=2007071935931&sid=&nid

저자 : 강 미 희

(redcapet2015@naver.com)

◆ 경력

현재) 광주보건대학교 유아교육과 교수
한국유아교육학회 광주・전남지회 회장(2020~2021)

전)
- 한국유아교육학회 광주・전남지회 상임위원 및 감사
- 광주보건대학교 유아교육과 학과장
- 광주광역시교육청 유치원 평가위원
- 광주광역시청 보육정책위원회 위원
- 전남교육연수원 유치원 1급 정교사 자격연수 교육과정개발 자문위원
- 초등학교병설유치원 교직경력 13년
- 한국왼손잡이협회(http://www.lefthand.or.kr) 사이트 운영자(1998-2004)
- 광주광역시교육청, 유치원교사 유아교육 우수사례 발표대회 심사위원
- 광주광역시교육청, 교실수업방법개선 장학컨설팅제, 유치원 장학위원
- 한국조달청, 충남유아교육진흥원 시설공개입찰 기술평가 심사위원
- KBS 1TV 프로그램, "무엇이든지 물어보세요" 생방송, 왼손잡이에 관한 궁금증 답변자로 출연
- "왼손잡이를 위한 편의 증진 법안" 마련을 위한 국회공청회 발표자로 참석(정몽준 국회의원 초대)

◆ 저서 및 논문

저서)
- 창의적 문제해결 교수・학습과정안(2016)
- 문제해결능력(2015)
- 감성적이고 창의적인 유아를 위한 e-티칭 동시수업(2013)
- 유아교사를 위한 현장교육실습의 이해(2013)
- (일반 유아교사를 위한) 장애유아 통합교육의 이해와 적용(공저, 2009)
- 국어 6-1 읽기, "왼손잡이를 바르게 이해합시다, pp.151-156(2002~2010)
- 왼손잡이 고쳐야 하나? 절대 NO!(1998)

논문)
- 생활용품으로 만든 악기의 음악활동 및 음률영역 비치가 유아의 음악성 발달과 음률영역 참여도에 미치는 영향(공동연구, 2011)
- 예비유아교사의 인형극 공연경험이 유아에 대한 인식과 교수활동 및 자아인식에 미치는 영향(공동연구, 2005)
- 삼강행실도의 아동교육사적 가치 연구(2005)
- 아동 그림책으로서 삼강행실도의 특성과 가치 연구(2003)
- 왼손잡이 어린이에 대한 어머니와 교사의 인식(1995)
- Multiculturalism: Toward the New Millenium, *The School Field*(공동연구, 1998)
- 16PF Personality Profile of Gifted Children: Preliminary Report of an International Study, *North American Journal of Psychology*(공동연구, 2004)

◆ 학력

- 전남대학교 사범대학 유아교육과 졸업
- 한국교원대학교 유아교육과 석사 졸업
- 한국교원대학교 유아교육과 박사과정 수료

저자 : 고 현

(gh-star@hanmail.net)

◆ 경력

현재) 조선대학교 사범대학 교육학과 초빙교수

- 한국유아교육학회 광주・전남지회 회장
- 광주예술심리치료상담연구소 소장
- 한국예술심리치료학회 이사
- 한국예술심리치료학회 수련 감독전문가
- 힐링푸드아트협회 회장
- 도형성격상담협회 회장
- 광주광역시 교육청 컨설턴트
- 부모한국협회 부모교육 전문가
- 국제공인 카운슬러 전문가

◆ 저서 및 논문

저서)
- 매체를 활용한 유・아동 미술교육과 미술치료(2008)
- 신교육학의 탐색(2009)
- 도형성격상담의 이론과 실제(2010)
- 교육과정의 이해(2012)
- 실기교육방법론(2012)
- 신교육학의 탐구(2013)

논문)
- 유아문제행동 검사도구 개발(박사학위 논문).
- 유아정서지능과 유치원 적응 및 유아행복간의 관계분석(2014)
- 유아교사가 인식한 원장의 감성리더십이 교사 직무만족 및 헌신에 미치는 영향(2014)
- 푸드아트테라피 프로그램이 지적장애 청소년의 자기효능감 및 사회성 향상에 미치는 효과(2014)
- 원장의 서번트리더십이 보육교사 임파워먼트와 조직몰입에 미치는 영향(2015)
- 예비유아교사의 다문화 교수효능감에 대한 다문화 감수성과 다문화교육 수용태도의 영향(2015) 외 30여 편

◆ 학력

- 조선대학교 교육학과 박사 졸업
- American L.A Lordland Medical College 졸업

저자 : 홍 남 희
(nhhong@ghu.ac.kr)

◆ 경력

현재) • **광주보건대학교 교수**
• **입학처장**

전) • 광주보건대학교 교무처장
• 광주보건대학교 교수학습지원센터장
• 한국국방연구원 선임연구원
• 포항공과대학교 정보통신연구소 선임연구원
• (주)엔피아시스템즈 개발부 부장

◆ 저서

• 마인드맵을 활용한 재미있는 글쓰기(2007)
• 정보의 이해와 활용(2014)

◆ 학력

• 전남대학교 자연과학대학 계산통계학과 졸업
• KAIST 전산학과 석사 졸업
• KAIST 전산학과 박사과정 수료

삽화 : 고 은 별
(star3027@naver.com)

◆ 경력

현재) • **광주보건대학교 유아교육과 겸임교수**
• **해나라 어린이집(사회복지법인) 원장**

전) • 해나라 어린이집 보육교사(16년 경력)
• 동강대학 아동복지학과 겸임교수(2008~2010)
• 독일 프랑크 푸르트 한국학교 근무(2010~2011)
• HAKOM <HAKOM INSTITUTE of Europe e.v.I> 심리치료 이수 (2011)
• deutsche akademie fur psychomotorik 심리운동수료 (2011)
• Starke Eltern-Starke Kinder/독일아동보호연맹 DKSB 부모교육강사양성자격 (2012)

◆ 논문: • 자연물을 활용한 조형활동이 유아의 그림표상능력 및 미술성향에 미치는 영향(2008)

◆ 학력: • 조선대학교 미술대학 산업공예과 졸업(1997)

• 광주대학교 유아교육학과 졸업(2004)
• 전남대학교 사범대학 유아교육과 석사졸업(2006)
• 전남대학교 유아교육학과 박사과정 수료(2008)

문제해결능력

1판 1쇄 발행 2015년 8월 20일
2판 1쇄 발행 2017년 2월 20일
2판 6쇄 발행 2023년 1월 20일

저 자 강미희 고현 홍남희
발 행 인 회장 박철용 · 대표 박세원
발 행 처 정민사
주 소 경기도 파주시 직지길 522 파주출판도시
전 화 031-955-8030
팩 스 031-955-8025
홈 페 이 지 http://www.jmpub.co.kr
이 메 일 yswgroup@naver.com
출 판 등 록 1979년 1월 22일 No. 406-2004-000130호

I S B N 978-89-5809-495-1
정 가 22,000원